大数据背景下的会计学研究新视角

康海燕　董苗苗　柳迎春◎著

中国华侨出版社

·北京·

图书在版编目（CIP）数据

大数据背景下的会计学研究新视角／康海燕，董苗苗，柳迎春著. -- 北京：中国华侨出版社，2024. 11.

ISBN 978-7-5113-9384-5

Ⅰ. F230

中国国家版本馆 CIP 数据核字第 2024N9K762 号

大数据背景下的会计学研究新视角

著　　者：康海燕　董苗苗　柳迎春

责任编辑：姜　军

开　　本：710mm×1000mm　1/16 开　印张：18.75　字数：293 千字

印　　刷：北京四海锦诚印刷技术有限公司

版　　次：2025 年 3 月第 1 版

印　　次：2025 年 3 月第 1 次印刷

书　　号：ISBN 978-7-5113-9384-5

定　　价：68.00 元

中国华侨出版社　北京市朝阳区西坝河东里 77 号楼底商 5 号　邮编：100028

发 行 部：(010) 88893001　　　传　真：(010) 62707370

如果发现印装质量问题，影响阅读，请与印刷厂联系调换。

前　言

在当今信息爆炸的时代，大数据正在以前所未有的速度改变着我们的生活和工作方式。对于会计行业而言，大数据不仅带来了前所未有的机遇，也提出了新的挑战。随着云计算、人工智能等技术的发展，传统的会计模式面临着转型升级的压力，如何利用大数据提高财务工作效率，实现财务管理的智能化、自动化，成为当前亟待解决的问题。正是在这样的背景下，本书应运而生，本书旨在探讨大数据时代下会计行业的变革之路。

本书共分为九章，从大数据与财务会计的基础理论入手，逐步深入探讨了大数据时代会计信息化建设的重要性，以及其对管理会计、成本管理和筹资与投资管理等方面的创新驱动作用。书中还特别关注了大数据时代下企业财务预警与风险管理的新方法以及财务共享服务的发展趋势。此外，本书还针对职业技术院校的会计教育进行了深入探讨，不仅介绍了当前会计人才培养的新模式，还提出了教学实践中存在的问题与解决方案，力求为未来会计人才的培养提供新的思路。

放眼未来，大数据将在会计领域发挥更加重要的作用，而会计专业人才的需求也将持续增长。本书虽然尝试从多个角度对大数据背景下的会计学进行研究，但仍有许多不足之处，恳请广大读者批评指正，也希望本书能为推动会计行业的数字化转型贡献一份力量。期待本书能够成为会计领域探索者们的一盏明灯，在未来的道路上共同前行。

目　　录

第一章　大数据与财务会计

随着大数据时代的来临，"大数据"（Big Data）这个词近年来成了关注度极高和使用度极频繁的一个热词。然而，与这种热度不太对称的是，大众只是跟随使用，对大数据究竟是什么并没有真正地了解。学术界对大数据的含义也莫衷一是，很难有一个规范的定义。大数据时代刚刚来临，对大数据的含义有着不同的理解是正常的，作为相关研究者，我们还是有必要对其作一个相对系统的比较和梳理，以便大众更好地把握大数据的内涵和本质。

第一节　大数据的定义、分类与特征

一、大数据的语义分析

大数据究竟是什么意思呢？从字面意思来说，所谓大数据就是指规模特别巨大的数据集合，因此从本质上来说，它仍然是属于数据库或数据集合，不过是规模变得特别巨大而已。因此麦肯锡公司的咨询报告中将大数据定义为："大小超出常规的数据库工具获取、存储、管理和分析能力的数据集。"维基百科对大数据这样定义：Big Data is an all-encompassing term for any collection of data sets so large or complex that it becomes difficult to process using traditional data processing applications。中文维基百科则说："大数据，或称巨量资料，指的是所涉及的数据量规模巨大到无法通过人工在合理时间内截取、管理、处理，并整理成为人类所能解读的信息。"世界著名的美国权威研究机构 Gartner 对大数据给出了这样的定义："大数据是需要新处理模式才能具有更强的决策力、洞察发现力和流程优化能力、高增长率和多样化的信息资源。"百度百科则基本沿用 Gartner 对大数据的定义，认为大数据或称巨量资料，指的是需要新处理模式才能具有更强的决策力、洞察发现力、流程优化能力和多样化的信息资产。英国大数据权威维克托则在其《大数据时代》一书中这样定义："大数据并非一个确切的概念。最初，这个概念是指需要处理的信息量过大，已经超出了一般电脑在数据处理时所能使用的内存量，因此工程师必须改进处理数据的工具。""大数据是人们获得新认知、创造新的价值的源泉；大数据还是改变市场、组织机构，以及政府与公民关系的方法。"

大数据技术引入国内之后，我国学者对大数据的理解也一样是五花八门，不过跟国外学者的理解比较类似。最早介入并对大数据进行比较深入研究的三位院士的观点应该具有一定的代表性和权威性。

邬贺铨院士认为："大数据泛指巨量的数据集，因可从中挖掘出有价值的信息而受到重视。"李德毅院士则说："大数据本身既不是科学，也不是技术，我个人认为，它反映的是网络时代的一种客观存在。各行各业的大数据，规模从 TB 到 PB 到 EB 到 ZB，都是以三个数量级的阶梯迅速增长，是用传统工具难以认知的，具有更大挑战的数据。"而李国杰院士则引用维基百科定义"大数据是指无法在一定时间内用常规软件工具对其内容进行抓取、管理和处理的数据集合"，认为"大数据具有数据量大、种类多和速度快等特点，涉及互联网、经济、生物、医学、天文、气象、物理等众多领域"。

我国最早介入大数据普及的学者涂子沛在其《大数据：正在到来的数据革命》中，将大数据定义为："大数据是指那些大小已经超出了传统意义上的尺度，一般的软件工具难以捕捉、存储、管理和分析的数据。"由于涂子沛的著作发行量比较大，因此他对大数据的这个界定也具有一定的影响力。

从国内外学者对大数据的界定来看，虽然目前没有统一的定义，但基本上都从数据规模、处理工具、利用价值三个方面来界定：①大数据属于数据的集合，其规模特别大；②用一般数据工具难以处理，因而必须引入数据挖掘新工具；③大数据具有重大的经济、社会价值。

二、大数据的哲学本质

大数据究竟是什么这个问题，仅仅从语义和特征来回答，似乎并没有完全揭示出大数据的本质。大数据时代的来临，最重要的是给我们带来了数据观的变革，只有从哲学世界观的视角分析大数据的世界观或数据观，才能真正回答大数据究竟是什么。简单来说，大数据作为一场数据革命，除了带来海量数据，并且这些数据具有 5V 特征，更重要的是大数据带来的数据世界观。在大数据看来，万物皆数据，万物皆可被数据化，大数据刻画了世界的真实环境，并且带来了信息的完全透明化，我们的世界变成了一个透明的世界。

（一）在大数据看来，万物皆数据，世界的本质是数据

世界究竟是什么？这是哲学家长期关注的重大问题。从古希腊哲学家泰勒斯开始，哲学家就开始探索世界的本原，并从 beginning（起源）和 element（要素）两个维度进行了回答。早期自然哲学家曾经把水、火、土、气、原子分别作为本原，而后期的人文哲学家则基本上将人类精神作为本原。马克思主义哲学正是从 beginning 的维度将历史上的所有哲学分为唯物主义和唯心主义，在这一维度，物质和精神是对立的，只能二选一。从 element 的维度看，物质和精神都是构成世界的要素，而且以往的哲学家和科学家基本认为也只有这两者才是构成世界的终极要素。但刚刚兴起的大数据则认为，除了以往认为的物质和精神，数据是构成世界的终极要素之一，即构成世界的三大终极要素是物质、精神和数据。英国大数据权威维克托·舍恩伯格甚至认为，世界万物皆由数据构成，数据是世界的本质。

万物皆数据，数据是世界的本质，世界上的一切，无论是物质还是意识，最终都可以表述为数据，这样数据就成了物质、意识的表征，甚至将物质和意识关联统一起来。古希腊哲学家毕达哥拉斯从音乐与数字、几何图形与数字的关系中发现了数据的重要性，提出了"数是万物本原"的思想，强调了数据对世界构成的意义以及对世界认知的影响。无独有偶，老子在数千年前就认识到数据的世界终极本质，在《道德经》中就提出了"道生一，一生二，二生三，三生万物"的思想，把世界的生成与数据联系起来。两千多年以前的毕达哥拉斯和老子都不约而同地揭示了数据与万物的关系，以及世界的数据本质，充分强调了数据在世界构成中的重要地位。但是，在随后两千多年的历史长河中，数据在人类生活和

科学认知中虽然越来越重要，而且也有莱布尼茨、康德、马克思等哲学家关注过数据的重要性，不过总体来说，哲学家对数据基本上是忽视的。随着大数据时代的来临，数据才获得了应有的地位，哲学家才又想起毕达哥拉斯和老子的数据世界观。可以说，大数据时代的来临是毕达哥拉斯和老子所提出的数据世界观的当代回响。

（二）在大数据看来，万物皆可被数据化，大数据可实现量化一切的目标

数据是对世界的精确测度和量化，是认知世界的科学工具。自从发明了数字和测量工具，人类就不断地试图对世界的一切进行数据测量、精确记录。古埃及时期，由于尼罗河泛滥，人们每年需要重新丈量土地，于是发现了数据的秘密，并发明了测量技术。于是，数据成了测量、记录财富的工具，人们日常生活所接触的大量物品、财产都可以用数据来表征，这个时期的数据可被称为"财富数据"。文艺复兴之后，人们逐渐发明了望远镜、显微镜、钟表等科学测量器具。随着测量技术的进步，测量与数据被广泛应用于科学研究之中。例如丹麦天文学家第谷·布拉赫对天文现象进行了大量的观察记录，并积累了大量的天文数据。随后，力学、化学、电磁学、光学、地学、生物学等，各门科学都通过测量走上了数据化、精确化的道路。各门科学积累大量的科学数据，并借助数据，各种自然现象都实现了可测量、可计算的精确化、数据化的目标，自然科学各学科也完成了其科学化的历程。这个时期被称为"科学数据"时期。

由于人类意识的复杂性，人类及其社会的测量和数据化成为量化一切的"拦路虎"。社会科学虽然引进自然科学方法，但其数据的客观性往往遭到质疑，而人文学科更是停留在思辨的道路上。在传统方法遇到困难的地方，大数据却可以大显身手。大数据运用海量数据来测量、描述复杂的人类思想及其行为，让人类及其社会也彻底被数据化，这些数据可被称为"人文数据"。所以，大数据时代将数据化的脚步向前迈进了一大步，在财富数据化、科学数据化的基础上，实现了人文社会行为的数据化。因此，从大数据方面来看，数据是物质的根本属性，世界万物皆可被数据化，其一切状态和行为都可以用数据来表征，量化一切是大

数据的终极目标。

（三）大数据全面刻画了世界的真实环境，科学研究不必再做理想化处理

真实、全面地认知世界是人类的一种理想，同时是摆在人类面前的一道难题。真实的世界，无论是自然界还是人类社会，都极为复杂，需要繁多的参数才能准确、全面地对其进行描述。但是，由于过去没有先进的数据采集、存储和处理技术，于是不得不对复杂的研究对象进行"孤立、静止、还原"的简单化处理。所谓孤立，就是把对象与环境的所有联系都切断，让其成为一个孤立的研究对象，免受外界的侵扰。所谓静止，就是将本来运动变化的对象作为时间截面，然后就以这一时点的状态代表所有时点的状态。所谓还原，是指将复杂的现象，逐渐返回到几个简单的要素或原点，然后从要素的性质和状态推演出系统的性质和状态。复杂对象经过简单化处理之后，虽然我们能够认识和把握对象的某些性质和状态，但毕竟经过了简单、粗暴的理想化处理，它已经不能真正反映真实对象和真实世界。

大数据技术使用了无处不在的智能终端来自动采集海量的数据，并用智能系统处理、存储海量数据，不再需要对研究对象做孤立、静止和还原的简单化处理，而是将对象完全置于真实环境之中，有关对象的大数据全面地反映了复杂系统各个要素、环节、时态的真实、全面状态。这样，在大数据时代，我们可以在真实、自然的状态下研究复杂的对象。大数据记录了真实环境下研究对象的真实状态，因此我们可以利用大数据去真实、完整、全面地刻画复杂的研究对象。这就是说，大数据是真实世界的全面记录，一切状态尽在数据之中，大数据真正客观地反映了对象的真实状态。

大数据究竟是什么？这个问题虽然难以用一句话回答，但从大数据的语义中我们知道了大数据意味着数据规模特别大，以至于传统的技术手段难以处理。从大数据的 5V 特征中，我们进一步了解到大数据时代的所谓数据已经从狭义的数字符号走向了广义的信息表征，一切信息都是数据。从大数据的哲学本质中，我们更深入地发掘出了大数据现象背后所蕴藏的哲学本质：大数据代表着一种新的

世界观，万物皆数据，数据是世界的本质属性，而且随着大数据的发展，我们的世界将变成一个完全被数据化的透明世界。

三、大数据时代社会治理逻辑创新

（一）树立科学大数据的理念是大数据时代社会治理方式创新的前提

随着数据在社会生活中的作用的日益明显，树立科学的大数据理念对于科学运用大数据具有前置作用。一是要重视数据。加强领导干部的数据意识，培养用数据"说话"的意识和客观分析的理性思维。二是要尊重数据。加强对知识的尊重和对科技人才的重视，提高科技决策在政府决策中的地位，使数据成为判断的标准参考。三是要敬畏数据。加强对大数据理论的学习和思考，进一步提高对数据的认知和驾驭能力。

（二）建立广泛的数据获取渠道是大数据时代社会治理方式创新的基础

数据和质量是数据服务社会治理的关键。一是要建立明确的数据权属。制定数据边界清单，厘清数据共享范围。二是要建立数据正常交易渠道。尝试以发达地区为试点，开展大数据交易平台建设应用，为数据提供合法的、正规的交换平台。三是建立权利与责任相统一的数据应用模式。建立监管机制，使商家在使用数据的同时，履行好数据保护和数据清洗的义务。

（三）建设服务型政府是大数据时代社会治理方式创新的关键

政府要充分利用大数据实现政府职能转变，充分运用大数据平台，进一步提升便民服务水平，切实增强人民群众的安全感和满意度。一是建立跑一趟的服务机制。利用大数据的便利优势，实现政务信息公开，设置查询"一键通"功能，为群众办事提供数字向导，同时减少政府开支。二是加强政府、企业间数据共享。打破数据壁垒是数据共享的关键。加快建立数据共享机制，充分调动相关企业、机关的积极性，构建公民办事信息的全网共享使用，减少重复录入、采集问题。三是打破信息垄断。将数据公开于民，使企业更加便捷地获取想要的数据，更好地分析形势以保证经济的稳健发展。

（四）加强资本防范和技术监管是大数据时代社会治理方式创新的底线

大数据技术异化的背后，是利益相关者之间的博弈，也是资本逐利的外现。新经济不排斥资本的功能，但当资本目标与公共利益发生冲突时，就要毫不犹豫地选择服从公共利益，对资本目标进行防范。只有明确资本走向，扎牢法治"围栏"，相关部门对市场中各种违法违规行为严加防范、严厉打击，以法治赢得利益各方的信任，才能让资本有效地助推大数据发展。此外，要确保大数据安全，还要构筑牢固的技术安全底线。归根结底，大数据是依靠互联网技术支撑的，技术上的控制力在大数据的发展中起到了至关重要的作用。因此，要提高技术创新力度，努力实现关键网络设施及软件产品的国产化，摆脱对西方技术的依赖，从根本上提升大数据平台的安全防护能力。

四、大数据网络中的数据分类优化

大数据时代的到来给人类的生活带来了许多便利，涉及各个行业领域。由于数据量庞大，在进行数据处理时，较难把握数据的完整性和纯度，运用大数据进行数据分类优化可以保证数据质量，提高数据管理效率。本文就数据分类优化的相关概念进行阐述，可以指出传统数据分类方法的不足，探讨数据分类在大数据网络中如何应用。

（一）大数据网络和数据分类优化的相关概念

大数据就是利用计算机对数量庞大的数据进行处理，在一定范围内，无法运用常规数据处理软件对数据进行处理加工时，需要开发新的数据处理模式对数据进行处理的方法。

数据分类是指将某种具有共性或相似属性的数据归在一起，根据数据特有属性或特征进行检索，方便数据查询与索引，常见的数据分类有连续型和离散型、时间序列数据和截面数据、定序数据、定类数据、定比数据等。数据分类应用较多的行业是逻辑学、统计学等学科。数据分类应遵循以下五条原则：一是稳定性，进行数据分类的标准是数据各组特有的属性，这种属性应是稳定的，确保分类结果的稳定；二是系统性，数据进行分类必须逻辑清晰，系统有条理；三是可兼容性，数据分类的基本目的是存储更多数据，在数据量加大时，保证数据的类别可以共存；四是扩充性，数据根据分类标准可以随时扩充；五是实用性，数据分类的目的是对数据进行更好的管理和使用，有明确的分类标准，逻辑清晰，方便索引，数据获取方便。

（二）传统数据分类优化识别方法存在的问题

21世纪是大数据时代，大数据网络衍生了大量的数据，对数据进行分类尤其重要，传统数据分类缺乏大数据环境带来的优势，对数据分类只是通过计算机根据现有分类标准进行粗略划分，给后期数据索引工作带来较大麻烦。常见的数据分类方法造成数据冗余度过高，在数据处理和使用过程中，索引属性或特征遭遇改变，使得最初的数据分类标准变得不明确，对数据管理造成困扰。

1. 分类数据冗余度过高

数据冗余是指数据重复，即一条数据信息可在多个文件中查询。数据冗余度适当可以保证数据安全，防止数据丢失。但数据冗余度高会导致数据索引过程中降低数据查询的准确性，很多人为简化操作流程对同一数据在不同地方存放，为了数据完整性进行多次存储和备份，这些操作无形中会增大数据冗余度。传统数据分类处理存在数据丢失的顾虑，对数据进行多次备份，没有认识到增加数据独立性，减少数据冗余度可以保证数据资源的质量和使用效率这一重要性。

2. 数据分类标准不明确

数据分类是为了对数据进行更好的管理和使用，人们进行数据分类是希望对之前操作造成的数据冗余度适量降低，但传统数据分类并没有确定明确的分类标准，对数据进行盲目分类，在后期索引中造成不便，无法实现数据的有效提取。传统数据分类采用的方法是基于支持向量机的分类方法、基于小波变换算法的分类方法、基于数据的增益算法，以上几种分类算法会造成数据冗余度过高。

（三）大数据网络中数据分类优化识别

1. 实现数据冗余分类优化

数据冗余度是一种多种类分类的问题，增加数据独立性和降低数据冗余度是计算机数据分类的目标之一。大数据网络优化通过改变分类算法，对数据冗余现象进行处理分析，在数据分类优化识别过程中，利用局部特征分析方法，对冗余数据中的关键信息做二次提取并相应标记，更换第一次数据识别属性或特征，并将更换过的数据属性作为冗余度数据识别标准，实现冗余度数据的二次分类优化识别。

2. 数据分类标准明确清晰

大数据网络中数据有多个类别，对数据进行分类优化识别必须具有明确清晰的标准，这是传统计算机网络不能做到的，以大数据为研究对象，根据特定标准进行数据分类，提取大数据中的关键属性和特征作为分类标准，在后期数据整理归类时按照相应的分类标准进行归档处理，实现数据的高效管理和使用。经研究表明，在 Matlab 的仿真模拟环境中，利用虚拟技术对数据进行分类优化，并对识别过程进行模拟，根据仿真图像可得出，大数据网络下数据分类处理呈现时域波形，表明数据分类处理结果较为准确。此外，还可以通过向量量化方法对大数据信息流中的关键数据进行获取和处理，作为数据分类优化识别的结果，也获得了理想效果。

大数据网络下对数据进行分类优化识别具有重要意义，通过上述内容可知，数据冗余度仍然是大数据网络分类优化识别应用的主要问题，数据在输入和使用过程中造成数据冗余度等普遍问题，加强对数据冗余度的处理，可以实现数据分类优化识别的目的。数据分类优化识别讲究准确率，提高准确率对数据分类优化识别起到了关键作用，改进数据分类优化识别方法，在降低数据冗余度的同时，能够促进大数据网络中数据分类优化识别的进一步发展。

五、大数据的 5V 特征

（一）Volume（大量）

含义：指的是大数据的体量巨大，包括采集、存储和计算的量都非常大。

量级：大数据的起始计量单位至少是 PB（1000TB）、EB（100 万 TB）或 ZB（10 亿 TB），远远超过了传统数据处理的规模。

影响：由于数据量巨大，需要采用分布式存储和计算技术来处理和分析，这对硬件和软件都提出了很高的要求。

（二）Velocity（高速）

含义：指的是大数据的处理速度非常快，需要实时或近实时地处理和分析数据。

要求：由于数据增长速度和处理速度都需要迅速，因此大数据处理系统需要具备快速响应和实时分析的能力。

应用：在搜索引擎、个性化推荐等领域，大数据的高速处理特性得到了广泛应用。

（三）Variety（多样）

含义：指的是大数据的种类和来源多样化，包括结构化、半结构化和非结构化数据。

类型：结构化数据如数据库中的表格数据，非结构化数据如文本、图像、音频、视频等。

挑战：数据的多样性对数据的处理能力提出了更高的要求，需要采用更加灵活和智能的数据处理和分析工具。

（四）Value（价值）

含义：指的是大数据提供有价值的见解并为企业和机构创造价值的能力。

体现：大数据的价值体现在能够帮助组织和企业更好地理解市场、客户和业务运营情况，提供更准确的预测和决策支持。

挖掘：要挖掘出数据的价值，需要采用先进的数据分析技术和方法，如机器学习、深度学习等。

（五）Veracity（真实）

含义：指的是大数据的准确性和可信赖度，即数据的质量。

挑战：大数据中包含了大量的噪声、错误和不准确的数据，如何从中提取出真实的信息是一个挑战。

保障：为了确保数据的真实性和准确性，需要采用数据质量管理和数据清洗技术，对数据进行预处理和校验。

第二节 大数据时代下财务会计的发展与变革

一、大数据时代财务会计工作面临的机遇

（一）提供强大的数据支撑

传统的会计工作主要集中于对经济业务的核算上，最终以财务报告的方式将企业的财务状况和经营成果反映给利益相关者。传统的会计工作具有简单性、可复制性，缺少创新性，提供的数据具有单一性、片面性，缺少关联性、系统性、逻辑性，更多提供的是财务数据，非财务数据少之又少，往往无法满足利益相关者的数据需求，不利于利益相关者的决策需要。大数据是从海量信息库中获取有决策价值的创新技术，在数据的收集、甄别、整理、深度挖掘、综合分析等方面具有强大的优势，不仅可以提供财务数据，还可以提供非财务数据，提供的数据更加多维度、立体化，可以更好地满足利益相关者的决策需要，有利于企业全面预测和筹划，科学合理地配置企业各项财务资源和非财务资源，从而推动企业实

现战略目标。

（二）提高工作效率和效果

绝大多数企业的财务人员大量的时间都是消耗在基础业务中，纸质报销、票据审核、手工录入、人工审核、编制报表等。这些流程和工作不仅耗时耗力，而且极易出错，对企业的决策和管理的作用极其有限。在大数据时代下，企业通过提升公司的信息化水平，搭建"互联网+"平台，将资源的获取、流程的设置、数据的统计分析进行整合，打通业务链各环节，将外部原始资料获取、交易合法性、凭证的制作到报表的生成自动处理，将财务人员从重复简单的工作中脱离出来，将更多的精力放在对大数据的分析上，从而提高工作效率和效果。建立数字共享中心，一次录入数据所有系统可以共享，减少数据的录入次数，大大提高企业业务效率和财务的处理效率。

（三）提升企业管理水平

传统会计对于数据的收集不充分、整理不全面、传递不及时等方面存在较大短板，难以发挥会计的动态实时预测分析、决策支撑、绩效管理等功能。在现实工作中，集团会下发通知要求各级企业统计所需的数据，从下发通知到数据统计再到数据上传存在较长时间，而且各级企业财务人员在数据的汇总过程中难免出现差异。而在大数据时代下，集团公司及其各级所属企业可以随时随地调取所需数据，甄别有价值的数据，并根据需要生成各种分析数据及图形图表，充分为企业的投融资战略决策、成本控制、全面预算管理等提供有价值的数据，增加企业经营决策的前瞻性和可预测性，合理预测未来发展趋势，从而实现企业战略目标。

二、大数据时代财务会计变革

在大数据不断发展的背景下，大数据技术也被应用到生活工作中的各个方面，如可以对大量的数据信息进行多种处理、获取有用的信息资源，提高工作效率等。随着大数据技术趋于成熟，越来越多的领域逐步开始使用并推广此项技术，财务会计也不例外，虽然大数据的发展确实给财务会计带来了很多积极影响，但同样也带来了一些挑战。因此，应当结合大数据的相关特征，实现大数据技术与财务会计相互融合及协调发展，以促进财务工作更加高效地开展。

大数据通常是指在一定的时间内，无法用常规软件工具对其获取、存储、搜索、分享、分析和可视化的数据集合。目前大数据还没有一个统一的定义，但其却在很多领域在获取使用相关信息、提高工作效率等方面都发挥出很大的作用。随着市场竞争的加剧，很多企业不仅关注外部竞争，慢慢对内部竞争也给予非常高的重视。在内部信息建设维护方面，如财务共享、管理信息系统等，这些都会使企业内部储存的数据量越来越多。伴随着大数据技术的不断发展，其原有的结构化数据信息虽然越来越多，但是已经不能满足企业决策的需要，所以需要将相关的半结构化或者非结构化的信息引入企业的数据系统中。企业内部数据信息的增多，势必会带来信息处理时间的增加与工作效率的降低等问题，但是依附于大数据技术，不仅可以有效地解决以上问题，还能为其他工作带来便利，比如在财务管理过程中引入大数据技术，能够及时查找出相关错误信息，减少企业风险，降低决策失误的可能性等。

到目前为止，容量方面的表现是大数据特点的主要内容，大容量指所储存的信息数据量非常多，汇集保存着各种各样的数据信息，而且处理信息的范围也非常广。一般情况下，在对相关数据进行整理保存、分析处理的过程中，会有不同的存储单位可供选择。另外，在企业决策方面，可以利用完整有效的数据信息进行相关处理，而不是由于数据的有限性只局限于采用部分信息，使相关决策变得更加有效。此外，由于数据量及数据范围的庞大可以获得比较详细的数据样本，极大地提高了数据分析的准确性，减少了由于信息不对称所带来的各种问题与风险。

大数据技术与其他数据处理技术相比，表现出数据处理的效率更快，比如在处理同样的数据信息时，所用时间更短、准确性更高，将数据实时性的特点进一步提升。在海量的数据信息中，信息资产也表现出显著的时效性，往往需要在极短的时间内在数据信息库中将其找到。面对如此庞大的数据信息，无疑会耗费大量的时间精力，然而在大数据技术的帮助下，可以快速轻松地找到相关信息资产，提高整体工作效率。

在大数据中，由于数据信息的庞大，数据的类型也会变得多种多样，如文本、图像以及视频等比较常见的类型。因为每种类型下都会包含很多信息数据，这也提高了数据的长度和宽度，也使数据的储存更加有条理，这不仅节约了相关人员获取信息的时间，还能有效降低数据处理的难度，满足更多人群对不同数据信息的需求。

（一）大数据给财务会计带来的积极影响与挑战

1. 大数据给财务会计带来的积极影响

（1）改善财务信息收集方式

一般而言，财务会计在收集相关信息时，都会采用比较单一的方式，收集的数据也大多为结构性数据，比较缺少多样化的信息。基于此，使用大数据不仅可以从多种方式获取相关信息，还能极大地丰富数据信息的类型。采用大数据技术，分析数据之间的相同与不同之处，找出数据之间的联系，实现对数据的整理、处理。此外，在大数据时代，扩大了信息的来源，可以高效准确地找到相关信息，提供企业决策所需的各种信息，保证财务信息更加充分，为管理人员科学地制定各项目标提供合理的基础。

（2）促使信息挖掘更加深入

在企业建立相关数据系统后，财务人员可以通过对数据的合理分析，选择出合适的数据信息并运用到工作中，以上可以看作数据挖掘的过程。在大数据时代，大数据技术可以对财务信息进行相关分析处理，比如在对数据进行深度挖掘的过程中，可能需要借助一些分析工具，如数据回归分析、数据趋势分析等。然而当遇到比较复杂的问题，需要运用相对复杂的分析工具时，一定要尽量采取新型数据处理技术，以对分析工具起到一些协助作用，使企业能够获取更深层次的数据信息，帮助相关管理人员做出合理的决策。

（3）保证财务人员角色及时转变

大数据时代下，财务人员的角色也发生了一些变化。随着时代的进步，以及各种技术的不断发展，一些基本的财务工作会慢慢被取代。在这种情况下，财务人员不仅需要做一些日常的账目记录处理工作，还需要朝管理方向转变。财务人员可以从不同的角度和层面对企业数据信息实施分析，并且预测企业在未来发展过程中可能遇到的挑战和发展机遇等，提出对管理者有用的财务分析报告，以便于管理者能从财务的角度更加全面地了解公司的经营状况，做出正确的决策。

（4）提供精准预测及合理决策

大数据时代，信息来源的渠道越来越多，利用数据挖掘等技术可以获得更深层次的数据信息，信息的总量也会不断增加。在对企业未来发展进行相关预测时，可以根据数据、信息资料之间的关联来展开，信息量的增多，也会使预测变得更加精准。此外，通过分析利用这些信息，提取出对决策有用的相关信息，可以极大地提高决策的合理性，制定出更适用于企业发展特点的决策方案。

2. 大数据给财务会计带来的挑战

（1）信息存储的压力增大

为了使相关管理人员能够获取有关信息，财务人员往往需要从大量的信息库中收集选择出各种有效信息，使其对企业的实际经营状况进行相关的了解，以为企业决策的制定提供合理的保证。大数据的快速发展使得各类信息更新变化的速度越来越快，面对海量的信息，由于数据储存空间有限，给财务相关数据的收集和保存等都带来了巨大压力。然而为了满足企业管理人员做出相关决策所需要的各种信息，企业必须加大对数据库的建设，同时为财务工作更好地开展打下坚实的基础。

（2）会计信息结构变得复杂

目前所使用的会计信息中，大多是以结构化信息为基础，在大数据库中包含着各种各样的信息，但是其中大部分却是非结构化的信息。在大数据不断发展的趋势下，会计信息需要与大数据信息进行一定程度的融合，这会促使会计相关的信息向非结构化进行转变，进而使会计信息结构变得非常复杂。在这种情况下，财务人员在实际工作中，必须对数据信息进行分析和筛选，以保证信息的可利用性，为科学准确地使用信息提供保障。

（3）财务会计信息质量相对较差

大数据时代下，财务信息量不断增加，但相关信息的准确度与可靠性却不高，信息质量相对较差。在财务实际工作中，能使用到的信息只占财务信息中的一部分，并且由于财务会计信息质量相对较差，所以就难以体现出企业真实的发展状态，继而不能为企业相关管理者提供可靠准确的财务信息。由于大数据对企业各方面的经营发展都产生了很大的影响，所以在财务会计信息质量方面，企业需要投入更多的精力，完善各项信息制度，保证财务会计信息的准确性，以提高财务会计信息质量。

(4) 财务会计工作控制能力不佳

受市场经济与时代发展的影响，企业在实际经营过程中往往会忽略内部控制的重要性，对财务会计工作造成了很大的影响。由于缺少对财务会计工作的相关控制，有的财务人员并没有根据会计准则等要求切实执行财务工作，也没有恰当地应用大数据技术，造成财务信息的混乱，给企业的发展带来威胁。对财务会计工作控制能力不佳，是导致大数据无法发挥相关优势的重要原因。

(5) 信息安全性问题

在企业的财务会计工作中，信息安全问题越来越引起企业相关管理人员的重视。财务信息关乎企业的命脉，一些非公开的数据一旦遭到泄露，必然会对企业造成很大的影响。在大数据时代下，更需要维护好企业的相关信息，以免被一些有心之人盗取利用，给企业带来损失，因此保障财务会计信息的安全是重中之重。

(二) 大数据时代财务会计变革策略

1. 加强财务信息化建设

在企业财务会计工作过程中，信息化技术的应用是非常重要的，并且可以促进企业会计模式的转变。此外，在大数据的时代下，企业中的财务会计工作需要依靠一定的操作系统完成，因此，企业必须拥有适合自身发展特点的会计信息系统，并且要不断更新、优化此系统，使企业人员能够更加方便及时地获取各种信息，不但提高了实际工作效率，还可以对相关的财务活动进行有效的监管，促使企业更好地发展。企业在发展过程中要加强财务信息化建设，投入一定的人力、财力保障财务信息系统的使用，并且要根据企业实际需求进行相关的改进，使之更好地为相关工作服务。此外，企业需要持续加强对财务人员的培训学习工作，深入了解并熟悉财务信息系统的相关内容，以便财务工作能够更高效顺利地开展。财务信息化建设，不仅给财务人员工作带来了便利，也给企业管理者提供了更加系统可靠的财务信息，为其做出有效的决策提供合理的保障。

2. 健全财务会计信息安全防范制度

在企业发展过程中，会遇到各种各样的风险，不仅要从企业层面持续加强风险防范意识，相关的财务人员也要极大地避免各种风险的发生。对于财务会计信息风险来说，其信息风险的防范更为重要，相关管理人员必须健全财务会计信息安全防护制度，落实财务信息监督机制。另外在信息技术安全维护方面，必须加大资金投入、人才投入，切实保护企业财务会计等相关信息的安全稳定。企业要根据自身财务会计信息系统的特点，积极制订各项安全防护制度。在其他方面，企业要随着市场信息的变化，不断调整相关防范制度以促使财务工作更高效地开展。

3. 完善会计基本假设

传统的会计基本假设一般分为会计主体、持续经营、会计分期与货币计量。随着企业经营规模与范围的不断变化，相关的会计处理流程适应工作的需要也会发生很多的变化，同样会计基本假设也会随着商业模式的改变而发生相应的变化，因此要根据企业发展的需要完善会计基本假设。随着大数据的不断发展，事务的复杂性越来越高，对于会计主体来说，其含义越来越不明确，增加了判断的难度，因此要及时对会计主体进行相关的完善，以便财务工作合理地进行。另外，大数据时代会带来各种不确定性，企业的持续经营也会受到各方面的影响，所以要根据企业实际发展的特点和规律进行相关的调整。企业处于不断变化的信息化时代，在对财务活动进行确认与报告时，如果依然采用传统的会计分期假设，那么所报告的信息很可能是失效的，所以也需要对此进行一定的变革。

4. 加快财务会计工作职能转型升级

在大数据时代下，企业的财务工作职能不断升级，在财务工作中需要与企业实际发生业务相互融合，并且要加大与其他部门的交流合作，朝管理会计方向转变。随着大数据技术的不断发展，特别在业财融合的趋势下，如果财务工作只牵扯到会计核算职能，那么已经完全不能满足企业实际发展的需要，因此要加快财务会计工作职能的转型升级。将来财务工作可能会向智能财务方向发展，一些基本的财务工作或将被替代，所以财务人员要为企业带来更深层次的帮助。财务人员要从企业整体运营角度进行相关研究，全面分析企业的财务及经营状况，为相关人员做出合理决策提供可靠的信息来源。

5. 构建面向未来的决策视角

财务会计工作内容一般是面向企业的过去，对企业已经发生的一些事项进行记录与报告等，然而随着企业内外部竞争的不断加剧，企业需要对未来市场经济的发展进行持续的探索，所以在财务工作中可以引入管理会计，用于增加企业的竞争优势。管理会计可以在一定程度上预测未来市场的发展方向，以相关信息数据为基础减少各种风险，提出有效可行的风险解决措施。此外，在大数据时代背景下，企业管理人员还可以根据未来发展目标提出一些适合本企业的财务改革方案。财务人员可以选取一些有利于企业管理人员做出决策的各种有用信息，保存到企业信息数据库中。另外还要采取合理的方式编制财务报表，为企业未来的发展提供相关的数据基础，降低企业决策失误的可能性。

6. 建立全面有效的监督管理部门

在企业的日常经营过程中，对各项事务及相关人员的监督管理尤为重要，可以及时预防和发现不正当的行为，对员工起到约束和警示等作用，因此建立全面有效的监督管理部门对企业的正常运行十分重要。对各项财务信息进行监管，以保证其真实可靠，避免信息泄露及失真等问题，监督相关人员是否切实履行工作职责，严防徇私舞弊等情况的出现。监督管理部门人员要切实履行相关的工作职责，严禁互相隐藏勾结等不良行为。另外，监督管理机制应当根据企业内外部的变化及时进行调整，不断优化各项制度，并且要加强对相关监督管理人员的培训与学习，提高其整体工作效率，促进财务机构的稳定发展。

7. 实现多元化的货币计量

会计的计量属性一般以历史成本为基础，然而在大数据时代，信息的使用者在了解财务会计相关信息时，现实成本往往更能反映出企业的实际状况，因此会更加看重各项现实成本，于是将公允价值带到了财务会计的计量属性中。大数据时代，能够比较便捷地获取各种有效的财务信息，这极大地提高了公允价值的可靠性。传统财务会计的货币计量单位一般是"元"，然而在大数据时代，由于各项信息及数据的增加，会出现更大的会计计量单位，将极大地提高相关信息处理能力及工作效率。所以，财务会计变革的一个重要内容就是实现更加多元化的货币计量。

8. 提升财务会计人员综合素养

大数据时代企业财务会计变革发展过程中，必须提高财务会计人员的各种素质，引导财务会计人员不断转变思想，培养自己的各项职业能力，并将这些运用到企业实际的财务管理工作中，从而实现财务会计的转型发展。此外，企业必须定期对财务人员进行相关的专业技能及素质培训，不断提高其综合素养，使之更好地为企业及其自身的发展服务。财务人员也要树立忧患意识，持续学习各项技能，不断了解国家相关法律法规政策，提高自己的综合能力。

大数据时代财务会计工作发生了一些变化，大数据技术的发展也促使财务会计进行相关的变革转型。在这些情况下，财务会计要积极适应大数据发展的特点，使其为各项工作的高效开展所服务。此外，要积极转变财务会计发展理念与方向，准确发现并利用大数据时代下各种技术的真正价值，抓住大数据时代给财务会计带来的机遇，应对大数据时代的各种挑战，使企业财务会计拥有更好的发展空间。

三、大数据时代的财务会计发展方向

在大数据时代，通过有效地应用大数据技术，能够实现对海量信息的快速分析和处理，对于提高财务会计工作质量、工作效率等方面，都有着非常积极的作用。但是大数据技术不断扩大应用范围的背景，也给财务会计带来了一些前所未有的挑战。因此，为了保证财务会计工作能够适应大数据时代的特点，积极应对大数据时代给财务会计工作带来的挑战，当前需要针对在实际发展中存在的具体问题进行分析，制定出有针对性的解决策略，促使财务会计能够实现与大数据的有效融合，保证财务会计更加高效地开展。

互联网技术将人们带入了一个全新的时代，在处理海量信息的过程中，大数据技术发挥出了较大的作用，有着非常大的实际应用价值。大数据也叫巨量数据，主要体现在数据量比较大，能够收集、获取以及处理大量的信息，为各行各业应用数据信息提供了一定的便利。当前各个企业在实际的发展过程中，为了提升自身的市场竞争力，很多企业开始对内部数据的共享建设工作给予高度重视，开始逐渐在企业内部形成大量的数据信息。而在大数据技术的不断发展中，其原有的结构化数据范围开始不断扩大，一些半结构化、非结构化的信息开始出现。在这种情况下，企业就可以有效地应用大数据，实现对数据信息的快速、实时处理，在节约大量数据信息处理时间的基础上提升数据的利用率。大数据不仅给一些企业的信息处理工作带来了便利，也在其他工作中也有着比较广泛的应用，如将大数据应用在财务管理中，可以实现及时发现数据漏洞，促使传统财务会计管理向管理会计转变。

大数据时代的特点主要可以体现在以下四个方面。一是数据量非常大。主要是指企业在大数据时代能够通过多种不同的途径，获取大量、种类不同的数据信息，但是由此产生的问题就是需要对大量数据实施收集和筛选，工作量相对较大。二是数据结构比较复杂。在大部分企业中存在的结构性数据以及非结构性数据信息会同时出现，这也成为大数据时代为财务会计工作造成的一个困扰，即企业在制定各种决策的过程中，在考虑结构性数据的基础上，也要从非结构性数据中将对应的信息提取出来。三是数据产生、处理的实时性。如果企业能够及时利用大数据获得大量的数据信息，并且有效地对数据进行处理，那么就可以为企业决策者提供更多更加准确的数据信息，更加有效地促进企业财务会计工作水平实现提升。四是信息密度相对比较低。即使企业在利用大数据技术时能够获得大量、及时的数据信息，从与企业会计信息的实际需求相对比来看，其中包含的有效信息也比较少。

（一）大数据时代对财务会计产生的积极作用

1. 保证财务信息更加充分

在传统财务会计工作模式下的会计信息使用者，一般会通过会计报表对企业的实际发展情况进行了解，可以参考的信息比较片面，无法满足企业中的实际决策要求。而决策者更加需要多样化、充分的会计信息，这就要求积极利用大数据技术给予一定支持，通过大量的数据结合处理技术，为决策者提供更加真实有效的信息。同时，传统会计信息主要是来自结构性数据，这些数据有着易分析、好利用等优点，但是在大数据时代下出现的数据信息主要是非结构性数据，不仅包括企业内部和外部数据、财务数据与非财务数据，也包括宏观经济形势与微观个体经济行为的相关数据等。而大数据能够实现对所有数据的有效整合，将数据之间存在的关联准确找到，排除噪点、准确印证，高效率、低成本地提供丰富信息，促使企业能够不断提升管理，更加客观科学地制定企业决策，实现更好的发展。

2. 保证会计信息更加准确

在以往的实际会计工作中，财务会计信息一般是通过账簿、凭证以及报表的记录和核算获得，这种形式不仅容易在数据信息的整理与传递过程中出现错误，造成输出信息存在一定偏差；也会受到信息源的限制，造成会计要素在确认以及计量中，需要实施大量的会计预测工作，如公允价值计量、计提准备等，容易出现财务漏洞，为一些不法分子提供可乘之机，影响会计信息质量。而在大数据技术发展水平不断提高的时代，企业利用大数据技术能够实现有效地获取、分析、处理大量会计信息，通过实现数据之间的互相关联和印证，保证会计信息更加准确。

3. 保证信息挖掘更加深入

通过准确利用大数据技术，对现有的财务会计信息实施分析与处理，能够保证更加直观地对企业经营状态进行了解，保证企业做出更加合理的决策。在传统财务会计工作中，由于受到了信息技术的实际约束，很多工作只能是简单完成，造成大量会计信息价值没有及时发挥出来，无法实现充分、深入的挖掘。而利用大数据技术，企业在经济市场中可以对所需的信息实施准确收集，并且与企业实际发展状况相结合，对企业今后的发展方向实施及时、准确的调整。这样不仅能够保证财务会计的工作质量，也可以提升企业在市场中的地位。同时，实施财务管理工作的部门，在大量数据中发现、提炼存在较高价值的资料，并且客观地将企业发展状况反映出来，就能够有效推动企业的可持续发展。

4. 保证人员角色及时转变

在传统财务会计工作中，会计人员日常只是对财务报表中的各项数据信息实施简单分析，并且为管理者提供一些基础的数据信息。而在大数据时代，传统会计人员在职能上出现了非常大的变化，不只是简单地记录账目，还需要向更高层次的管理会计方向积极转变。而在这种情况下，企业中的财务会计为了保证跟随市场的实际发展情况，促使企业实现更好的发展，就需要会计人员通过不同的角度和层面对企业中数据信息实施分析，并且利用大数据技术发现企业在发展中可能遇到的各种问题、未来可能出现的发展机遇等。在此基础上再与企业的实际情况结合，为企业今后的发展做出有效的决策。

在大数据时代，数据信息主要分为结构与非结构两种，其中一些非结构数据信息无法实现充分利用，无法体现出其具备的真正价值，影响了财务会计工作的高效开展。在大数据时代，所提供的大量信息不仅不完全是相关信息，也存在着一些无意义的信息。这些信息不仅在准确性方面需要进行充分验证，而且在一些情况下还需要实施抽样检测。这就造成存在大量的信息需要进行鉴别和处理，提升了信息的复杂程度，直接影响了财务会计工作的效率。

尽管大数据时代下企业中财务信息量不断增加，在内容上也越来越全面，但是并不是所有的信息都能够被应用在财务工作中，信息量的增加和信息运用量不成正比，无法准确、客观地反映企业财务状态，进而不能够为经营管理工作提供有利的依据。大数据时代对企业技术发展、数据高效的收集和整理等工作，都有着非常积极的影响，但是在保证会计信息质量的方面，还需要不断地进行完善，以此保证企业能够探索出更加有价值的数据，促使企业实现全方位发展，进而保证企业的财务信息准确性，使其能够朝着标准化、科学化方向不断发展。

在市场经济不断发展的全新背景下，当前各个企业为了适应时代的变化，开始对企业规模进行调整，将销售放在企业运行的重要地位上，而忽视了内部监控和管理的同步，造成财务管理工作无法体现出应有的效果。同时，一些企业并没有在实践中遵循现有的财务会计制度、标准，准确地应用大数据技术，促使企业财务会计工作更加有效地开展。这种在企业财务会计工作方面的控制力不足的情况，是影响我国各家企业财务管理无法有效开展的重要因素，同时是导致大数据无法发挥出积极作用的原因之一。

财务工作主要是为企业管理者制定决策、战略提供有效信息的一项工作。在市场经济不断发展的情况下，大量的企业开始专注于市场竞争，因此也会更加注重经营决策的有效性。这就造成财务会计工作的实际目标出现了变化，逐渐开始由经济管理方面的责任，转向了需要承担对应的决策责任。而随着大数据技术的出现、数据信息容量的增加，使用者的要求也出现了变化，变得更加个性化、多元化和复杂化，但是实际上这些要求是财务会计工作无法真正满足的。企业中的这种形势不仅造成传统会计工作在职能上出现了比较大的变化，也造成财务会计工作需要面对大量的不确定性，严重影响了财务会计工作的顺利开展。

（二）大数据时代财务会计工作发展的方向

1. 适应大数据时代特征，建立会计信息系统

在大数据时代，企业中的财务会计工作需要依靠一定的操作系统完成，因此，企业需要准确适应大数据时代的特征，建立对应的会计信息系统，并且加强与其他办公系统的沟通和交流，有效实现企业内部的信息资源共享。这样不仅能够有效提高企业的实际工作效率，也可以实现对财务活动的有效监管。首先，由于企业中建立对应的财务信息系统，不仅能够保证企业可以从大量的信息中提取有用信息，提高内部控制和管理水平，减少财务风险出现的概率，同时企业管理者也可以从大量信息中更快地获取有用信息，保证决策的合理性。因此，企业中的管理人员需要重视财务信息化建设工作，深入学习财务信息化建设的方式方法、具体内容，将一些比较成功的管理经验融入实际工作中，保证财务信息系统能够发挥出更好的作用。此外，企业需要加强对内部财务会计人员的培训以及再教育工作，保证其能够准确掌握对应的操作技巧，积极利用信息系统开展财务会计工作，保证工作效果。其次，在积极开展信息化建设的基础上，企业需要引导财务人员及时完善和充实自身的理论知识，扩大知识储存容量，在信息化办公中不断提升计算机能力，保证自身的能力和水平能够真正满足企业运行与发展实际需要。最后，大数据时代为企业提供了更加丰富的内涵，同时为企业带来了更多的数据信息，从多个不同的角度对企业价值产生影响。因此，企业中的财务会计

人员也需要及时地更新自身知识，对多样化的数据信息进行分析，进而为企业管理层提供更加多样化的信息，使其能够做出更加准确、合理的企业发展决策。

2. 明确大数据实际价值，实现深度信息挖掘

在大数据的全新时代背景下，提高对财务信息的挖掘程度，不仅要求财务会计人员能够熟练、准确地掌握对应信息技术，也需要更加准确、快速地对大量数据资料进行分析，并从中发现具备一定价值的资料，以此保证能够全面地将企业现有的经营和发展情况反映出来，避免由于信息不对称给企业发展带来一定不好影响。首先，在大数据技术快速发展的全新背景下，当前企业在实际的生产和经营过程中，免不了会出现大量结构化数据信息，并且还可能在全新数据类型、网络技术的支持下，出现各种非结构化的数据、其他特殊类型的数据。这类数据信息对于财务会计工作，也具有一定的作用和价值。因此，为了保证能够发挥出非结构化数据信息的真正价值，当前会计人员需要熟悉相关的软件，拥有良好的非结构化数据操作能力。这样才能够真正将数据信息有效地应用在企业发展中，进而通过有效地挖掘数据价值，真正满足使用者对数据信息的实际要求。其次，在计算机技术与信息技术不断发展过程中，财务会计工作中数据的处理也更加便利，尤其是对于一些结构化数据信息的汇总、计算和统计工作，当前已经提升到了一个比较成熟的水平上，即使面对的数据量再大，依旧可以利用对应的软件对数据进行有效的处理。但是在信息技术不断发展中，一些半结构化或者是非结构化数据开始成为数据界主流，因此，想要保证从海量数据中真正发现存在实际应用价值的数据信息，财务会计人员就需要充分、及时、准确地对每个数据价值进行分析和了解，实现对非结构化数据的深度挖掘。只有这样，才能够保证企业通过挖掘出更多的数据价值，在市场经济中拥有更好的竞争优势。

3. 了解大数据具体特征，加大财务控制力度

针对财务会计工作来说，加大企业财务控制力度，会产生较大的影响，而其中非常重要的一个环节就是财务会计工作的监督与管理。因此，想要保证大数据时代下财务会计工作能够更加有效开展，避免财务信息失真、财务数据不全等问题出现，就需要及时地对监督管理机制进行健全和完善，发挥出财务会计管理工作的作用，促使企业能够实现可持续发展。首先，在大数据时代，企业需要重点

关注并设立对应的监督管理机构，并且对机构的具体职责进行有效明确，为后续工作更加高效开展提供一定支持。同时，企业需要结合实际的发展情况和发展目标，科学合理地制定财务数据分析监管制度，以此保证能够及时发现问题、上报问题、解决问题，进而保证企业财务会计工作更加有效开展。其次，在企业构建对应信息平台的过程中，需要基于数据分析的角度，提升会计信息质量，合理地建设和完善信息平台。这就要求在实践过程中，一方面要重视正确地选择财务软件，保证数据生成能够真正与企业的经济发展要求相符合，体现出数据分析工作的实际价值；另一方面也需要重视信息、网络安全管理工作，建立对应的信息安全管理系统，定期地开展安全维护工作，并且通过聘请专业人员建立与软件相适应的防火墙、系统加密等方面以保证系统的安全性，避免信息泄露。这样不仅能够保证对应信息系统和平台更加高效运行，也可以保证信息在企业内部实现安全、有效的传递。

4. 发挥大数据技术优势，提供准确决策依据

财务报告主要体现的是企业经营活动具体情况和成果总结性信息，报告中信息的完整性和准确性能够为企业管理者制定更加准确的决策提供支持，真正满足企业决策者对于会计信息在质量上的实际要求。因此，在实际的财务会计工作中，需要积极发挥数据技术的优势，为决策者提供更加有价值的决策信息。首先，保证对数据信息负责，就意味着需要强化财务会计工作的实际责任，提升财务会计工作信息质量，实现及时发布、及时整理对应的信息，这样才能够满足企业的实际发展要求，以及社会发展对企业财务管理工作的需要。因此，企业需要从切身利益的角度出发，充分结合企业的支出情况、经营状态以及一些可能出现的额外盈利等，准确地对企业经营能力、发展能力进行分析，在此基础上再与财务报告结合，制定出更加准确的企业发展决策。其次，在大数据时代，投资者不仅会关注财务报表中的数据信息，还有一些其他的表外事项。因此，在实际的财务会计工作中，需要及时地将一些非结构性数据信息加入表外事项中，通过微观数据将企业的经营状况反映出来，并且从宏观角度将企业的发展趋势、行业地位等展现在投资者面前，进而为投资者提供更加真实、准确的参考，保证企业获得更多的资金支持，实现更好的发展。

大数据背景下的会计学研究新视角

　　大数据技术给财务会计工作带来了一定的积极影响，同时对财务会计提出了全新的要求。在这种情况下，想要保证财务会计工作更加有效地开展，不仅需要积极转变原本的财务会计发展理念和方向，也需要准确发现和利用大数据时代下各种全新技术的真正价值，准确抓住大数据时代带来的机遇，促使企业财务会计工作获得更好的发展。

第二章 大数据时代的会计信息化建设

第一节 大数据时代会计信息系统

一、大数据与会计信息系统

（一）数据与信息的关系

数据（data）是事实或观察的结果，是对客观事物的逻辑归纳，是用于表示客观事物未经加工的原始素材。信息是一种被加工而形成的特定的数据。形成信息的数据对接收者来说具有确定的意义，它对接收者当前和未来的活动产生影响并具有实际的价值，即对决策和行为有现实或潜在的价值。首先，并不是所有数据都对信息进行表示，事实上，信息属于消化了的数据；其次，信息能对现实概念进行更为直接的反映，而数据是其具体体现，因此，信息并不会因为对自身进行载荷的物理设备改变而改变，数据却不一样，数据存在于计算机化的信息系统中，密切关联于计算机系统；再次，通过对数据进行提炼、加工，我们能够得到信息，信息属于有用数据，能够为人们的正确决策提供帮助；最后，对于决策而言，信息具有着很大的价值。一定量的数据包含一定量的信息，但并不是数据量越大信息量就越大。

（二）大数据时代的信息特征

1. 大数据时代数据信息具备数据容量大、来源广的特征

对 10TB 以上的数据量进行分析工作才能够称为"大数据分析"，并且如此庞大的数据量需要通过信息化技术的快速发展应用获得。信息化技术的发展促进了各种现代化仪器的应用，人们可以利用这些仪器获取更多的信息数据，并通过

现代通信工具克服时空限制，将信息数据进行大范围的交流传播。另外，由于近年来集成电路的普及，现代仪器趋近智能化，人们通过人工智能仪器可以将网络上各个途径的数据信息进行收集，逐步构建大数据信息库，为相关单位提供大数据支持。

2. 大数据时代数据信息具备种类多、价值高的特征

传统的数据种类是以直接数据为主，属于结构化数据，类型单一，但是大数据时代的数据信息逐步拓展到音频、图片、文档等多类型非直接数据，数据种类明显增加。另外，非直接数据信息没有因为加工处理产生折损，所以一般也具备较高的价值量。

3. 大数据时代数据信息具备个性化、多样化的特征

人们在大数据时代逐渐意识到数据分析给企业发展带来的巨大优势，于是结合各种先进的信息技术对大数据进行深度挖掘，获取自己想要的、符合个性化要求的信息。获取信息的方式逐渐普及，不同行业也对信息的多样化提出了新的要求。

（三）大数据时代会计信息系统的风险

1. 会计信息系统的风险

在开展会计工作时，企业会对很多大数据技术进行应用，不仅能对整理、采集信息的速度予以提升，更能使企业整体办公效率提高。但是，站在另一视角来看，由于计算机控制着企业会计信息系统，因此，一旦计算机出现故障，必然会直接影响会计信息系统，甚至可能导致数据丢失。这种情况的发生，会使得会计信息系统出现瘫痪状态。会计信息系统呈现的分布状态为网状，所以在大部分情况下，唯有得到远程软件的支持，会计工作才能顺利进行。如果某个环节出现故障，整个系统都会受到影响，导致会计工作无法正常进行。当前，我国会计信息化中最大的风险、最大的问题就在于此。此外，假如系统出现漏洞，黑客就有可能利用该漏洞，攻击会计信息系统，导致企业财务信息的泄露。

2. 会计信息数据的风险

信息化发展至今，所展现的典型特点之一就是在会计信息化中应用大数据技

术，能够轻松地对形成的电子数据进行修改，同时不会造成痕迹的遗留。此外，将大数据技术应用于会计工作中，一方面能将科学共享的信息化平台建立起来，另一方面能对企业会计信息化的成本进行降低，对会计信息化效率予以提高。但是，要注意的是，在此过程中，由于电子数据被储存于硬盘中，很容易在使用时对磁性介质进行覆盖，且这种覆盖是难以得到还原的，这也会阻碍会计工作。因此，在使用会计信息系统时，企业内部员工要慎之又慎地修改数据，要认识到每个数据都可能对企业造成难以弥补的损失。如果会计人员不慎删除了企业和其他企业合作的财务数据，就很难找回，一旦企业和其他企业在合作中出现矛盾、纠纷，就会缺乏有力的辩驳证据，将处于劣势地位。

3. 行业竞争的风险

置身大数据背景下，将云计算、物联网等方式进行结合，能够提高其使用率、普及率，将更多的便利带给人们的工作与生活。但是，大数据技术在得到普及与应用时，也将新的压力带给企业，让行业之间、企业之间有着越发激烈的竞争。在这种情况下，部分企业会利用一些不正当手段获取与其他企业相关的会计信息，甚至雇用专门的黑客，让他们对其他企业的会计网络进行攻击。通过利用专门技术，黑客能够对与其他企业相关的会计数据进行修改，对企业的数据库进行破坏，使得该企业的会计系统处于瘫痪状态，导致企业承受巨大损失。上述不正当的竞争手段会严重扰乱我国经济市场的秩序。

4. 网络病毒的风险

随着会计信息化向前迈步发展，网络病毒也在悄无声息地发展变化。对于信息而言，无时无刻不在承受着网络病毒的威胁。网络病毒不仅能够借助磁性介质进行传播，还能够通过网络进行传播，且传播速度极快。会计信息系统只要被网络病毒非法攻击，就很有可能出现瘫痪，更可能向公众传播，公开企业的财务系统，这严重影响企业发展。此外，在计算机中，有的病毒存在非常隐蔽，只有满足特定情境，才会开始传播。所以，长期以来，企业会计工作都具有一定风险，不知何时就会遭受病毒攻击。

5. 信息平台安全风险

步入信息化大数据时代，企业信息安全直接影响企业财务的工作质量，甚至对企业的综合发展也会产生影响。一个企业的命运，很大程度上取决于是否能对自身商业机密进行保护。企业会计信息就是一项至关重要的机密，极大地影响着企业的生存与发展。尽管在当今企业发展中，会计信息化是无可避免的发展趋势，然而通常来说，不会有企业愿意主动将自身的会计信息发布在共享平台上。其原因在于，将会计信息发布在共享平台上存在众多安全问题，有待进一步完善，如果企业在共享平台上发布会计信息，很可能会被不法分子以及竞争对手窃取机密文件，严重影响企业的生存与发展。因此，我们亟须通过相关法律法规以及标准化制度对会计信息共享平台进行管理，防止暴露会计信息。

（四）大数据时代会计信息系统的构建对策

1. 完善会计信息系统功能

置身大数据背景中，想要在企业财务管理中充分发挥会计信息系统的重要作用，企业应当对会计信息系统的功能模块优先考虑。在实践中，企业需要以云计算为基础，以大数据技术为前提，立足自身的实际情况，将会计信息系统建立起来并进行完善，保证会计信息系统能够行之有效地起到作用。通常而言，大数据技术的特点是信息处理速度快、数量大，而云计算技术的特点是具有灵活性、高适应性，通过对二者进行利用，能够更好地满足企业以及各个合作者的需要。此外，在对会计信息系统进行完善的同时，企业也要对市场准入制度以及行业标准进行积极了解，从而对自身存在的问题及时发现、及时解决。

2. 针对会计信息系统做好防范工作，保障数据信息安全

我们都知道，置身大数据背景中，各种先进技术（如网络技术、计算机技术）应用越发广泛，如果我们想要发挥会计信息系统的作用，就需要得到上述先进技术的支持。然而，如前所述，立足另一视角，由于计算机网络具有开放性，因而存在一定的风险，易受病毒攻击、黑客侵袭，在这种情况下，会计信息系统中的数据信息所遭受的安全威胁是巨大的。所以，当企业将会计信息系统建立起来后，为了保障数据信息安全，使之能真正起到作用与价值，就应当针对会计信息系统做好安全防范工作。例如，将防火墙建立起来，对具有相关专业知识的人才进行引进，对数据安全进行全方位的保护。

3. 进一步强化会计信息化人才建设工作

各项工作的顺利开展，最重要的、最关键的还是在于"人才"。置身大数据背景中，想要进一步推动会计信息化事业发展，就要强化人才建设工作。然而，现如今，既精通计算机技术又精通会计知识的复合型人才处于紧缺状态，所以，我们亟须对复合型会计信息化人才进行培养。我国可以着眼于教育领域，对会计教育改革进行推进，在会计专业的相关课程中合理融入会计信息化理念，从而将更为完善的会计信息化教育环境构建起来，将更多优秀的复合型会计信息化精英输送给社会。除此之外，企业也应当对会计人员进行在职培训，并进一步强化培训力度。通过开展讲座、实践训练、会计继续教育培训等方式，对会计人员的专业基础知识不断强化，使他们不断提升专业技能，向着会计信息化人才迈进，最终在会计信息化事业发展中注入强大动力。

二、构建会计信息系统路径的保障措施

（一）信息技术应用标准

信息技术应用标准主要是为了规范信息技术在会计领域中应用的各个事项，如管理事项、工作事项、技术事项等。例如，企业中的会计信息生产者在工作时需要将企业会计准则作为其工作的基本准则，并在此基础上结合自身的会计专业知识及工作经验处理企业的各项财务信息，并生成财务报告。企业内部审计人员，即会计信息的审计者需要按照企业会计准则标准，对企业的各项会计数据、财务报表等内容展开审计。会计信息的使用者在结合数据分析标准的前提下，对大量的会计信息数据进行整合、分析、统计，为企业管理层的决策提供相应的依据。由此可见，企业信息技术应用标准的构建，在一定程度上可以实现企业会计信息的整合、利用，这对企业的经营、管理都有十分重要的作用和意义。

（二）会计信息资源标准

会计信息资源标准的适用范围是会计信息资源本身。随着会计信息化的深入开展，会计信息的地位越来越重要，其资源化属性也日益明显，企业会计信息资

源的利用能力在一定程度上反映了该企业的会计工作水平，同时会在一定程度上影响企业的经营效益。从某种意义上讲，构建会计信息资源标准的主要目的是完善企业会计信息处理流程，同时提升企业会计信息资源的利用价值。一般情况下，按照会计信息的状态可以划分为三个阶段：第一，初始状态。会计数据最初产生在企业各个部门的经济活动中，通过会计信息系统实现企业会计原始数据的收集。通常情况下，企业各部门经济活动中产生的各种原始数据会掺杂诸多无效数据，这些会计信息不仅没有利用价值，还会在无形中增加企业会计数据处理负担。第二，中间状态。该阶段主要是对企业原始会计数据进行加工处理，去除那些无效、数据来源不明的会计数据，从而提升会计数据的利用价值。第三，终极状态。企业会计工作人员利用自身的会计专业知识、工作经验，按照会计信息资源标准对筛选出来的会计数据进行分类整理，并生成相应的数据报告，为企业管理者提供准确的财务数据，这样可以提升企业会计信息资源的利用价值。

（三）会计信息安全标准

会计信息安全标准主要是为了规范企业会计信息安全的有关工作事项的标准，如基础事项、技术事项以及管理事项。会计信息化发展是一把双刃剑，在让会计数据成为一种重要资源的同时，在开放网络的环境下，企业的会计数据也面临泄露、丢失的风险。因此，为了保障企业会计信息数据的完整性和安全性，务必构建会计信息安全标准。具体来讲，会计信息安全标准包含以下几种：物理安全标准、网络和系统安全标准、数据安全标准等。物理安全标准主要针对的是会计信息系统中的各种软件、硬件的运行环境，如硬件更换标准、硬件和软件日常维护标准。此外，还要定期检查会计信息系统中的硬件设施，并更换那些存在安全隐患的硬件设备。网络和系统安全标准主要针对的是会计信息系统中的防火墙技术、入侵检测技术以及漏洞扫描技术等。数据安全标准主要针对的是会计信息的存储和传输环节，通常情况下，常用的保护措施有加密、数据备份、数字签名等。此外，还可以通过启用用户权限的认证方法保护数据存储和传输的安全。会计信息安全标准的构建可以在最大限度上提升企业会计信息的安全性，为企业会计信息资源价值的发挥创设良好的内部环境。

（四）会计信息化产业标准

会计信息化产业主要指的是与会计信息化相关的部门，此外还包含市场上与会计信息化相互关系的集合。会计信息化产业业务所涉及的领域较多，如会计信息生成业务、交换业务、审计业务，与此同时，它还涉及会计信息系统的开发业务以及会计信息系统后续的软件评审业务等。按照标准内容的不同，我们可以将会计信息化产业标准分为两种类型：第一，会计信息化业务资格标准。这个标准主要是为了判定一个企业是否具有开展会计信息化业务的条件、资质。具体来讲，其判定标准有人力、物力、管理等方面的条件。其中，人力条件主要包含企业会计从业者的会计专业知识水平、工作经验以及信息技术应用水平等多个方面。

第二，会计信息化业务质量控制标准。该标准主要是为了构建会计信息化质量控制制度。将会计信息化业务质量控制制度应用在企业会计工作之中，可以实现企业会计信息化的动态管理，从而真实地反映企业的业务水平，这对提升企业的会计信息质量也具有积极意义。此外，在会计信息化产业标准的作用下，企业会计信息化发展进程将会加快。

（五）会计信息化人才标准

会计信息化人才标准的主要目的是规范会计信息化相关人才的工作和管理的标准。从会计工作人员的职业生涯发展来看，我们可以将会计信息化人才的培养方式分为四种，而每一种培养方式之下设置一套与之相适应的会计信息化人才标准。第一，培养性开发方式。目前有很多会计人才培养性开发主体，如职业院校、培训机构等。同时培训内容也受培训对象的影响，如果培训对象是会计专业的学生，那么其培训内容不仅包含了会计基础知识理论，也会涉及一些会计信息化技能；如果培训对象是会计从业者，那么其培训内容主要是以会计信息化技能为主。第二，政策性开发方式。这种方式主要是以行政管理部门、行业组织为主体，并在参照会计行业职业道德标准的基础上对会计从业人员进行职业道德培养，在提升从业会计人员职业道德的基础上，使他们更加胜任会计岗位。与此同时，还会对会计从业人员进行职业道德的评审，不断完善会计职业资格管理。第三，使用性开发方式。此种方式主要是以用人单位为开发主体。具体来讲，用人单位结合企业会计岗位标准，对现有从业人员进行使用性开发，如岗前培训、入职定期培训等，以此不断提升企业会计人员的综合素质水平，提升其岗位胜任力。第四，增加开发方式。这种人才开发培养方式主要是以职业院校和社会培训机构为主体，它们为会计从业者提供继续学习、深造的机会，并通过专业的培训方式来提升会计从业人员的会计专业水平和会计信息技术水平，使会计从业人员获得更高的职业资格证书。

三、有效提高会计信息系统应用效果的策略分析

（一）全面完善企业内部的会计信息控制系统

构建企业内部风险控制机制，对于一个企业而言十分重要，它是企业稳定发展的有力保障。市场经济环境是一个持续变化的环境，因此企业应结合市场整体变化情况，对企业会计信息控制系统进行完善。当市场环境发生变化时，市场竞争也会随之发生变化，如果此时企业还在沿用之前的发展体系，那么企业的发展方向很难与市场发展方向相适应。为此为了保障企业会计信息系统与企业发展变化的同步，需要深入完善企业信息控制系统。从发展的角度来看，完善企业内部会计信息系统控制机制之前，需要站在客观的角度深入分析企业外部的经济环境以及限制企业发展的内部因素，与此同时，将行业内部的发展情况、经济市场变化以及社会整体经济环境的变化结合起来展开深入思考。

另外，企业也应从客观角度分析自身在发展中的优势与劣势，并在此基础上系统地、深入地调整企业会计信息系统，从而建立起完善的风险控制基础。具体来讲，企业在会计信息系统控制岗位人员招聘方面，不仅要关注应聘人员的专业能力和核心素养，还要对其入职后的日常工作情况进行深入的考核，并做出全面的评价。在确保企业工作人员基本素养过硬的前提下，全面评价工作人员与企业会计信息系统控制岗位的匹配度，然后结合评价结果灵活调整会计工作人员的工作岗位，从而保证企业会计部门的工作效率。

除此之外，在结合会计具体工作岗位职责的基础上，企业还应对会计工作人员进行职位测试。对于企业而言，不仅要在最大限度上避免会计信息系统自身的风险，还要保证会计工作人员有较强的风险应对能力。在会计工作人员职位测试的基础上，对会计人员开展风险教育，使他们逐渐增强良好的风险控制意识，并自觉参与、组成会计风险管理体系，从而提升会计信息系统所提供的信息的准确性，当企业面临会计风险时可以做到应对自如，降低或避免风险危害，进而保障企业的社会经济效益。从专业性角度来看，会计信息系统的运行对工作人员的专业素质要求非常高，为此企业可以适当地介入监察管理人员，抑或与第三方机构合作，提升企业对会计信息系统控制机制的监测。

（二）　加大企业会计信息系统的网络安全管理力度

想要使会计信息系统更上一个台阶，提高其工作效率和质量，就需要加大网络安全管理力度。同时想要完善会计信息系统，则需要加强对企业内部网络信息安全的管理力度。

第一，企业管理人员的网络安全管理意识十分重要，只有他们意识到其重要性，才可以有效地加大会计信息系统的网络安全管理力度。在提升企业管理人员网络安全管理意识的前提下，引导他们主动学习网络信息安全理念、网络信息安全知识等。此外，企业管理人员应积极开展会计信息系统网络信息安全分析工作，积极分析其中存在的安全隐患，同时聘请专业人员设计预警机制。在具体的系统优化过程中，企业需要加大对网络安全管理机制的优化力度，从而控制在会计信息系统运行中出现的网络风险问题。具体来讲，主要通过以下途径来实现：首先，当登录会计信息系统时，会计信息系统会自动地识别用户输入的验证码和指令。其次，会计信息系统通过用户实名信息对用户身份进行认证。最后，会计信息系统会自动分析并审核用户账号信息的安全性。当对这三项安全内容验证之后，会计信息系统会对最后的质量执行结果进行分析，并对用户的身份的使用权限进行判断。

第二，在大数据时代环境中，大部分的计算机软件存在运行数据多、更新周期短的特点，所以想要保障会计信息系统的稳定运行，需要定期对会计系统进行更新，并及时处理检测中发现的问题，避免会计信息的泄露。同时为了提升网络安全管理机制水平，还需要及时更新会计信息系统，使之一直保持最新的状态，这在一定程度上也可以降低会计信息泄露的风险。总之，只有及时更新会计信息系统、优化相应的网络访问机制，才能形成比较安全的验证机制，确保会计信息的安全性、完整性。

第三，在优化会计信息系统时需要坚持全面的原则，不仅要优化运行系统，也要优化系统的内部配置、网络配置，实现全方位提升企业会计信息安全程度。在对企业会计信息系统进行优化前，会计工作人员需要对数据中心的原始数据进行备份，防止在会计信息系统更新过程中发生会计信息数据丢失。具体来讲，企业可以按照重要程度的标准将数据进行分类存储，并对企业会计信息数据进行逐层加密和严格审核。此外，加强对信息备份机制的优化，逐渐提升其安全性能，为企业的健康稳定发展保驾护航。

第二节　大数据时代会计信息服务平台的构建

一、会计信息服务平台的系统构成

会计信息服务平台是会计人员利用计算机技术、信息技术完成业务事项交易、确认、计量、存储与报告工作，并用于企业决策。会计信息服务平台中主要包括会计业务管理系统、会计信息资源管理系统、会计决策支持系统以及其他辅助系统。

（一）会计业务管理系统

会计业务管理系统主要承担的任务是传输、储存、处理、收集会计信息，从而对企业的经营现状进行反映，同时进行有力控制、全面监督。会计业务管理系统旨在对会计信息处理效率进行提高，促使相关会计工作人员对烦琐复杂的会计信息进行高效处理。所以，会计业务管理系统对信息加工处理技术、信息组织技术非常注重。相较于传统会计信息系统，会计业务管理系统能够更加具体、全面地对主体经营活动进行反映。随着信息化时代的全面到来，就当前企业发展需求来看，已难被二维会计信息满足。所以，会计业务管理系统要对"人"的信息进行全面引入，更加凸显信息资源。会计业务管理系统要对现代化技术（如网络通信技术、多媒体视频点播技术、计算机网络技术）进行充分利用，将企业的会计信息仓库建立起来，实时传输各种烦琐复杂的会计信息。

（二）会计信息资源管理系统

会计信息资源管理系统主要是对企业的各种信息内容进行管理，通过对各种类别的数据资源进行高效整合，对企业外部决策效率予以提高，对企业内部控制管理予以强化。在加工处理多种信息之后，会计业务管理系统会向会计信息资源管理系统进行传送。当然，会计信息资源管理系统的内部信息更多来自企业供应链，而非仅仅来源于会计业务管理系统。除此之外，站在企业发展角度看，不仅经济活动中产生的信息是有价值的，国际、社会、文化、政治、科技等多方面的信息内容同样也是有价值的。所以，会计信息资源管理系统有着广泛的信息来源，这样，当企业进行决策管理时，不仅能对财务信息进行参考，也能对多种多样的非财务信息进行参考。同时，不仅能对企业自身的内部信息进行高效管理，也能通过对外界评价信息的综合，将前瞻性的、全面的决策建议提供给企业，从而帮助企业实现更大价值的创收。

现如今，在企业中应用最多的信息化工具当属 ERP（Enterprise Resources Planning，企业资源计划）。同时，ERP 也是信息资源系统中最为典型的一个。企业会计信息资源管理系统要对 ERP 系统进行积极利用，帮助工作人员完成严谨推理、科学判断、全面分析等内容，从而为经济结构的优化、企业产业的增值提供更为有效的信息。

（三）会计决策支持系统

会计决策支持系统采用人机交互模式，凭借人工智能技术将各种数据信息提供给管理者，辅助他们进行决策。会计决策支持系统主要由模型库、方法库、数据仓库三个方面构成，旨在对会计信息仓库中半结构化、非结构化的决策问题进行解决。数据库信息由会计业务管理系统与会计信息资源管理系统提供，从而将有效的会计数据信息提供给决策者。模型库主要对类似于筹资模型、预测模型等管理模型进行保存。方法库与成本计算、量本利分析等计算方法十分相似。会计决策支持系统的理论基础主要为控制论、管理科学、运筹学、行为科学等，主要手段为人工智能技术，借助来自会计信息资源管理系统的众多信息，对决策者进行辅助，使他们能做出更高质量的决策。会计决策支持系统，需要密切跟随国际发展方向，对先进技术进行引进，将更适合企业发展的模型创设出来，将更为合理、科学的决策建议提供给企业，促进企业发展。

二、大数据时代会计信息服务平台的构建分析

（一）大数据时代会计信息服务平台的构建问题

当前，由于会计信息服务系统和其他信息系统之间没有较高的集成程度，因而各业务板块之间存在信息难以互通的问题。例如，业务系统与财务系统相分离，无法收集分布在不同存储器与系统上的业务数据，容易导致"信息孤岛"问题。在这种情况下分析财务数据，所得到的结果无法有效支撑业务活动的开展。财务部门承担对相关数据信息进行采集的工作，需要固定资产管理人员、出纳、会计共同配合，而这也导致重复采集数据情况的出现，让数据汇总工作变得更加艰难，也会导致财政资金的浪费。在分析数据信息时，系统整体信息反馈不及时，较为迟缓，无法保障高效化、智能化地处理各类收支信息，难以实时地、全面地掌控各类资金信息，导致未能将大数据生态在会计集中核算中建立起来，这些都阻碍了会计信息的利用与共享。

（二）大数据时代会计信息服务平台的构建策略

1. 做好数据中心规划

在会计信息服务平台的构建实践中，我们需要做好数据中心规划。

当各单位的财务管理系统实现统一建设后，应当将智能财务信息平台在数据

中心建立起来，通过对数据库进行利用，得到数据资源存储与采集能力，并对云计算、大数据等算法进行利用，智能化挖掘数据信息，为实现平台各项管理功能提供强有力的技术支撑。

对云平台进行搭建，要将 IaaS（基础设施即服务）布置在系统底层，对各种软件资源、硬件资源进行集中，让计算能力、存储能力得到提升；要将 PaaS（平台即服务）布置在系统中间层，对软件开发、数据安全管理、数据分析等服务进行提供；要在系统最顶层对 SaaS（软件即服务）进行利用，对云会计加以构建，提供软件、硬件应用模式，借助互联网、分布式计算等支撑，实现在线会计集中核算。

通过用户终端，各单位能够进入数据中心的智能财务信息平台，在该平台上传原始凭证等内容，并通过智能财务信息平台对有关数据信息进行获取。经过总部财务人员审批后，能够完成各单位信息流、资金流的深度分析，进行预算管理、资金管理，保障严格执行预算计划、经费开支标准等内容。

2. 做好平台数据分析

对会计信息服务平台进行搭建，需要系统分析、处理所收集的各类数据，确保高效开展会计信息服务工作；要能依照会计科目完成数据分类，对数据分析模型进行建立；要能凭借设置算法、指令规则，完成数据整理、数据分析，同时通过对报警阈值的设置强化监督管理。在实际核算的过程中，由于不同企业有着不同的业务，因而需要从业务架构、特点以及关注的关键指标出发，对模型进行设定。首先，我们可以设定日常科目的核心常量，如固定费用、系数。其次，对应用场景、历史数据进行分析，获得固定公式。最后，对假定条件进行设置，将公式修订完成。要将各类模型，如业绩预测模型、费用模型等建立起来，对多种分析方法，如关联分析、变动分析、结构分析等进行采用，从而确保能够智能、集成地分析和处理会计信息数据，对会计信息数据中的异常进行捕捉，科学预测数据变化规律。结合预算、设定费用等各项阈值，我们能够将超标报警及时发出，将财务职能从核算方向推向决策方向。

3. 做好数据集中部署

按照会计信息服务平台建设思路，应集中对信息系统和服务平台进行部署，依靠集成化建设，对统一信息系统技术标准进行构建。通过在系统内部达成集成规范的固化，系统之间能够进行互联互通，各业务系统和各层级能够实现深度集成，更有力地支持数据融合与共享。立足平台架构角度，它含有两部分内容，分别是硬件与软件。硬件包括信息安全设施、网络传输设施、数据存储及处理设施、云计算平台，可被用于完成数据存储、数据处理、数据传输、数据采集等操作。软件则对模块化设计方式进行采用，包括多种子系统，能够形成多维数据结构。软件包含两个部分：其一为项目管理系统、物资采购系统、资产管理系统、生产经营系统等业务子系统；其二为会计财务研判、分析、预测、核算等财务子系统。

三、大数据时代基于云会计信息服务平台的构建分析

（一）云会计概述

1. 云会计的定义

所谓云会计，就是置身云计算环境的会计工作。云会计的实质就是对云技术进行利用，在互联网上将虚拟会计信息系统构建起来，对企业的会计管理、核算等内容进行完成。云会计将对会计工作信息化发展起到强大推进作用。

2. 云会计的特点

从传统意义角度来看，企业认为，自己购买的会计软件属于"产品"，会在购买后，在计算机操作系统中进行安装。然而，在云会计框架下，企业向线上服务提供商购买的并非会计软件的所有权，而是使用权。

3. 云会计的优势

对于现代企业财务管理信息化而言，云会计可谓一把"利器"。"远程操控"是云会计的一大显著优势。置身云会计环境中，会计信息在"云端"得到共享，会计人员可以登录计算机、平板电脑、手机等终端，对会计业务进行随时随地的处理，从而实现自身工作效率的提高。企业管理者可以实时挖掘、分析融合后的非财务信息与财务信息，系统而全面地预测、识别企业经营风险，并进行应对与

控制，从而让企业柔性适应市场变化。

4. 云会计的其他问题

虽然云会计的应用能带来诸多便利，但是在对云会计进行采用问题上，考虑到会计信息安全性问题，很多企业依旧保持观望态度。以云计算的部署模式为基础，同一云端存储着大量数据，假如云存储中心被人攻击或破坏，将产生难以承受的后果，影响无数企业。假如由于意外，企业的核心数据出现泄露，被其他公司得到，那么造成的后果也是十分严重的。企业会计信息化实施的成效，在很大程度上受到云会计服务提供商的影响，所以，企业应当对云会计服务提供商进行慎重选择。在对云会计服务提供商进行选择时，需要综合考虑服务提供商的信誉、服务价格、对外服务、规模等因素，同时要对云会计服务的技术支持、可扩展性、可定制性、稳定性、安全性进行考虑。

(二) 大数据时代云会计信息服务平台的构建

1. 大数据时代云会计信息服务平台构建的必要性

当前，我国综合实力持续提升，信息化社会飞速发展，在企业会计工作中对大数据技术进行应用，能够有效地对企业核心竞争力进行提升。有很多因素会影响企业的发展历程，如消费者的评价、市场占有率等，假如不思创新，始终对传统工作方式进行延续，那么企业需要投入大量的人力、物力资源以完成收集信息工作，也会导致会计工作难度加大。然而，在会计工作中对大数据技术进行应用，有利于企业对大量有效信息进行收集，使企业的业绩水平得到真正提升，同时能让企业的综合实力在激烈的行业竞争中得到提升。在社会经济飞速发展的浪潮中，大部分企业不断扩大发展规模，内部员工数量也越来越大，此时，市场需求也对企业进行刺激，要求其业务规模不断扩大。相较于传统的发展形势，新的发展形式为企业带来更多的信息与事务，也要求企业具有更高的运行效率。基于此，我们必须将大数据技术应用于企业会计工作中，从而让信息收集更加精准、高效，降低资金使用成本，让企业的成本结构逐渐变得科学化，也使得企业的运行效率不断提高。

传统的会计核算要想与 IT 技术快速发展的时代相适应，就必须实现信息化。

将大数据思维注入会计工作中，能够推动企业应用各种管理系统，建立会计的财务数据管理系统并进一步完善，同时有效控制企业风险，对企业的财务风险进行精准识别，对企业的会计信息化水平进行提升。一方面，应用大数据、云计算等新兴技术，能够方便企业对信息进行实时的采纳与收集，保障信息计算、处理更加快速、规范，继而有效改进企业的各项经营管理要素，对企业的市场竞争力进行提升，防止浪费人力与物力。在有效利用各种信息资源的基础上，企业的会计信息化水平也随之提升。另一方面，构建云会计信息服务平台有利于对会计信息化系统进行完善。置身互联网大数据时代，企业有着越来越大的数据规模，对于企业管理来说，很重要的一部分任务就是存储、分析数据。通过云计算的发展，企业数据信息的存储空间得以扩大，也有了更加完善的技术分析。通过运用这些技术，企业能够更加高效、准确地处理库存、销售、采购、利润、费用、成本等各方面的数据，实现更为精细的会计分析，充分发挥会计的优势，准确无误地将信息提供给企业管理者，帮助他们做出更为正确的决策。

2. 大数据时代云会计信息服务平台的构建策略

（1）要对大数据共享平台的使用层级进行完善，对权责明确的管理体系进行搭建。第一，要保障企业财务决策人员拥有最高管理权限，不仅能够对会计全流程的数据信息（入账、拨款、核销信息等）进行审批，还能够对下级会计人员的权限进行管理与限定。第二，要对基层会计人员在自身负责环节的实名管理权限进行保障，同时对其他环节的浏览权限予以设置。第三，部分业务部门存在与会计部门共享信息的需求，可以将只读权限设置给相关人员，使他们能够把握企业的发展动向，对企业的财务状况有所了解，及时对企业相关会计信息进行获取。之所以只为上述相关人员设置只读权限，而未让他们具有修改权限，主要是防止他们为了获取自身的业绩利益，对会计信息擅自进行修改，从而更好地保障会计信息的质量。除此之外，无论哪一级使用者，只要开通了大数据会计信息一体化共享平台使用权限，我们就要进行账号设置，落实一人一号，防止出现权责不清、推诿扯皮的现象。

（2）应当对会计信息一体化建设中的监管层级体系进行完善。从技术层面看，依托大数据共享平台的会计信息一体化系统专业性更强，同时，由于平台中与资本有关的会计信息紧密关系着企业的生存命脉，因而应当进一步提升管理的严谨度。在建设平台的过程中，可以通过流程管理、时间管理进一步完善监督管理层级。针对流程管理，企业应对权责明确的流程清单进行设置，结合市场动态、会计准则，对流转体系进行搭建，确保职权平行的独立使用者分散地享有各项会计信息的录入、复核、签批、核报权限，对会计信息在企业内部的公开工作予以保障，实现权责相互监管、制衡的效果。针对时间管理，企业可以对会计信息公开报告定期归档整理，向企业员工主动对会计信息进行披露，从而实现全民监管。

第三节　大数据时代会计信息化的运行

一、大数据时代会计信息化建设的分析

（一）大数据环境的特点

1. 具有更大的信息容量

无论从数据种类方面看，还是从数据数量方面看，大数据环境都称得上是对传统数据的延伸与补充。我们都知道，一般来说，以 TB 级为单位对数据的体量进行计算，1TB = 1024GB，而如果换算为字符，我们所得到的数字是极为庞大的。全球的数据存储量正逐年增长，置身大数据环境中，企业对大数据进行运用，能够对各种数据进行联合使用，凭借强大的信息处理能力对各种不同的处理方案进行优化。

2. 具有较为突出的关联性

实际上，大数据的处理能力十分近似人类的大脑。大数据的处理能力比传统的数据处理能力更为强大。例如，在企业的会计信息化工作中，如果我们通过传统的数据处理方式处理记账信息，一般会在 Excel 中进行存储，即制作平面表格。然而，置身大数据环境中，我们可以多层分类存储数据信息，对用户的特征进行

及时捕捉与分析，体现出更强的逻辑性、关联性，而非模式化地计算、存储表格中的信息，这种处理过于简单。

3. 具有很快的处理速度

大数据技术演化自数据挖掘技术。大数据技术比传统的数据库处理技术拥有更强大的对数据信息进行筛选、查找的能力。在实践中，大数据处理技术包括流处理、批量处理两种不同的方式，无论采用哪种方式，都能快速对数据进行处理。

（二）大数据环境对会计信息质量的影响

1. 正面影响

（1）提供会计信息资源共享平台。

在大数据环境下，会计信息的流动性和获得性不断提高，会计信息的可利用程度也将有利于促进企业、政府和监管部门之间的信息互联，从而切实推动会计信息质量的优化提升。

（2）海量会计数据库更新快。

会计信息具备更高的时效性。会计信息的处理和更新速度越来越快，新的会计信息不断地被上传，在某种程度上满足"及时性"的要求，并具有很强的应用价值。例如，英国的 Derwent Capital Markets 和美国加利福尼亚的 Market Psych 分析 Twitter 上的最新消息，从而预测最近股票价格的波动，以此作为股票市场的一个信号，并卖给商人。他们的分析包括数百个不同国家人们的微博，包括他们在微博上的情绪变化，如乐观、悲伤、快乐、恐惧、愤怒，甚至包括创新、诉讼、冲突等，由此为下一步决策提供重要依据。

（3）降低存储和获取会计信息的成本。

传统的会计信息系统主要依赖于硬件及其后期设备的维护，而在此期间的系统更新将会导致会计信息呈现海量的特征，这将导致会计信息存储的费用增加。而在大数据时代，利用云计算技术实现会计信息的存储，既可以降低后端存储组件的成本，又可以有效降低系统的维护和更新成本。此外，企业会计信息的公开成本也相对较低，信息用户可以轻松地从大量的数据中获得大量的信息，从而减少获取会计信息的费用。但要实现"低成本、高品质"的目标，就需要严格按照会计信息的质量标准选取有用的会计信息。

2. 负面影响

（1）无法保证会计信息的准确性和可靠性。

首先，由于会计信息的来源越来越多样化，其规模也越来越大，使得对会计信息中具有价值的内容挖掘越来越困难。如果不能识别出会计信息的真实性，就会对"可靠性"这一质量要求产生直接的影响。其次，大数据是对所有的数据进行研究，由此将直接影响收集到的会计信息的准确性。

（2）存在财务信息安全方面的风险。

首先，由于信息化时代具有网络开放、不稳定性等特点，企业的财务数据有被泄露、被病毒侵入等安全隐患，尤其是企业的商业秘密，如果被发现，将造成无法挽回的损失，甚至危及企业的生存。其次，在大数据时代，会计信息的存储以 TB 级为单位迅速增长，对信息的传递和处理提出了高效率的要求，由此构建一种更加高级的会计信息安全防范体系将具有必要性。

（三）大数据时代企业会计信息化的风险

1. 系统风险

企业会计信息化系统软件面临风险是不可避免的问题，若企业在今后的发展过程中并未规避潜在的风险，也并未充分发挥会计信息化软件应具备的价值，使得企业在今后的发展过程中将会遇到诸多难以预测的风险。企业将大数据技术引入会计工作中，虽然能够大幅提高信息整理速度、信息收集速度，提高管理人员的工作效率，但实际上企业会计信息系统仍会在一定程度上受到来自计算机的制约，计算机一旦发生故障，势必会对会计信息的安全性构成威胁，甚至产生数据损毁、数据丢失等问题，会计信息系统也难以正常运行。事实上，会计信息系统是一类网状分布体系，所以只有在远程控制软件的支持下，才会处于正常运行状态，一旦某一环节产生问题，将会影响整体的系统运行，致使企业会计信息数据面临安全风险。

2. 网络病毒风险

在企业会计信息化发展过程中，网络病毒风险是一项主要面临的风险类型，网络病毒具备传播速度快及传播方式多样化的特点，一旦企业会计信息系统受到病毒入侵，不仅会对企业会计信息化工作的正常实施造成影响，还会扰乱企业正常的经营秩序，甚至还会由财务信息系统传染至其他相关系统，对企业的生存与发展构成威胁。此外，由于网络病毒隐蔽性较强，可在计算机中隐藏，即便处于特殊条件下也可传播病毒，这无疑在一定程度上加大了会计信息化工作所面临的风险隐患，威胁企业的生存、发展。

3. 资产保护风险

资产保护风险主要表现在如下两个方面。

第一，信息数据安全性降低。首先，国内大部分云会计服务商并未向社会公众公示安全策略，通常仅在官网上展示所加入的安全协会、所获取的认证，以此无法确定云会计服务的信息安全是否能够获得充足的保障。其次，云会计是基于互联网上的一种服务，然而，伴随黑客技术的不断提高及互联网开放性的不断增强，数据安全难以做到万无一失。

第二，尚未形成完善的安全管理制度。导致这一问题产生的主要原因包括两个方面：其一，企业管理层并未严格落实人员管理制度，所划分的管理职责并未落实到具体岗位，缺少内部管理职能分配方面制度。在这种人员管理模式下，一旦出现会计信息安全问题，将无法在第一时间找到相关责任人，追究其责任，导致系统操作过程中安全性无法得到保障，对企业的长久发展将会产生一定的阻碍。例如，以某旅游网站财务部门为例，企业管理层便立足企业的实际发展情况，以此为依据，建立了清晰明确的职能分配制度及信息安全管理制度，不仅能够确保信息的安全、有效流通，还能够在发生信息安全问题时第一时间找到相关责任人。企业内部制度互相制约，能够有效避免管理人员徇私舞弊、滥用职权，管理人员之间能够形成有效制约，提高管理质量。此外，该网站还建立了完善、健全的安全管理制度，能够对企业员工起到良好的警示作用，每一位企业员工都能够对企业安全管理形成明确、清晰的认知。其二，企业在大数据时代下不仅应加大员工管理力度，还应加大系统安全性管理力度。然而，通常情况下，企业所设计的会计系统并未具备相应的技术支撑，加之系统多为代理商所安排的技术人员展开安全操作与维护，企业内部管理者可操作的权限有限，使得在管理过程中企业无法实现真正的安全管理。

（四）大数据时代企业会计信息化的风险防范措施

1. 引入先进技术，规避系统风险

人工智能技术、云计算技术、大数据技术在信息化时代背景下，前赴后继、推陈出新，凭借先进的技术防范潜在风险，在现阶段已成为一种主流的潮流趋势，以往的会计业务不仅面临数据信息核算量烦琐、记录工作量巨大等问题，同时面临容易遭到人为篡改、数据透明度有限、信息处理封闭及集中等问题，为妥善处理上述问题，一种公开、透明、去中心化，能够借助更多环节让更多人共同参与，并尽可能减少人为干预风险的技术由此产生，这便是区块链技术。区块链技术也被称为分布式账本技术，最初仅是作为比特币的基础技术而产生，安全性是这一技术最为明显的优势，因区块链技术以分布式存储作为主要结构，安全系数伴随数据存储节点的增加而不断提升。此外，区块链技术具备可追溯、去中心化特点，这一性质决定此项技术的使用者仅能依据既定规则修改数据，不会为小群体、个体的私利执行违规操作。对企业会计管理人员而言，利用区块链技术防范信息化风险的一项主要技术优势体现在：会计人员能够随时随地掌握、了解企业内部的管理运营状况，能够对网络记录状态、监控交易实施情况实时监测。因记录无法撤销，加之能够对财务报告实时审核，能够有效避免人工处理模式下存在的结构风险，还能够尽可能避免人为恶意篡改数据信息。

2. 加强网络安全防范，规避网络病毒风险

在企业会计信息化发展过程中，为规避网络病毒风险，需加大网络安全防范力度，主要可从如下两个方面实施：第一，为充分体现会计信息化安全系统的完备性，须构建相应的网络防火墙，增强会计信息系统的安全性，尽可能地避免会计信息化资料丢失、遗漏甚至损毁。在会计信息系统中安装防火墙的作用不仅局限于此，除了保护资料不被遗失、不受损坏外，还能全面监控数据保存情况，为企业管理人员快速了解企业资料是否完善、是否安全提供便利条件，在出现问题

的第一时间采取相应的保护措施。基于上述条件才能切实提高网络安全防范力度。第二，企业推进会计信息化发展的一条重要途径就是会计信息平台的搭建，一旦此项系统面临安全隐患，势必会影响企业会计工作实施的安全性、稳定性，所以为尽可能地避免企业会计信息系统产生风险问题，则需不断优化会计信息系统，加大系统建设力度，引入新型技术，创新并升级系统。若企业实力允许，还可在信息系统安全建设中投入充足的资金用于系统的研发及现有系统的维护。同时，还应以实际发展情况为依据设计契合企业财务管理需求的会计信息系统。在信息系统管理与维护的过程中，还应邀请经验丰富、专业能力强的工作人员负责这项工作，以此保障企业的数据安全。

3. 健全安全管理制度，规避资产保护风险

信息安全管理制度的完善，主要是指在企业内部推行信息系统维护专项制度，安排专人专门负责系统的运行、开发、维护，尽可能避免信息泄露事件的发生，还应加大安保监控力度，以免企业会计信息数据被恶意盗取。同时，岗位财务管理、岗位工作也应由专人专门负责，禁止无关人员接触现金往来业务，从源头解决挪用公款现象。企业内部统一联网并禁止浏览恶意网站或使用娱乐软件。

与此同时，还应从计算机技术视角出发，健全安全防护体系。针对企业计算机重要磁盘应安置还原盘，并专门设计保护代码，抵御病毒入侵。以携程旅行网为例，该公司的会计信息系统数据维护，仅有获得财务领导审批后才能交由专员操作，每日对信息系统中所生成的数据做好异地备份、数据库备份，以免产生信息丢失、信息遗漏的风险。除此之外，系统主机应在不断电的情况下独立运转，进出机房时需获得审批，并在系统管理员的陪同下才能进入，保障机房安全。携程旅行网还专门设立风险控制委员会，接受董事会的监督、指导，这是企业内部决策、评价、审查企业风险性金融业务操作的最高权力机构。企业还开设贷审会，即指在相应权力范围内审批不同客户的资产分类，并做好客户的信用评估，贷审会应遵循审贷分离、授权管理的原则推行集体决策方式，通过记名签字表达贷审会审议，每位委员均具备一票表决权，最终决策只有在获得2/3及以上成员的同意后方可生效，对于贷审会同意的每一项意见都应做好保存、记录并纳入档案。财务部门依据种类、时间、贷款额度等批阅并查询，遵循自身的权限审批贷

款、审查贷款。此外，企业还应专门开设风险管理部、金融市场部，并推行岗位责任制，促使企业内部各个部门能够互相制约，并形成合理的分工。金融市场部在获得客户授信业务申请后，调查客户贷前情况，承担清收不力责任。由企业风险管理部门制定管理制度、信贷政策并全程管控风险，设计独立的信贷审查机制，承担审批、审查责任。

4. 完善法律体系，规避法律风险

首先，应从国家层面出发，国家应立足整体视角，做好整体规划，立足立法层面，完善网络信息安全法律体系，以此，也可为大数据时代背景下的市场经济安全运行提供法律依据，特别是要关注虚拟数据安全方面的立法体系，通过健全立法的方式，保障企业数据信息安全。从国家层面讲，还应摸底调查国内云会计市场，并以此为基础，尽快推出并制定云会计标准，再以云会计市场的变化为依据，不断修订所推出的云会计标准，逐步构建基于云会计产业规范。除此之外，国家还应尽快颁布《信息安全法》《信息安全条例》，以此对云会计市场加以规范，健全我国信息安全法律体系，从整体视角推进我国云会计市场的规范。与此同时，还应针对云会计服务运营商资质提出严格要求，适当提高行业门槛，筛选诚信高、技术强的云会计服务供应商，通过优质服务供应商的筛选，在保障数据库安全性、稳定性的同时，营造良好的云会计竞争市场氛围，并可以在一定程度上保障企业会计信息安全。除此之外，还应构建第三方监管机构，定期审查具有运营资质的云会计服务供应商，在审查过程中发现问题时，应督促云会计服务供应商及时整改，针对存在违规行为的服务供应商应即刻取消服务资质。与此同时，第三方监管机构还应加大后续的教育力度，将云技术风险向云会计服务供应商普及，以此保证云会计数据的安全。

其次，政府作为宏观调控的主体，在这一过程中需重视自身宏观调控作用的充分发挥，在法律存在一定缺失的前提下，应通过推行地方性法规制度的方式加强网络信息安全建设，为企业数据信息安全提供保障，还可对企业会计信息化所提出的发展需求充分满足。同时，政府还应充分了解企业现阶段所面临的风险问题，结合所存在的风险问题建立监管机构，对企业业务开展情况展开全面的监督，一旦发现企业出现违法、违规操作后应及时制止，以此对会计信息的完善性、安全性加以保障。针对企业管理不到位的问题，在相关法律法规中应增加风险评估、安全检测等方面的内容，或可针对违规行为制定相应的惩罚条款。

最后，对于法律体系所存在的缺口，企业需加强自我防范。以携程旅行网为例，企业内部开始着重于自我防范工作的加强，健全会计信息化体系，加大内部治理制度，深化风险防范意识，尽可能避免信息泄露事件的发生。与此同时，携程旅行网内部还应健全企业信息安全管理制度，将会计信息数据安全的保障放置在首要位置，让企业的每位企业财务相关人员签订保密协议，通过加大制度约束的方式深化相关人员的数据安全意识，保障企业财务数据安全。

二、大数据时代会计信息管理对策

（一）完善企业会计信息质量管理体系

在大数据时代背景下，为适应大数据时代的特点，企业应当积极完善会计信息质量管理体系，促进会计工作人员更好地完成会计核算工作，有效地提高企业会计信息质量。首先，应当对会计工作人员安排定期的培训，使他们意识到会计信息质量对企业发展的重要性，并努力提升自身的会计专业素养，同时应当对相关的互联网技术进行培训，促进会计工作人员更好地利用互联网技术完成企业会计信息质量的提升。其次，企业应当在会计信息质量管理体系中制定明确的奖励政策，鼓励会计工作人员充分利用大数据时代的会计信息优势，对提高会计信息质量的方法进行探索与革新，促进会计核算工作为企业决策提供有意义的数据参考。最后，企业可以组织各部门经理参加会议，讨论详细的工作计划，确定计划后分析所有流程，选出适合企业经营发展的综合计划。例如，利用供应链和价值链将各部门的数据联系起来，并始终遵循同一原则，使会计向管理会计转型，确保管理者对会计数据信息的充分掌握。另外，在大数据环境下，企业应注重管理会计应用于企业管理中，运用相关管理机制对内部控制规范进行优化，建立健全可行的绩效考核体系，以保证考核的深度和广度，或者采用先进科学的成本管理方法，如活动成本法、目标成本法等，以保证成本数据的真实性和准确性。

（二）　选取符合企业发展需求的信息

为有效提升企业会计信息质量、企业会计工作人员应当按照企业生产经营的实际需求选取会计信息，以达到有效促进企业发展的目的。企业的债权人与投资人对固定周期的财务报表进行检查，不只是为了查看财务报表上的营业额信息，更加注重的是会计人员对数据信息进行核算分析之后得出的综合会计信息分析结果，从而掌握企业生产经营现状。这才是财务报表会计信息隐藏的巨大功能。因此，在大数据时代，企业会计在进行会计数据核算工作时，应当以企业的债权人与投资人的实际需求为出发点，不能仅按照信息流程向债权人与投资人提供会计数据信息，而是应该改变传统会计数据核算工作的单一工作形式，将企业多方面的会计数据进行总结分析处理，向债权人与投资人展示会计信息分析后的结果，为企业运营决策提供有价值、有意义的参考数据。

（三）　增强会计信息核算的时效性

在大数据时代，会计人员需要对大量的数据进行存储和处理，而传统的会计信息核算已经无法适应企业的发展。所以，为了在最短的时间内提高会计信息核算的效率，就需要借助具有高效执行效率的计算机来完成。高运算容量的计算机不但具有比普通计算机更大的存储容量，还能够及时、准确地实现对会计信息的统计，从而大大地改善会计信息的质量。同时，将计算机技术融入会计核算过程中，也能够从某种程度上突破手工核算的局限性，以此更好地节约会计核算的资金成本，同时对促进会计信息数据共享具有重要意义。另外，在大数据时代衍生了"云"技术，也为会计的发展带来了全新的模式。大数据时代的会计信息将所有权和使用权进行了区分，之前会计核算工作需要内容核算软件，同时需要自行进行运维工作，而现如今，会计信息可以通过"云"技术进行转移和嫁接，企业只需要购买软件的使用权，就能够实现对数据的共享和传递，并且还能够实现对会计信息的远程监管控制，进而使其整体的实用性价值得到优化、凸显。

三、大数据对会计信息化运行的影响分析

（一） 为企业提供资源共享平台

在企业中，会计工作的发展历史长达数百年，是非常重要的工作组成部分。现如今，信息化技术日新月异，经济市场竞争也越来越激烈，企业唯有从自身实际出发，与时俱进，才能在市场经济中始终处于优势地位。置身大数据时代，企业将大数据技术合理地应用于会计信息化建设中，能够将具有广泛内容、丰富资源的数据信息共享平台搭建起来，使得相关财务信息数据凝聚为有效的信息链条，相关的会计工作人员可以共享。如此，会计工作人员就能凭借数据信息共享平台，随时调整有关工作内容，切实提升工作质效。

（二） 有效降低企业会计信息化成本

对于很多企业，尤其是中小企业而言，建设会计信息化需要很高的成本，使它们背负更多的资金压力。但是，置身大数据时代，企业应用大数据技术实现会计信息化建设，能够减少会计信息化基础设施建设投入，节约开支，行之有效地降低企业会计信息化成本。

（三） 提高企业会计处理效率

在过去，会计工作人员想要进行会计核算，必须遵循固定流程，同时，人工核算也可能导致误差的产生，为企业造成不必要的经济损失。置身大数据时代，企业开展会计信息化建设，能够将传统的人工核算方式转变为信息化技术手段，不仅能使会计工作人员的工作压力得到减轻，还能使企业的会计工作效率大幅提高。

（四） 提升会计管理工作职能

大数据信息时代的数字科技带给会计的信息化转型，不仅是企业内部财务信息数据化管理的便捷，更主要的是外部环境海量的数据信息资源。对于市场经济

快速的更新发展变革，及时了解外部市场的环境变化和商业趋势，有助于企业及时掌握商机，并快速调整经营策略，做好企业发展的规划决策。数字时代的信息资源量丰富，信息传递速度快捷，都为会计信息化提供了广泛的信息数据资源，从而使信息化转型下的会计工作可以最大限度地参与企业经营管理决策，为企业经营管理者提供完善的会计预估数据资源，做好投资前期的市场调研工作，并及时掌握风险趋向，增强会计信息化职能作用。

四、大数据时代会计信息化的发展方向

大数据所带来的影响有着明显的双重性，可积极，也可消极，它在发展中不仅能为财务信息使用者提供信息支持，也能更加准确地评估资产的公允价值。另外，它能有效节省数据加工整理过程中所消耗的经济成本和时间成本。因此，大数据时代会计工作应充分利用大数据来提高企业的会计信息化水平，让投资决策者和信息使用者获得一定程度的解放。

目前，在我国各个行业的发展过程中，大数据技术与计算技术都已经得到了广泛的应用，而会计工作作为每一个企业的一项基础性工作，在发展过程中也一定要跟上时代的步伐，根据目前我国企业在发展过程中的趋势，可以得到企业在会计信息化过程中也有比较明确的发展方向，具体如下。

（一）充分借助大数据信息资源优势

大数据时代所带来的信息化，是时代发展的社会福利资源，企业管理必须明确意识到当前时代发展的机遇，及时提升内部管理的控制水平，借助会计信息化系统的建立，为企业在市场竞争中争取有利地位。与此同时，企业建立信息化职能平台，还需完善对平台信息安全的保护管理，增强会计信息化系统平台的安全稳定性，让会计信息化管理模式成为企业经营管理的助力基石。

（二）信息安全工作将会受到重视

事物之间都是有联系的，一个新事物的产生也有两面性，因此，在会计信息化过程中，信息泄露的问题也是非常严重的，但是为了避免这个问题，信息网络

的安全工作也受到了更多的重视。在信息化时代，信息是非常重要的，而一些重要的信息所带来的价值也是不可估量的，特别是对于一个企业的发展来说，一旦造成信息泄露，很有可能导致企业的商业机密泄露。因此，在会计信息化过程中，各种安全措施得到了有效的发展，一般情况下，企业的会计信息化与企业的基础网络建设是同步进行的。而随着会计信息化的不断推进，企业的各项基础网络建设也是在不断发展的。但是在网络安全建设过程中，很多企业都忽略了一个问题，就是信息在传输过程中的安全防护，由于在传输过程中涉及企业或个人的经济财产和隐私安全，所以一旦出现信息泄露，所造成的后果是严重的，但是笔者相信，在未来会有很多企业发现这个问题，在信息传输过程中的安全防护措施也会得到相应的加强和完善。

（三）完善管理模式，实现多系统整合

在企业发展过程中，会计是一个非常独立的部门，它基本上承载着整个企业的发展，因此，在会计部门的管理过程中，必须建立完善的管理体制，同时，管理模式也要进行相应的完善和更新。目前，很多企业在会计信息化过程中，为了保证会计工作的安全性和效率，都进行了会计管理部门的改革，而在改革过程中，也并未出现过多的问题，同时，各个系统之间也进行了有效的整合，使企业内部的会计信息管理活动更加完善、健全。

（四）会计信息的行业化集中使用

大数据推动了云计算的发展，云计算降低了企业硬件设施管理和软件设施维护升级的费用。随着科技的发展和市场的成熟，会计信息软件得以进一步优化，有效节省了企业的时间成本和人工成本。云会计以网络为载体，以云计算为基础，具备专门的软硬件设施和系统维护服务，客户可以借助计算机对相关资料进行核算、分析。

行业不同，企业的发展模式和经营状况必然有所区别，但相同行业内的会计工作也有着明显的相似之处，那么对于大数据的收集也一定存在共性。因此，企业信息的集中性越强，会计工作的可利用资源就越多，大数据的工作方式和会计

软件才会更加实用，这也加快了会计信息化的发展速度。这样看来，会计信息的行业化集中应用就成了会计信息化的未来发展目标。

（五）强化会计信息的综合性

在大数据环境下，企业的内涵更加丰富，企业价值的影响因素更加繁杂，投资者和经营者在企业中的决策更加复杂，数据资源能够有效提高企业的竞争力，这就使得越来越多的企业看到数据资源的重要性，试图利用数据信息来增加企业价值。因此，过去利用结构性数据进行预决算的企业，所提供的财务信息已经难以满足自身的需要，会计报告应参考非结构性数据，从微观的层面分析企业真实的经营状况，提供符合当前社会的综合性数据信息。过去密切关注却未在财务报告中公示的内容，如人力资源、环境资源等信息，现今也应该考虑到，这就符合了财务信息的时代性特征，会计人员应加强量化企业商业模式，对市场动态给予充分了解，为财务信息使用者提供更有价值的数据信息。

（六）会计信息化的理念不断地更新和完善

在现阶段，很多企业内部的会计核算和财务管理工作都是通过计算机来完成的，这在一定程度上弥补了传统会计模式的不足，让会计工作的效率得到了极大的提高，而企业的领导者要想让会计工作得到更大的提升，就必须从理念方面进行相应的创新，只有具备良好的创新理念，才能督促企业内部进行系统的更新和完善。另外，在会计信息化过程中，如果一直延续着现代的会计信息化体系和相应的软件系统，也是对会计信息化进程的一种阻碍。例如，一种游戏始终以一种新型模式进行工作，如果不及时更新系统，那么，在运行过程中，必然会出现相应的问题，特别是运行方面，或者数据丢失方面的问题。因此，在会计信息化过程中，如果一直延续这种模式，也必然会出现这类问题。因此，在会计信息化过程中，理念的创新是非常重要的，要让企业内部的领导者充分认识到理念创新的重要性，这是企业会计信息化发展的前提和基础，只有有了创新的理念，才能针对企业在会计工作过程中的各种问题进行有效解决。另外，还要针对会计管理人员进行相应的培训和学习，让他们了解到理念知识的作用，督促他们去学习一些大数据与云计算技术，这既可以满足企业对各种人才的需求，也可以激发员工工作的积极性，从而带动整个会计行业信息化的发展。

（七）加大推进相关法律制定

在大数据时代，大力推进会计信息化相关法律的制定，进一步完善立法工作，健全奖惩机制和责任制度，建设第三方监管机构定期审查共享平台及培养相关用户。

综上所述，大数据时代对人们的思维方式和工作行为带来了不同程度的影响，大量新兴技术的出现为会计信息化提供了更加广阔的发展空间，信息获取和处理的范围也被扩大。企业看到新信息带给企业的巨大经济价值，但是如何利用这些便利，及时避开风险，提高技术利用率，促进信息化发展，是企业面临的最大挑战。

第四节　大数据时代会计信息化体系的构建

一、大数据时代构建企业会计信息化体系的必要性

随着互联网技术的不断发展，各种高新技术已经进入各行各业的生产发展过程中，对于不同行业的发展都带来了极大的便利，特别是大数据分析技术为企业的生产经营活动与体验活动带来更加良好的分析和管理模式。因此，在企业会计工作过程中也要运用大数据分析技术构建信息化体系，一定要让企业的会计管理工作符合社会的大趋势，才能为企业未来的发展制定更好的发展战略。以下是对企业推进会计信息化体系建设必要性的探讨。

（一）大数据分析技术为企业会计工作提供了有力的技术支撑

大数据分析技术就是通过互联网技术对企业的各种经营活动，以及各种经营数据进行相关的分析工作。在现阶段，我国实行的是社会主义市场经济，在这种

经济发展模式下，企业所面临的是非常复杂的竞争环境，如果对市场信息把握不到位，那么很有可能出现市场风险，对于企业的发展来说是非常不利的，而且还有可能导致一个企业的破产或倒闭。因此，企业对于市场信息的分析，对企业发展来说是非常重要的，可以通过大数据分析技术有效地实现对各种风险因素以及各种有利因素的充分分析，财务会计工作人员可以根据相关的分析辅助管理者制定比较完善的发展战略，对于企业可持续性发展来说是非常有利的。

（二）大数据分析技术有助于简化企业的工作流程

随着我国经济步入稳健发展的时代，我国各行各业的企业在发展过程中迎来了非常多的机遇，因此，我国大部分企业未来的发展趋势都是比较明朗的。在这种局势下，我国企业在发展过程中会不断地扩大发展规模，在具体的生产经营过程中，就会面临比较复杂的工作环节，如采购、生产、营销、售后等一系列内容，这就需要企业拥有比较完善的管理体系和管理机制。在管理体系和管理机制建立过程中，可以通过大数据分析技术有效减少不必要的工作步骤，简化工作流程，对企业工作效率的提高是非常有利的。在财务管理工作过程中，传统的人工财务核算方法已经不能满足企业快速发展的需求，因此，要通过计算机互联网技术提高各种财务工作的效率和质量，为企业未来的发展提供更加有力的数据支撑。

（三）大数据分析技术有助于规范会计核算工作

会计核算工作对一个企业生产经营活动的控制来说是非常重要的，只有通过会计核算才能对企业在生产经营过程中的盈利和亏损进行全面的分析和了解。会计核算工作所涉及的事件以及信息的数量是比较庞大的，如果采取人力核算的方式，那么核算的效率比较低，而且还很容易出现各种失误，但是可以通过大数据分析技术，通过计算机互联网建立相关的分析模型，只需要将相关的数据输入模型中，就可以实现自动化、智能化的分析，可以在很大程度上减轻财务工作人员的压力，减少企业的人力资源成本，促进企业未来的发展。

二、大数据时代下企业会计信息化面临的难题

通过上文的叙述，可以得出企业的会计信息化对企业未来的发展是非常重要的。在现阶段，我国各个企业发展迅猛，如果企业不对内部的有关部门进行相关的改革，那么企业在发展过程中肯定会面临各种各样的发展难题，对于企业未来的发展来说是非常不利的。目前，我国某些企业在进行会计信息化改革过程中，存在一些问题，这些问题严重阻碍了会计工作与大数据分析工作的融合，对会计信息化体系的建立造成了阻碍，对会计工作效率的提高是非常不利的。

（一）传统的企业会计模式根深蒂固

通过相关调查发现，现阶段很多企业在发展过程中仍然采取的是传统的企业会计工作模式，这种模式已经深入大多数财务工作人员的潜意识中，对于他们来说，采取一种新的会计工作模式是很难在短时间内适应的，而且有很多财务会计工作者是非常抗拒企业会计信息化体制建立的。此外，在社会主义市场经济条件下，一个企业要想转变传统的会计工作模式，相对来说，是比较困难的，所需要面临的风险也是非常大的，这就要求企业在进行会计模式转变过程中，要坚定模式转变的意志，要鼓励员工接受各种新的管理方法。由于传统会计工作的理念根深蒂固，所以会计信息化体制改革工作是很难在短时间内进行的，需要逐步完成。

（二）缺乏相应的会计信息化体系构建的经验

由于大数据分析技术的发展时间比较短，而且很多技术目前在具体的运营过程中很不成熟，所以在我国会计信息化体系构建过程中是非常缺乏相关经验的。在构建会计信息化体系过程中，相关的人员只能凭借本能以及现有的大数据分析技术进行摸索，缺乏有力的数据支撑。企业在构建会计信息化体系过程中，把大多数的数据都上传到云端，保存到云平台。但是由于企业缺乏比较完善的信息化管理技术，这些数据在云平台的储存过程中很容易泄露，给企业带来非常不利的影响。同时，如果一个企业想要构建比较强的保密系统，就需要企业投入大量的

人力、物力和财力，这对于一些中小型企业来说是很难做到的。因此，在企业会计信息化体系过程中面临的问题还是比较多的，仍然需要不断努力。

（三）负荷量过大的网络传输问题

在一个企业发展过程中，要想实现会计信息化，就必须依赖网络环境。这也就意味着，企业必须先拿出财力、人力、物力去构建一个良好的网络传输环境。但是对于我国的一些中小型企业来说，既缺乏资金，又缺乏相应的体制支撑，所以，在构建网络传输环境过程中，就造成了一定的困难，这就会导致企业的会计信息化进程跟不上现阶段的发展速度，就必然会被社会淘汰。通过相关调查发现，大多数企业在构建会计细化过程中，面临着网络数据延迟和阻碍、计算机核算量超负荷、计算机信息传递滞后性等问题。具体来说，在现阶段，企业会计发展过程中所面临的数据量越来越大，而大多数企业在发展过程中都已经实现了会计信息化，所以大多数的数据存储和交换都是通过网络进行的，如果企业在构建网络环境过程中有所怠慢，就会导致信息得不到有效的存储和沟通。另外，在会计信息化过程中，很多企业还缺乏相应的网络故障检测以及故障警告体系的构建，在信息化时代，更容易发生信息犯罪，企业的各种计算机设备更容易受到木马等病毒的攻击，因此，很容易造成数据泄露。但是，当前许多企业还在使用传统的会计信息系统，这类系统无法满足大数据时代下的各项业务工作，就很容易导致计算机核算量超出负荷的情况，导致计算机系统的崩溃，从而严重阻碍会计信息化的发展。因此，面对这些问题，企业必须引起重视，针对企业内部的各项网络环境基础设施建设采取各种有效的措施。

三、企业会计信息化体系构建的策略

通过上文的分析，可以看到企业在进行会计信息化体系构建过程中所面临的难题仍然非常多，但是如果一个企业故步自封，那么就很难跟上现阶段社会发展的步伐，面临被市场淘汰的风险。因此，企业要针对这些难题提出具体的解决措施，同时，我国政府等相关单位要不断地采取各种优惠政策，加快企业会计信息化体系的构建。

（一）提高领导的重视程度

在会计信息化体系构建过程中，领导的重视程度对于构建速度以及构建的力度来说是非常重要的，只有引起领导的重视，才能根据企业发展的现状制定具体的构建策略。所以，在这个过程中，一定要不断地转变领导的思维，让企业的管理层充分意识到会计信息化体系构建对于企业未来发展的优势，只有获得了领导的支持，才能在会计信息化体系构建过程中获得有力的财力和人力、物力支持，才能充分地保证企业会计信息化体系构建的质量。

（二）建立科学安全的防护系统

在大数据时代，信息安全问题越来越严重，因此，在企业构建会计信息化体系的过程中，要重点考虑安全问题，对构建企业会计信息化体系的影响，在构建过程中要引进相应的网络信息安全员，对企业存放数据的数据库进行防火墙设计，对企业的各种数据资料以及档案的查阅权限，要进行比较严格的管理，在一定程度上可以降低黑客和病毒的攻击，保障企业的信息安全。

（三）加强对会计信息化技术人才的培养

在企业进行会计信息化体系构建过程中，专业人才的培养工作也是非常重要的，只有专业的人才才能运用专业的会计信息化体系，为企业的未来发展制定更好的发展战略，为企业的各种经营活动提供更加完善的信息，增加企业的经济效益。同时，企业还要加强各个方面的创新工作，实现服务工作创新管理制度，应用制度的创新，只有将这些创新机制与人才管理机制、会计信息化管理体制充分结合起来，才会更有利于企业的发展。

第三章　大数据对管理会计的创新驱动

第一节　大数据推动管理会计信息的量化和集成

一、大数据推动管理会计信息量化和集成的表现

（一）会计信息的收集

大数据背景下，收集会计信息的方式有三种。

第一种，软件接口方式。此种方式需要企业进行如下操作：将软件设计者请到现场，让他们了解所有财务系统、业务系统流程，商讨财务数据库相关的软件接口如何设计，制订可行的方案，充分发挥软件接口方式的优势，实现会计数据传输的实时性和可靠性。

第二种，开放数据库方式。开放数据库是一种最为直接的实现数据采集和汇集的方式。开放数据库需要两个数据库之间具有同种类型的数据。在实际的数据库设计过程中，企业可以以两个数据库是否在同一个服务器上为思考点，采用不同的连接方式。假如两个数据库在同一个服务器上，并保证用户名没问题，即可实现数据的交流。假如两个数据库并未在同一个服务器上，则采用链接服务器的方式。开放数据库方式的连接可以提高会计数据采集的准确性和实时性。

第三种，基于底层数据交换的数据直接采集方式。此种数据采集方式的逻辑如下：通过流量包式的软件系统进行多种数据交换，如底层数据、数据库与软件客户之间的交换，以网络分析和底层 IO 请求为技术基础，以目标软件产生的数据为方向，以数据的重新结构化和转化为方式，实现将数据转入新数据库的方式。此种数据采集方式的优点如下：第一，实施周期短、配置简单。第二，实时进行数据采集，采集数据响应速度达到秒级。第三，具有较强的兼容性，可以兼

容 Windows 平台中的各种系统数据。第四，输出的结构化数据为大数据挖掘、分析、应用提供基础。第五，自动建立数据关联的周期短，具有高效性。

总而言之，在大数据采集方式的选择过程中，管理会计人员既要认识到数据采集的重要性，又要结合实际的企业发展状况灵活选择合适的数据采集方式，真正将大数据技术科学、合理地运用在日常的会计管理工作中，使会计数据效益最大化。

（二）会计信息的存储

1. 存储空间

大数据背景下，管理会计人员所要处理的数据空间不断扩大，开始逐渐向 TB 级别方向发展。其原因在于，管理会计人员在处理企业内部数据的同时，还要关注竞争企业的相关数据、本行业的数据等，这给企业的数据存储带来了新的挑战。

2. 存储内容

企业管理会计人员需要根据具体的内容设计不同的数据模块，实现对数据的有效整理、分析，实现精细化管理。在实际的工作中，管理会计人员可以根据实际状况，利用大数据技术将会计数据划分成销售数据库、生产数据库、采购数据库等。

3. 存储结构

数据结构非常复杂，大体分成三类：结构化数据、半结构化数据、非结构化数据。企业财务数据的 90% 左右是半结构化数据和非结构化数据。结构化数据是指以二维表结构为逻辑表达形式，以行为单位的数据。非结构化数据是数据结构中没有预定义，数据结构不规则、不完整的数据模型，包括管理会计中的音频、视频、HTML、图片、文本以及办公文档。半结构化数据是结构化数据的一种形式，包含相关的标记，用来分隔语义元素及对记录和字段进行分层。

（三）会计信息的分析

1. 以云计算为核心的分析形式

云计算分析的优势是提高数据传输和共享的实效性，即在保证数据不失真的情况下，实现最高速的不同结构数据之间的转化。在以云计算为核心的数据分析中，常见的数据分析工具为因果预测分析工具、时间序列分析工具、回归分析工具、决策树分析工具、聚类分析工具等。

2. 兼顾集中式和分布式的分析形式

集中式分析是指会计运用主机架构、客户机服务器架构、浏览服务器架构等，对数据进行集中处理的形式。在大数据驱动下，数据量的指数化促进"在线""全量"的产生，催生了分布式的数据处理方式，即通过 Storm 计算架构和 Hadoop 计算架构实现对数据的分布式处理。总之，管理会计人员通过运用集中式和分布式的数据分析形式，能够进一步促进细致化数据分析方式的产生，提高整体的数据分析效率。

3. 由数据仓库到深度学习的分析形式

传统的数据仓库分析是指管理会计人员将会计数据看成"数据仓库"，对这些数据进行简单的汇总和分析，形成相应的会计报表。深度学习分析是指管理会计人员通过大数据技术对各种数据结构，如结构化数据、半结构化数据以及非结构化数据进行深度学习，分析其中具有内在价值的数据的过程。

（四）会计信息的输出

会计信息的输出呈现出多样化特征。为了满足不同的会计输出需求，管理会计人员需要灵活设计相应的会计输出内容形式。具体而言，管理会计人员可以从数据的结构类型入手，输出结构化数据、半结构化数据以及非结构化数据，以具有直观性的数据呈现形式来呈现会计信息，为企业的发展提供支持。

二、大数据推动管理会计信息量化和集成的应用

（一）应用框架

1. 基础信息层

大数据驱动下的基础信息层主要由业务数据和财务数据两部分构成。业务数据主要是指在业务生产过程中产生的各种数据，包括事物状态变化的相关信息以及交易进展状况，即合同信息、业务订单信息、客户服务信息、人员变动信息、生产流程信息等。财务数据主要是材料采购信息、成本信息、收入信息、资产折旧信息等。

2. 数据输入层

数据输入层的作用是将基础信息层的信息录入相关系统。为此，数据输入层需要具备完善的输入控制逻辑，保证同一类型数据的来源以及渠道的一致性；确保财务数据与业务数据共享数据的高效性（通过集中处理结构化数据、半结构化数据以及非结构化数据的形式）；促进财务数据与业务数据的有机融合（以计算机技术为手段，建立各个子系统的对接接口，提高数据自动传输的效率），最终达到为大数据驱动下会计管理应用提供基础性数据的目的。

3. 数据集聚层

数据集聚层的作用是完成对输入层数据的分类、汇总以及上传，为后续数据的分析和模型的搭建提供具有基础性、动态性的数据支持。在上述步骤中，管理会计人员需要运用大数据分析财务数据和业务数据之间的内在逻辑联系，以具有逻辑关系的业财数据为依据，将这些数据分门别类地整理到相应的数据库中，促使业财数据管理更加精细化。在具体的数据库管理过程中，管理会计人员还可利用网络云端，其优势有三点：第一，在占用空间方面，网络云端并不占用本地存储空间，有利于实现海量数据存储。第二，实现会计数据更新。管理会计人员可以以月度、季度为时间节点定期更新网络云端中的会计数据，保证会计数据的即时性。第三，丰富会计数据。除了进行会计数据更新，管理会计人员还可以丰富

数据库数据，将行业数据、竞争对手数据上传存储至网络云端，为后续分析以及报告的形成提供强有力的数据支撑。总而言之，管理会计人员可以发挥网络云端数据存储空间大、可即时更新数据具有多样性的优势，在数据集聚层完成对数据的分类和高效整理，促进后续对数据的有效分析。

4. 分析处理层

分析处理层的作用是通过一定的方法，对网络云端的数据进行计算、加工和建模，进一步提炼出有利于企业决策的有价值的信息，并通过直观的形式呈现出来。在实际的会计数据分析过程中，管理会计人员以云端的大数据分析平台为主要手段，综合运用时间序列分析工具、回归分析工具、决策树分析工具、聚类分析工具等，以实际的管理需求为方向进行会计数据模型的构建，准确预测相应的数据，达到为决策提供有价值信息的目的。

5. 应用报告层

管理会计人员以相应的会计数据模型为依据形成多维度业财融合管理会计人员报告体系。因为这种报告是为了满足管理层或是企业实际管理需要而生成的，所以这种报告不具有固定的报告时间、类型和格式。在大数据的驱动下，管理会计人员可以有效把握各个方面的会计数据，生成具有实时性的、多维度的管理会计人员报告，促进各项会计工作的顺利推进。

以成本管理会计人员报告为例，会计人员可以生成以成本归集、成本分配、成本耗费和成本投入为基础的多维度成本管理报表。为了进行业绩考核，会计人员需要实时合成多种主体的业绩考核报告，如员工业绩考核报告、各部门业绩考核报告、企业总体业绩考核报告等。

（二）在供产销活动中的具体应用

1. 采购活动数据的产生及流动

采购活动主要由采购信息的产生及流动、资金运动过程、业务过程的处理三部分组成，涉及业务流、资金流、信息流和利益相关者流。管理会计人员通过将应用框架运用在采购活动中，一方面可以促进财务信息与业务信息的有效分享和整合，另一方面可以为采购活动的决策、管理、控制提供强有力的数据支持。

（1）采购活动信息的产生及流动。

①在业务层面的采购活动主要分为制订采购计划、选择供应商、制定采购单、签订采购合同、物资的发货及运输、物资的验收入库、采购货款的结算七个步骤。

步骤一，制订采购计划。管理会计人员需要以库存状况和生产计划为依据，制订采购计划，审核采购计划，促进采购相关活动有序、科学地开展。

步骤二，选择供应商。在供应商的选择过程中，管理会计人员既要考虑现有供应商的财务状况、原材料的供应链状况，又要将现有供应商的原材料质量成本、交货表现作为重要审核要素，对现有供应商的表现进行审核。在对上述情况进行全面分析后，管理会计人员可以选择新的供应商，或是与现有供应商继续进行合作。

步骤三，制定采购单。管理会计人员在制定采购单时，需要保证各个项目填写完整。首先，填写完整的货物信息，如必须有货物的编号、名称、数量、单价、总价以及备注等项目。其次，填写明确的交货时间以及地点。再次，填写其他相关要求，如货物的包装方式、运输方式。最后，填写时间信息，如付款时间的信息以及逾期交货需付的违约金。

步骤四，签订采购合同。在采购合同的签订过程中，管理会计人员需要注意如下三点：第一，了解采购双方的基本状况，如管理会计人员需要了解供应商的资金流、信用状况等。第二，严格审核采购合同条文，尤其是采购商品的标准、交货地点、发货地、接发货物的时间等。第三，明确采购双方在此过程中承担的义务以及违约需要承担的责任。

步骤五，物资的发货及运输。在发货以及运输的过程中，管理会计人员需要进行物资发货、运输信息的追踪，保证物资及时发货。同时，管理会计人员还需要审核物资的型号、数量以及质检报告。

步骤六，物资的验收入库。在物资验收入库阶段，配送人员将货物进行分类放置后，管理会计人员需要仔细阅读收货方的发运单，在确认无误后，填写货物确认通知单。

步骤七，采购货款的结算。在大数据的驱动下，管理会计人员可以采用电子结算方式，并注重使用多种电子审核机制，一方面在本企业进行多层级审核；另一方面让供应商开展多层级审核，保证结算方式的安全性。

②其他利益相关者管理。首先，在进行其他利益相关者管理过程中，管理会计人员需要保证采购活动中涉及的资金运动与资金层中的会计科目相对应，其主要包括应付职工薪酬、应交税费、在途物资、应付账款、预付账款、银行存款等项目。其次，在资金信息流动过程中，管理会计人员需要先让信息流流向利益相关者，之后再流向信息层。在对供应商评级时，管理会计人员可以将此项信息直接导入信息层。总之，管理会计人员通过应用框架实现对采购活动数据的有效把控，为后续活动的开展提供强有力的数据支撑。

（2）供应商数据库。供应商数据库的作用是为选择合适的供应商提供数据支撑。管理会计人员可以通过浏览供应商数据库，了解基础信息层中的各个供应商的相关信息，如供应商的名称、所在地区、信用记录、合作意识等，也可以通过供应商评估体系了解本企业对合作供应商的评价，如在服务质量、供货能力、信用状况等方面的评价；还可以通过各个供应商立体化的评价模型，对供应商进行全方位了解，选择更为可靠的供应商。

（3）采购资金管理数据库。采购资金管理数据库的作用是让采购活动占用的资金实现可视化，让管理会计人员以实际的采购资金运用状况为依据，为后续的资金预算、管理和控制提供数据支撑。

总之，通过从应付账款和预付账款两个方面入手，管理会计人员不但可以了解现阶段采购资金的流动状况，对其中的问题进行针对性解决，还能够结合历史采购数据，构建相应的多维分析表，合理预判未来的资金需求状况；并结合网络云端中基础数据的变化状况，合理控制采购资金数量，缩小预付款预算与实际之间的差距，提高资金的运用效率。

（4）原材料采购管理数据库。原材料管理数据库的作用是整理基础信息层的数据，并将原材料的类别、采购数量、业务人员信息、物资型号和规格、单价及金额等信息存储在该数据库中，并结合公司原材料的实际运用规律设置相应的最低库存预警。管理会计人员可以定期浏览该数据库数据，了解现阶段的库存信息，及时与采购部门联系，提前几天进行相应原材料的采购，满足企业的实际经营需求，将可能出现的生产危险消除在萌芽状态。

2. 生产活动数据的产生及流动

生产活动数据的产生主要来自生产信息以及与生产信息相伴的资金流信息。管理会计人员通过应用框架，可以生产数据为依据了解实际生产活动状况，在对产品生产进行即时性监控的同时，为后续产品的生产提供全面的数据信息支持，促进企业生产活动的科学进行。

（1）业务层面的生产步骤以及生产数据报告的形成。

①业务层面的生产步骤。业务层面的生产大体分为四个环节：一是领料环节，二是生产环节，三是完工入库环节，四是成本费用的归集和分配环节。具体的生产活动分为如下几步：第一，制订生产计划。管理会计人员根据企业的销售订单和销售计划制订生产计划。第二，制定生产订单。管理会计人员根据具体的生产计划，与生产车间主任商讨，制定具体的生产订单。第三，领用生产物料。车间生产者根据周计划、天计划制定相应的生产物料电子票据，进行相应生产物料的领取。第四，安排生产。车间生产者以生产线、生产流程、单个产品的生产节拍为依据安排实际生产。第五，投入生产。在实际生产过程中，车间生产者需要根据实际的生产量、物料的供应状况，在完成生产计划的基础上，合理调整每天的生产数量。第六，质检入库。车间生产者将检验合格的产品入库，并统计入库的产品数量。第七，统计费用。车间生产者在生产结束后，需要与管理会计人员协商，通过归集和分配的方式统计成本费用。

②生产数据报告的形成。在生产数据报告的制作过程中，管理会计人员既可以全面地收集管理数据，如用料管理数据、生产过程管理数据、工时管理数据、固定资产管理数据、质量管理数据等，又能够收集全面的生产数据，如结构化数据、半结构化数据以及非结构化数据，还能够借助大数据分析平台，建立生产数据模型，为后期的生产数据报告的形成提供强有力的信息支撑。

（2）产品数据库。

产品数据库包含的内容多种多样，如产品质量检测数据、成本结构数据、完工程度数据、生产数量数据、生产工艺流程数据、生产批次数据、产品型号数据、产品名称数据。在实际的产品成本控制过程中,管理会计人员结合实际灵活选择对应的成本分析方法,如混合成本分析法、变动成本法等,将这些方法运用在计算获取产品直接材料、直接人工与制造费用的占比以及与其额定预算和往期同类型产品成本的差额上,形成相应产品成本分析报表。管理会计人员根据成本分析报表,分析在生产过程中存在的具体成本差异,与车间厂长商议具体的改善措施,获得相应的建议,在保证产品质量的同时,最大限度地降低生产成本,形成良好的规模效益,提高市场占有率。总之,在使用产品数据库的过程中,管理会计人员综合分析各项生产数据,探究生产数据与历史数据、预计数据的差距,并与车间管理人员商讨探究具体成因,提出合理化的建议,实现对整个产品生产过程的合理把控,提高产品生产效率,发挥管理会计人员的积极作用。

(3)设备数据库。

设备数据库包含质量检测数据、设备的使用状况数据、设备剩余使用年限、设备的累计折旧率等。管理会计人员可以将这些数据以可视化的方式呈现出来,了解设备的布局以及运行状况,生成设备生产状态报告和质量检测报告,将这些报告及时传递给维修人员,让维修人员可以根据数据及时发现其中的问题,最大限度地降低设备在生产中出现毁损和故障的概率,提高产品的生产效率,从而达到降低生产成本的目的。

(4)员工数据库。

员工数据库包含的内容多种多样,如日常出勤、工资、文化程度、工龄、岗位等信息。管理会计人员根据上述信息,设定相应的评价指标,对员工进行多维度的评价,生成电子式的业绩评价报表,让企业管理者根据具体报表,结合员工的实际表现进行针对性评价,激发员工的斗志,让员工在工作中发挥创造力,促进整个企业生产效率的提高,创造最大的经济效益。

3. 销售活动数据的产生及流动

(1)销售活动过程。

在业务层面的销售活动过程包括如下步骤:第一,制订销售计划。管理会计人员以企业生产能力以及市场需求为依据制订销售计划。第二，设定商品价格。管理会计人员可以与销售人员商讨，了解市场上的商品价格，在综合考虑企业成本的同时，设定商品价格。第三，签订销售订单和合同。管理会计人员需要参与实际的签订合同和订单的过程，认真阅读相应的条款，了解其中的权利和义务。第四，商品发货。在商品发货的过程中，管理会计人员需要认真阅读发货电子单据，定期与发货人员进行沟通，了解实际的货物运输期限，定期进行追踪，保证货物按时到达目的地。第五，销售收款。在销售收款的过程中，管理会计人员需要与销售人员实时沟通，结合销售人员的实际业绩，形成相应的业绩报告，为后期的业绩考核和奖励提供数据支撑。第六，售后服务。在进行售后服务的过程中，管理会计人员可以通过显性和隐性沟通两种方式发挥沟通桥梁的作用。在显性沟通方面，管理会计人员可以通过网络沟通的方式，了解购买者的使用体验。在隐性沟通方面，管理会计人员通过运用大数据整理消费者对产品的评价，分析产品中真正存在的问题，并将这些问题反馈给企业的生产部门、设计部门，不断对现有的商品进行升级，提高企业商品的竞争能力。

（2）形成销售报告。

销售报告的形成需要经过如下步骤。

第一，数据库的分析。基础信息层的作用是分析各种销售数据，包括企业销售数据、外部互联网数据等。数据输入层负责对基础信息层数据进行分类整理，并通过数据共享功能实现全系统的销售数据共享。数据集聚层的作用是对收集的销售数据进行精细化分类，划分成销售管理数据库、商品管理数据库、销售资金管理数据库、客户管理数据库等。

第二，形成数据报表。管理会计人员通过运用多维度的销售电子报表，一方面可以了解本行业的市场结构，进行合理的市场预测，计算成本，分析产品未来销售过程中的具体盈利能力；另一方面可以进行同类竞品的分析，分析竞品在设定价格后的盈利空间等，合理设定产品价格，使其迅速占有市场份额，让企业真正保持在市场中的优势。

在具体的数据报表制作过程中，管理会计人员以管理需求和目标为依据，在运用大数据分析平台的基础上，将各种业务数据和财务数据进行深度加工、挖掘和分析，形成多维度的销售电子报表，其主要包括销售计划、销售收款、销售订货、销售定价等，让管理者以此为依据进行未来管理策略的制定。

第三，形成销售报告。首先，对销售订单中的各种数据报表进行有效挖掘，如商品的型号、付款条件、运送方式、付款条件等。其次，收集外部渠道的数据，比如，客户数据、产品的价格以及具体的变动规律，旨在通过上述操作摸清商品价格的规律，并结合实际，灵活设定商品价格、销售数量、销售利润等，形成相应的销售报告。

总而言之，管理会计人员从数据库的分析、形成数据报表以及形成销售报告等入手，更全面地了解销售过程中的各项数据，并与同年数据、往年数据对比，加深对市场规律的认知，运用这种规律准确预判企业在生产中将会面临的问题，制定相应的策略，提高公司的实际销售额度。

（3）销售资金管理数据库。

销售资金管理数据库的作用是实现销售资金流动的可视化，它主要包括三种资金流的状况，即预收账款、应收账款、银行存款，以及三种资金流在总资金中的比例。管理会计人员通过将三种资金的流动比例与银行周转率进行对比，分析企业的实际经营状况，提出具有针对性的策略。比如，在某一时期，管理会计人员发现应收账款的比例过大，则说明这一期间的利润虽多，但是实际收益相对较少，这种状况对企业的生产经营十分不利。基于此种状况，管理会计人员可以对企业应收款项进行详细分析，并从客户、时间、市场等多个维度入手，综合运用大数据生成多维度的应收款分析表，建立相应的应收款催收机制，让负责企业该任务的部门及时催收，达到按时收款的目的。总之，管理会计人员运用销售资金管理数据库，借助大数据的力量形成多维度分析表，更直观地了解销售资金的运行状况，提出具有针对性的建议，减少不必要的资金风险，构建良好的资金流动模式。

（4）客户管理数据库。

客户管理数据库的作用是存储客户的三类信息，即关联类信息、行为类信息、描述类信息。其中，关联类信息是评定客户具有可靠性的关键信息，包括客户对售后服务的满意度、对产品的忠诚度、对交付相应金额的守信度等。行为类信息是客户在网络中留下的浏览痕迹，包括已成交和未成交的商品购买记录。描述类信息是客户的基本属性信息，包括客户的联系方式、客户地址、客户姓名。

为了更立体地分析客户，管理会计人员需要运用客户管理数据库中的数据，从不同的角度入手分析相应的客户信息。第一，分析客户需求，生成客户需求报告。管理会计人员运用大数据技术充分挖掘客户的行为类信息和关联类信息，了解他们的需求偏好以及对产品的忠诚度，生成客户需求报告，以客户的需求为依据制定具有针对性的营销策略。第二，了解客户满意度，生成客户满意度调查报告。管理会计人员可以深入挖掘关联类信息，了解客户对产品的满意之处和抱怨的关键点，生成客户满意度调查报告。更重要的是，管理会计人员可以将客户满意度报告提交给产品设计部门，让他们在保留产品优势的基础上针对客户提出的问题，对原有的产品进行改善和优化，设计出满足客户需求的产品。第三，对客户的信用等级进行排序，生成客户信用评级报告。管理会计人员可以深入挖掘客户的信用数据、收入数据等，并以此作为对客户进行信用评级的重要依据，针对不同的客户采用不同的赊账金额和期限，从而降低企业在资金信贷方面的风险。因此，管理会计人员运用大数据形成客户需求报告、满意度报告、信用评级报告，可以立体地分析客户，充分运用客户信息，设计超出客户期待的产品，促进企业市场竞争力的提升。

总之，管理会计人员通过运用数据库中的采购活动数据、生产活动数据以及销售活动数据，实现对企业各个阶段生产活动的精准控制。例如，在制订生产计划时，可以结合生产活动中的历史数据；在制订采购计划时，可以充分利用采购活动数据；在制订销售计划时，可以利用销售数据。更关键的是，在制订全面计划时，管理会计人员可以综合利用采购、生产以及销售方面的数据，实现全方位的数据整理，制定多维度的预算方案，实现对公司财务管理的调整。

第二节　大数据促进管理会计工具的应用创新

一、企业管理会计工具的创新研究

在大数据的驱动下，管理会计人员以新思维、新技术、新方法为方向，以完成企业预期目标为目的，在充分听取全体员工建议和想法的基础上，将管理会计工具灵活应用于强化内部管理、部门绩效考核、运营成本控制以及前景预测方面。在整合大量采购数据、生产数据、销售数据的基础上，制定提高企业效益的会计管理目标，将管理会计工具创造性地应用在实际生产中，促进该企业经济效益最大化提升。

(一) 以实现初期控制成本为目标的预算管理体系

在大数据的驱动下，管理会计人员通过管理会计工具可以在企业的发展中充分发挥作用，实现有效预测和防范企业风险，促进各个部门员工潜能的充分挖掘，继而节省各个部门的生产成本，提高企业整体的管理水平。

在实际的初期预算管理过程中，企业着重按如下四个步骤落实。

第一，创新预算定位。预算定位是预算管理体系的基础，决定着企业运营战略的整个方向。基于此，该企业通过创新使用定位预测类管理会计工具和预算环境类管理会计工具，实现高效运用大数据技术，进行预算数据的存储、分析、整合和输出，最终达到创新预算定位的目的。

第二，构建预算体制。在构建预算体制的过程中，该企业充分运用大数据技术，开展切合企业实际的预算管理信息处理体系的构建，注重以部门为单位构建相应的责任体系。让各个部门综合运用大数据存储技术、查询与分析技术、安全技术，将各个部门的最终数据上传到网络云端，由管理会计人员进行整理，实现精准预算体制的构建。

第三，闭环管理预算流程。在闭环管理流程的设计中，该企业把握预算的核心要点，形成一套完整的预算流程，着重从确定预算目标、编制和控制预算、分析预算、对预算进行改进和调整，到最终进行预算考核等，形成相对完善的闭环流程。

第四，引入预算模型。该企业将预算模型引入整个预算管理中，在大数据技术的支持下，综合运用各种预算模型，如滚动预算模型、作业预算模型、生产预算模型、目标测算模型等，实现有效的预算控制。

（二）以实现组织成本控制为目标的业务流程再造

大数据技术具有细微化、多角度、深层次的特性。企业将管理会计工具运用在业务流程的优化上，可以充分发挥大数据技术的特性，既可以从整体上把控生产流程，又能对流程中的细节进行把控，最终达到控制组织成本的目的。

在再造业务流程时，该企业将大数据技术运用在内部组织的控制中，以动态发展和内生演化为核心，对现有的业务流程进行改造和改进，提高组织内部各个行为主体之间的协作程度，达到优化整个业务流程的目的。

（三）以实现管理成本控制为目标的平衡计分卡绩效考核体系

1. 平衡计分卡绩效考核体系建立的目的

为了适应信息环境，在市场竞争中获得优势地位，企业管理者通过运用平衡计分卡，将企业的愿景和战略转化成行动，以实现财务目标为核心，发挥业绩驱动作用，并平衡好财务、客户、内部经营流程、学习与创新之间的关系，提高企业在市场中的竞争力。

2. 平衡计分卡的构成

平衡计分卡的核心是愿景与战略，四个要点分别是财务、内部经营流程、学习与创新、客户。其中，财务是指应该向股东展示什么；内部经营流程是指要使股东和客户满意，哪些业务流程要有所改进；学习与创新是指要实现设想，要如何改变和提高能力；客户是指要实现设想，应该向客户展示什么。

3. 构建以平衡计分卡为核心的管理成本控制体系

在构建管理成本控制体系的过程中，企业以财务层面的体系为核心，主要以提高生产效率和增加营业收入为核心点，注重构建以财务、内部经营流程、学习与创新、客户为四大要点的管理成本控制体系。

首先，财务。在财务体系构建的过程中，着重从财务性指标入手。以实际的降低生产成本为例，管理会计人员在设定绩效评估指标的过程中，既要从整体的企业销售额入手，又需注重细节，侧重从产品的角度切入，如产品质量、产品功能、产品生产效率等，旨在生产出物美价廉的产品，扩大企业市场份额，提升盈利水平，最终降低生产成本。

其次，内部经营流程。内部经营流程包括短期现有业务改善和长期业务改善两个部分。在短期现有业务改善方面，管理会计人员可以市场对产品的需求、用户的需求和反馈为依据，积极向产品研发部提供相应的需求报告，促进对现有产品的改进和优化，最大限度地提升产品销售量，扩大产品市场，提升整体的经济效益。从长期业务改善方面来说，管理会计人员可以深入探索市场需求规律，跳出客户的需求，从增加产品的价值入手，研制改进产品、研发产品生产报告，将其传递给产品设计部门。在降低产品生产成本的基础上，提高产品的附加值，让产品遵循市场发展规律，引领消费者需求，提升市场份额，从而降低生产成本。

再次，学习与创新。管理会计人员可以定期组织员工进行针对性培训，重点从两个方面入手：第一，提高员工的专业技能。管理会计人员可以结合本企业的状况，邀请本企业的优质人才，让其对员工进行针对性的培训，提高员工的专业技能，以提高产品的生产效率，最大限度地降低企业生产成本。第二，培养员工的创造思维。管理会计人员可以通过绩效考核的方式，鼓励每一位员工参与工作创新，并以具体的创新方式为依据进行有针对性的奖励，让更多的员工参与工作创新，减少不必要的工作环节，达到降低生产成本的目的。

最后，客户。客户层面的降低成本主要是以提高营业额为核心方式。在实际的执行上，管理会计人员可以参与市场部门的新客户开发和旧客户维护的战略制定中。在旧客户的维护上，管理会计人员为了提高客户的忠诚度，可以评定的客户等级为依据，给予相应的优惠，提高客户的购买频次。在新客户的开发上，管理会计人员一方面可以与市场部门协作，从营销方式入手，开拓新市场，达到增大产品营销力度的目的；另一方面可以与生产和设计部门协作，从客户的意见及竞品的优势入手，解决现有产品所存在的问题，丰富产品的功能，制造新的卖点，吸引更多的忠诚客户，达到提高市场占有率、提高新客转化率、获得较高销售额的目的。

二、以降低生产成本为目标的企业管理会计工具应用建议

（一）搭建云会计预算信息系统，实现企业成本控制全面化

在运用管理会计工具的过程中，企业可以引入云会计预算信息系统，实现对各个部门预算的合理把控，最大限度地降低各项成本。具体而言，管理会计人员可以将此系统运用在如下四个方面。

第一，实现预算流程的全覆盖。管理会计人员可以将此系统运用在各个部门的预算统计中，如采购部门、生产部门、销售部门、人力部门、后勤部门等，了解各个部门的历史支出状况以及实际支出状况，为财政预算提供有力的数据支撑。

第二，实现预算项目全生命周期管理。在实际的预算中，管理会计人员可以将此系统运用在企业产品开发项目的评审、绩效评估、申报、审核、储备、预算安排、追踪等管理流程中。

第三，实现电子化预算管理。因为网络云端的管理会计数据具有实时分享性，所以管理会计人员可以收集实时的数据，制作具有时效性的各类电子预算报表，将其发送给相应的部门，实现电子预算管理的高效化。

第四，实现大规模数据的集中处理。通过引入云会计预算信息系统，管理会计人员可以让本企业采用同一个系统，解决大型企业的数据断层、数据无法共享、流程脱节、业务割裂等问题，最大限度地将采购、生产、销售和售后各个环节的数据集中起来，立体化地分析整个企业的问题，提出具有建设性的策略建议，降低各个环节中的成本，实现对各个部门预算的全面控制。

(二)打造企业生产标准化体系，实现企业成本控制升级

与传统会计工作内容不同的是，管理会计需要重视财务和业务两个方面的内容。在实现企业成本控制升级的过程中，管理会计人员可以将目光放在业务活动上，实地考察具体的业务状况，从细节入手，发现业务中存在的资源浪费状况，合理利用大数据与会计工具开展多层次的分析，制定相应的策略，促进最终问题解决，实现成本控制升级。

例如，管理会计人员可以运用管理工具，通过如下方式进行成本控制升级。

首先，落实责任到人制度。管理会计人员可以综合运用变动成本法、作业成本法、标准成本法和混合成本法，与生产部门负责人协商，落实责任到人制度。一方面，了解各个岗位的工作内容，具体包括原材料费用、人工费用、能耗费用等；另一方面，建立相应的奖惩机制，尤其是培养员工的创新思维，设置创意创新奖励项目，让更多的员工在工作中进行创新，最大限度地降低实际工作中的生产成本，优化原有的生产环节。

其次，管理会计人员深入分析成本费用结算系统、采购管理系统、物资管理系统等，了解采购的各个环节，并在此基础上，对历史数据、现有数据以及不同阶段的数据进行针对性的分析。更重要的是，管理会计人员根据其中突出性数据变化，联系对应的生产部门，与部门负责人一起到实际的工作场景中探究存在问题的原因，制定应对的策略，降低相应的生产成本。

通过责任到人制度和深入挖掘数据，管理会计人员既可以激发各个岗位员工的工作积极性，使他们在工作中更加具有创造性，又能够通过发现相应生产数据存在的问题，立足工作实际，与生产部门负责人一起解决具体生产问题，节约企业的生产成本。

(三)重塑企业信息化业务流程，强化对企业组织成本的控制

业务流程对人、财、物均具有重要的影响。在重塑业务流程的过程中，管理会计人员需要充分发挥各种技术的作用，既要合理利用管理会计工具，又要发挥大数据技术的优势。在全面打通各种数据"孤岛"的同时，及时发现各个数据的

问题，提出有针对性的解决策略，达到强化企业组织成本控制的目的。

在实际的执行中，管理会计人员可以从以下三个方面入手。

首先，构建以管理会计工具为核心的信息处理系统。通过建设该系统，管理会计人员可以更全面地了解实际的生产过程，如产品预测、设备转运、仓储预订等，对采购、生产、销售进行全面了解，为后续问题的发现奠定一定的认知基础。

其次，构建具有层次性的数据库。管理会计人员在运用信息处理系统的过程中，需要结合企业的实际需要构建具有层次性的数据库，如采购数据库、生产数据库、销售数据库、售后数据库等，并与专业的技术人员沟通，构建具有分享性的数据库系统，实现业务流程数据的高效共享。

最后，搭建交流系统，实现业务流程的优化。在实际的优化业务流程的过程中，管理会计人员可以构建交流系统，实现各个业务部门的"大交流"，真正解决业务工作中遇到的问题。除此之外，管理会计人员还可以在取得企业管理者同意的前提下，试运行新的业务流程模式，定期进行视频沟通，让专业的企业咨询公司参与进来，在众商众议的过程中，制定出切合实际的业务流程，减少不必要的沟通成本，最大限度地降低组织成本。

（四）借助大数据完善会计考核，实现有效的管理成本控制

成本控制的核心是提高效益。基于此，我们在进行会计考核的过程中，立足财务指标和非财务指标，从降低成本和提高效益两个角度切入，并遵循设定层级目标的原则。

具体而言，会计考核可以有如下三个层级。层级一，企业整体会计考核目标。管理会计人员可以运用大数据技术从横向、纵向两个维度分析企业数据，制定相应的考核目标。在横向上，管理会计人员可以借助大数据等新技术，将本企业与众多行业企业的关键指标进行比较分析；在纵向上，管理会计人员可以通过网络云端中的数据，收集本企业在近三年的营业额、收入额、净利润等数据，并结合横向、纵向两个维度的数据制定相应的考核指标。层级二，各部门考核目标。管理会计人员同样可以运用上述方式，设定各个部门的考核指标，将整体性

目标细分到各个部门中，结合各个部门的实际状况设定考核指标的上限和下限。层级三，个人考核目标。只有让员工将个人的发展与企业的发展紧密联系起来，才能实现共赢。为此，在个人考核目标的制定中，管理会计人员一方面要了解员工的实际业绩水平；另一方面要结合整个行业员工的目标平均值，设定相应的具体目标。总而言之，通过从企业、部门和个人三个角度设定考核目标，管理会计人员既可以让实际的目标落地，明确每一个部门和员工的具体目标，又能让每个个体在完成考核目标的基础上，促进整体目标的实现，最终达到提升企业经济效益的目的。

第三节　大数据提升管理会计价值创造能力

一、企业借助大数据技术提升管理会计价值创造能力

(一) 培养管理会计人员的数据思维

管理会计人员是为管理者提供决策信息的，其需要参与企业的经营管理。为此，管理会计人员需要了解多方面的数据。对内而言，需要了解产品的采购、生产和销售方面的数据；对外而言，需要了解企业所在行业的发展数据、竞争企业的数据等。因此，企业非常有必要培养管理会计人员的数据思维。

在具体的管理会计人员数据思维培养过程中，企业可以从如下角度切入。首先，增强管理会计人员的数据敏感度。企业定期进行管理会计人员培训，让本企业的管理会计人员逐渐提高对数据的敏感度，使他们能够挖掘数据背后的价值，尤其是能够从深度、高度和广度方面对与企业发展相关的数据进行立体化分析，在把握整体企业发展、行业发展的状况下，提出合理化建议。其次，培养管理会计人员，使其掌握多种管理会计方法，包括变动成本法、经营决策常用分析法（如差量分析法、边际贡献分析法、成本无差别分析法、概率分析法等）、投资决策分析法（如静态分析法、投资报酬率法、投资回收期法、动态分析法、内含报

酬率法、现值指数法、净现值法等)、作业成本法。最后,使管理会计人员掌握大数据分析方法,如数据质量和数据管理、预测性分析、数据挖掘算法、可视化分析、语义引擎等,使管理会计人员真正以数据为眼,以数据方法为手,实现对企业各个生产环节的掌控,为管理者提供精准的数据和具有预见性的策略。

(二)搭建管理会计人员工作平台

为了充分体现管理会计人员在岗位中的价值,企业需要在现有的基础上,搭建管理会计人员工作平台,扩大基础数据层的数据容量,通过更多、更全、更准的数据,灵活把握相应的采购、生产、销售规律,为企业决策提供更为有力的支撑。

1. 引入 ERP 管理系统,实现业财数据的有效收集和分析

(1)ERP 管理系统的定义及意义。

①ERP 管理系统的定义。

ERP 管理系统是现代企业管理的运行模式,是一种高度集成的数据整合和分析系统,旨在促进企业资源运用效益的最大化。管理会计人员可以运用这种集成性的数据系统,实现对企业各种数据的有效收集和分析,做出更为科学的决策。

②ERP 管理系统的意义。

ERP 管理系统的意义有三点:第一,有利于实现对原始数据查询和汇总。原始数据包括销售数据、订单数据、项目数据、生产数据、库存数据、财务数据、人薪数据、客户数据。第二,促进库存管理目标的实现。管理会计人员通过运用管理系统,对客户订单、在库物料以及产品构成进行有针对性的管理,即以客户订单为依据,进行实际物料的计算,最终达到降低仓库物料存量、优化库存管理的目的。第三,管理会计人员使用 ERP 管理系统中数据的闭环管理模式,实现对企业供产销、人财物的全面掌控、时时反馈、动态协调,实现以销定产、以产求供,降低成本。

(2)ERP 管理系统收集的数据内容。

①管理销售数据。

第一,为企业制定销售策略提供依据。管理会计人员运用 ERP 管理系统实

现对商机的分析，了解销售人员在各项销售业务与各个阶段的拜访记录、预计成交额、成功概率等数据，并通过此系统制作相应的分析报表，为企业制定销售策略提供依据。

第二，掌握全局性的企业销售状况，合理调整生产计划。管理会计人员可以根据销售人员在 ERP 管理系统中制订的销售计划以及计划的实际完成状况，制作相应的报表，实时了解销售人员的工作内容和进展；集中每个销售团队中的销售信息，制作各个团队的月销售报表、季度销售报表、半年销售报表，以这些销售报表为依据了解企业的营销状况；将这些信息提供给企业的决策者，为决策者做出决策提供数据支持，继而通过销售数据设定相应时间段的具体产值，合理调整生产计划，达到对生产原材料的合理利用，帮助企业决策者更全面地掌握本企业的生产和销售状况。

第三，运用竞争对手数据，辅助拟定合理的销售策略。管理会计人员既需要整理和分析竞争对手的销售数据、本行业的销售平均数据，从整个行业入手分析销售数据，又需要基于本企业的销售数据进行分析，辅助企业中的决策者制定相应的销售策略。

②管理订单数据。

管理订单数据可以实现对销售和采购环节的有效、实时追踪，有利于制定科学的采购订单，最大限度地降低采购成本和销售成本。具体而言，管理会计人员可以采取如下策略，达到上述目的。

第一，发挥采购数据管理和销售数据管理功能。ERP 管理系统综合发挥销售数据管理功能和采购数据管理功能。在销售数据管理方面，管理会计人员可以使用该系统中提供的生产订单进度查询、历史价格查询以及实时报价功能，更直观地了解各项数据。在采购数据管理方面，管理会计人员可以运用全程验收管理功能、智能化采购功能，全程监督各种采购数据，提升采购的科学性。更关键的是，管理会计人员可以销售数据为支撑，对采购数据进行调整，如结合销售的淡旺季，适时地调整采购原材料的数量，并将这些数据及时汇报给决策者，发挥积极作用。

第二，实时掌握库存状况。管理会计人员可以从静态和动态两个方面掌握库存流量状况。在静态掌握库存流量方面，管理会计人员可以综合运用 ERP 管理系统的生产系统、库存系统、订单系统等，了解现有的库存数量。在动态掌握库存流量方面，管理会计人员可以运用 ERP 管理系统的物流监控功能，实现对产品的全程监控，如收料、退货、验收、验退等。此外，管理会计人员可以结合 ERP 管理系统中交货与实际交货的时间差、实际原料质量与合同中规定的原料质量的对比，对供应商进行全方位评估。总之，通过有针对性地进行库存管理，管理会计人员可以更全面地了解库存状况以及供应商的综合供货水平，制作相应的数据模型以及报表，为企业决策者提供可靠的库存管理数据。

③管理项目数据。

在项目数据管理方面，管理会计人员可以使用 ERP 管理系统中的项目管理功能和综合业务管理功能，重点收集和分析关键性业绩指标，如实时的成本开销与计划、项目的完工率、服务水平协议、盈亏状况。在此基础上，深入探究经营活动和业务绩效之间存在的逻辑关系，制作可视化的报表，辅助企业决策者全面了解项目信息，从而制订出更科学和高效的项目管理方案。

④管理生产数据。

通过运用 ERP 管理系统，管理会计人员可以有效掌握生产数据，实时了解具体的生产数据，并结合实际的企业现场管理状况，开展具有针对性的绩效测评，让整个生产透明化，构建出具有规律性的生产模型，制作相应的生产报告，为企业决策者提供强有力的数据支持，制订相对科学的生产计划，促进整体生产效率的提高。具体而言，管理会计人员可以深入分析如下生产数据。

第一，运用 ERP 管理系统的即时产品结构查询功能，透过结构窗按钮，了解产品的结构树以及该产品的子件批量成本和需求。

第二，运用 ERP 管理系统实现可视化生产流程管理，即实时查询当前生产信息，包括材料入库状况、材料领用信息，并借助单据的穿透式追溯功能，调动关联单据的相关数据。

第三，使用 ERP 管理系统的 BOM 管理功能，读出企业所制造的产品构成以及所有涉及的物料，运用图示对所需物料进行标记，并将这些图示转化成数据格式，读取对应的物料，更全面地了解物料的状态。在具体的数据格式读取中，管理会计人员可以根据母件数据的单阶、尾阶、多阶数据查询相应的子件信息，实现对物料种类、耗用情况的了解。此外，管理会计人员还可以对物料使用情况进行分析，制作物料种类报表或是数据模型，将这些内容提供给企业的决策者，为物料方面的决策提供数据支撑。

⑤管理库存数据。

通过管理库存数据，管理会计人员可以最大限度地减少企业库存，并实现财务、采购、生产、销售等系统数据有效传输，实现对库存数据的统一管理。具体而言，管理会计人员可以通过以下途径了解库存数据。

第一，通过自定义物料预警规则，如最低预警、最高预警、盘点预警等，适时地了解企业库存数量，将这些数据与销售数据、采购数据等进行有效衔接，为企业决策者提供相应的库存管理数据，制定合理的库存管理模式。

第二，通过生产管理模式，了解入库对账数据和领料数据等，为企业决策者进行生产成本分析提供对应的数据支撑。

第三，运用 ERP 管理系统，一方面可以对多种交易明细等进行分析；另一方面可以对各个部门、业务、产品、厂商和客户信息进行分析，并将这些信息制作成相应的报表，让企业决策者可以对库存信息有一个清晰的认知。

⑥管理财务数据。

管理会计人员可以使用系统中的财务管理数据，编制对应的财务报表，随时掌握企业资金的流向和流量，及时反映企业财务状况，如存在的潜在问题，或是已有的经营成果，并将这些财务报表提供给企业决策者，辅助企业决策者制定科学的财务管理策略，实现对企业资金的有效利用。管理会计人员可以从如下角度整理、解读财务管理数据。

第一，运用 ERP 管理系统中的现金流量和流向的预算实时查询和预估功能，了解企业实际的资金运用状况，如应付款项的支付和应收款项的回收情况，并将这些资金运用状况以图表等可视化形式呈现，让企业决策者直观地掌握资金运用状况。

第二，ERP 管理系统具有将原始凭证直接传输成财务记账凭证功能，可以促进财务业务一体化，实现批次冲销，在降低财务人员工作强度的同时，自动生成各种形式的财务报表，如应收/应付票据分析报表、银行资金预估报表、收入费用比较分析及银行对账数据报表、现金流量分析报表等，为企业决策者的精准决策提供强有力的财务数据支撑。

⑦管理人员薪酬数据。

管理会计人员可以使用 ERP 管理系统深入了解各种薪资数据的计算方式，将对应的薪资数据制作成薪资报表，更全面地记录各个部门以及相应员工的实际收入水平，辅助企业决策者掌握企业的用工成本。

⑧管理客户数据。

客户是企业的根基。管理会计人员需要了解企业的客户，如潜在客户、忠诚客户等，立体化分析这些客户，了解他们的购买力、购买意愿、对产品的期待等，发挥数据桥梁的作用。将客户的这些数据与销售部、产品设计部共享，根据客户数据制作财务报表，一方面促进销售部制订精准的销售方案；另一方面辅助设计部设计满足客户需求的产品，提高客户管理数据的利用效率。

（3）ERP 管理系统的特殊之处。

ERP 管理系统的特殊之处是业务地图系统。管理会计人员可以运用业务地图，及时、准确地进行报表的编制，更直观地展现企业的财务状况、现金流状况以及经营状况等，为企业决策者提供财务数据方面的参考。具体而言，管理会计人员可以从如下角度切入：第一，管理会计人员可以充分运用 ERP 管理系统自定义强大的特性，制订自定义化的解决方案，如母公司抵消分录制作、子公司数据采集、生成合并报表等，向决策者提供必要的数据支撑。第二，管理会计人员有效利用 ERP 管理系统与财务系统高度结合的特性，提高数据报表制作的准确性和效率。

2. 建立财务共享数据平台

构建财务共享数据平台，管理会计人员可以实现对两种数据的高效收集，并在此基础上，充分结合相应生产活动的现有数据，建立数据模型，高效、准确地进行预算，提升管理会计人员的岗位价值。在实际的财务共享数据平台构建中，企业可以构建大数据驱动下的管理会计人员信息应用框架，注重从起始端的基础信息层、数据输入层到中端的数据聚集层，再到顶端的分析处理层和应用报告层五大部分入手，搭建一个完整的财务数据分享平台。

第一，基础信息层。基础信息层主要是收集各种与产品相关的数据，如行业数据、客户数据、竞争对手数据、资金往来数据、业务订单数据等一系列非财务数据和财务数据。

第二，数据输入层。数据输入层的作用是将原始数据录入存储平台，可以输入多种结构数据，如结构化数据、非结构化数据等。此外，数据输入层还具有共享功能，即管理会计人员可以在个人的实际权限内收集相应的数据信息。为了保障数据录入和分享的高效性，企业需要引入 IT 运维团队，及时对各个部门之间的数据端口进行阶段性维护。

第三，数据聚集层。数据聚集层的作用是对数据输入层复杂的财务数据和业务数据进行分类汇总，并存储在相应的模块中，为后续分析以及模型的构建奠定数据基础。与此同时，数据聚集层设置的模块具有一定的逻辑性，有利于管理会计人员结合个人的需要更快地找到相应的数据，提升整体的工作便捷性。

第四，分析处理层。管理会计人员可以运用分析处理层进行数据的分析，综合运用数据库中的数据，灵活选用系统分析工具以及数据分析方法，建立相应的数据模型，提炼出对企业管理者决策有价值的信息。

以分析企业销售额为例，管理会计人员可以运用大数据技术收集与企业销售额相关的历史数据、当前数据、竞争企业数据、行业平均数据等，并挖掘出这些数据中的隐藏信息，如本企业销售额在该行业中的位置、本企业五年以内销售额的均值。管理会计人员可以将这些数据运用在企业的销售额预算上。在实际的分析过程中，管理会计人员可以灵活运用分析工具和分析方法，如决策树分析法、聚类分析法、时间序列分析法等，更精准地把握目标数据的规律，做出前瞻性、科学性的决策。

第五，应用报告层。应用报告是对数据模型的文字化总结，旨在从多维度生成业财融合型的管理会计报告机制。管理会计人员在应用报告的制作中需要结合企业总经理或股东的要求。应用报告层的报告主要包括业绩考核报告、经营规划报告、经营决策报告（如企业的贷款业务、营销业务等）、经营预算报告（如企业的成本、收入等）、经营战略报告（如客户及业务分析、竞争对手分析、企业经营状况分析等）。

（三） 构建灵活高效的预算管理系统平台

1. 预算管理系统平台概述

企业通过引入预算管理系统，一方面可以优化原有的预算管理体制，即通过引入全面预算、责任控制、责任中心等方法、机制、理念，实现业绩考核、计划实施、管理控制等平台的构建，以达到促进企业预算管理水平全面提升的目的；另一方面可以有效运用该预算管理系统，对本企业内部的预算进行有效控制和管理，即通过结合企业实际需求和实际状况，制定预算管理系统解决方案。

2. 预算管理系统平台的作用

（1）有利于构建全面的预算管理系统

企业可以引入预算管理系统，设定预算深度、内容，实现对预算数据的合理应用与整合，辅助管理会计人员对多种数据进行整合和分析，构建全面的预算管理系统。下面从三个方面介绍预算管理系统的积极作用。

①预算主体的时空角度。

从时间角度来说，预算管理系统的全面预算包括短期预测、中期年度计划、长期战略规划。从空间角度来说，预算管理系统的预算包括从产供销到人财物九个方面的预算，具体包括采购预算、生产预算、销售预算、人力预算、资金预算、费用预算、成本预算、财务预算、设备预算等。

②预算主体的内容角度。

预算主体的内容主要有三个，即预算对象、预算项目、预算周期。以销售预算为例，销售预算的对象为产品、业务员、销售渠道、销售地区、销售部门；销售预算的项目包括回款金额、销售毛利、销售利润、成本单价、销售成本、销售收入、销售单价、销售数量等；销售预算的周期是指日、周、旬、月、季、年。

③预算主体的应用层面。

全面预算主体可以应用在企业层面，既可以将预算内容作为考核的依据，又有利于促进企业预算编制、汇总和分析。

（2）有利于实现多种预算编制方法和数据生成方式。

预算管理系统可以实现互逆性的预算过程，一是自下而上的预算汇总过程，二是自上而下的预算分解过程，有利于实现多版本和多周期的预算形式。下面从两个方面进行介绍。

①多种预算编制方法。

多种预算编制方法主要包括基数加因数预算方法、增量预算方法、零基预算方法、滚动预算方法等。

②多种数据生成方式。

多种数据生成方式包括自定义公式、内置业务规则（如 MRPII 算法、首付款协议）、参照历史数据等。

除了上述内容，预算管理系统还支持多种预算编制过程，如专项起点型预算编制过程、生产起点型预算编制过程以及销售起点型预算编制过程，并提供对应的行业对照预算体系。

（3）发挥预算执行分析功能和预算控制功能。

①发挥预算执行分析功能。

预算执行分析功能使系统能对业务预算和财务预算的执行状况进行动态化控制，如动态查询业务预算以及实时控制费用预算和资金等。

②发挥预算控制功能。

预算控制功能使系统能实现多种形式的预算控制，包括三个方面：一是事前预警、事中控制，二是单项控制和总额控制，三是特批型控制、提示型控制以及严格型控制。

在预算功能的发挥上，预算管理系统能够有效实现自动提取实际发生数，实现多种分析功能，如图形化分析、多方式预算分析、多版本预算分析、多期间预算分析等。

3. 预算管理系统平台支撑

预算管理系统平台支撑主要是建立不同系统的接口。下面主要介绍四种接口。

第一种，与总账系统的接口。管理会计人员在编制预算过程中需要参考总账数据进行预算分析，并对实际业务进行事后预算控制。

第二种，与项目管理系统的接口。与项目管理系统概算数据建立接口，管理会计人员可以将项目导入预算管理系统的全面预算中，实现项目预算管理与全面预算管理的一体化。

第三种，与生产管理系统的接口。管理会计人员通过与生产管理系统的接口，了解主营业务收入预算、材料采购预算、材料明细预算、产品明细预算、生产预算等。

第四种，与其他系统的接口。管理会计人员可以通过与其他系统的接口，提取其他系统中的数据，生成预算报表，有针对性地进行预算。

4. 预算管理系统平台功能的实现路径

（1）系统设置。

企业可以邀请技术人员将各种预算功能纳入软件中，从而在对整个企业的预算管理过程中，实现多样性的总括性预算，如是否滚动预算、年期跨度，并定义预算管理的工作期间、用户及其权限、责任中心体系。

（2）预算编制。

在预算编制中，管理会计人员可以通过数量体系的方式体现预算目标，真正将这些目标落实到每一个下属企业、负责人，促进预算编制、执行的责、权、利统一。预算编制主要包括四个环节：目标制定、目标下达、预算编制、预算审批。预算审批是指上级对下级所提交的预算数据进行全面的审核，其中审核的主要内容包括：以既定的业务规则编制为依据判定预算数据的完整度；汇总下级部门的预算，并与总预算目标进行对比，针对其中的差距，向下一级下达相应的预算目标。该环节的功能包括：预算批复下达、预算批复、审批处理及审批数据保存、查询预算审批状态、预算多级审批等。

（3）监控与执行。

监控与执行主要分为总部和基层两个层面。总部层面主要是企业的管理层、股东等对资金的管理，通过与资金管理系统进行连接的方式，实现资金数据的连接和贯通。基层层面主要是对基层业务活动进行实时监控，注重与各个业务系统接口之间进行连接，并将相应的接口导入预算管理系统中。预算执行功能主要包括两方面内容：第一，数据的校验与保存。第二，从不同维度进行数据的查询，并提供其他系统集成接口。

（4）预算查询。

管理会计人员通过预算查询的方式，从不同的角度对预算数据进行查询，如核算项目金额、预算余额、预算总额，并完成相应的预算报表。管理会计人员可以根据实际的要求，对预算管理系统进行自定义，实现多样化的预算查询，制定切合实际的预算报表。

（四）构建管理会计闭环式培养管理体系

1. 管理会计人员的招聘

在招聘管理会计人员的过程中，企业需要深入了解所招聘管理会计人员的水平，既要进行理论知识测试，又要进行实践技能测试，还应进行道德测评，真正引进德才兼备的高级管理会计人才。

2. 管理会计人员的培养

在管理会计人员的培养过程中，企业可以借助大数据，采取线上与线下相结合的方式开展培训，锻炼管理会计人员综合分析各种数据、制作相应报表的能力，为企业决策者提供必要的数据支撑，真正成为"企业之眼"。在线上，企业可以构建虚拟性的基地，让管理会计人员通过虚拟练习的方式掌握更多的财务管理工具使用方法，培养管理会计人员运用大数据技术整合、分析数据，多样化展示相应数据的能力。在线下，企业可以邀请管理会计专家，让其设计相应的实践案例，并将企业中管理会计人员的实战表现记录下来，分析每个人存在的具体问题，提出有针对性的建议和策略，让管理会计人员不断成长，提升整个企业管理会计人员的综合能力。此外，企业还可以采取其他管理会计人员培养模式，如引入外援，让管理会计方面的专业人士，结合本企业的发展状况，制定最符合本企业实际需求的管理会计人才培养方案。总之，企业通过聘请专业人士，让他们参与管理会计人员培养及管理工作，可以最大限度地提升管理会计人员的综合素质，促进管理会计人员专业水平的提升，使其高效运用大数据技术开展工作，成为推动企业发展的核心力量。

3. 管理会计人员的评价

企业需要考核被培训的管理会计人员，注重制定全面的考核规范，如将战略决策、预算管理、成本管理等纳入相应的考核过程中，通过实际考核，让本企业的管理会计人员最大限度地暴露问题，有针对性地进行集中培训，发挥评价的引导作用，从而提升管理会计人员的专业化水平。

总之，通过从管理会计人员的招聘、培养以及评价三个角度入手，确保企业人才培养实现闭环管理，最大限度地让本企业中的管理会计人员拓宽视野、丰富知识，促进他们专业水平的提高，推动管理会计人员队伍建设，让企业不断进行内部优化，在市场中获得有利地位。

二、个人借助大数据技术提升价值创造能力

（一）从行业、企业发展趋势入手，促进个人专业能力的提升

管理会计人员需要培养整体意识，着重从行业和企业两个角度入手，提高个人的专业能力。在行业方面，管理会计人员一方面要了解国家在财会、税收等方面的政策，把握财税政策的新变化、新标准；另一方面要了解会计领域发展的新动态，紧紧把握时代背景下管理会计人员的未来发展方向，在结合上述两点的基础上，有针对性地开展专业知识学习，不断适应行业的新变化。在企业方面，管理会计人员需要从管理层的角度分析数据，提供专业的报表，结合企业发展实际，不断对个人的理念与能力进行优化与提升，将所学知识运用在各项实际工作中，提高个人的专业技能水平。

（二）提高个人数据应用能力

管理会计人员需要培养大数据思维，并借助大数据技术，从多个维度对各种数据进行分析，如分析企业、供应商、顾客、竞争对手等的数据，深入分析各个数据之间的联系，把握内在规律，构建可视化的数据模型，为企业提供精确的数据，为企业创造价值。基于此，管理会计人员在日常的工作中需要通过多种途径锻炼、提升数据应用能力，如参与大数据思维的讲座、进行专门的数据应用能力

培训等。

（三）提高个人的综合素质

管理会计人员的综合素质主要由以下四部分构成。

首先，过硬的专业素质。管理会计人员属于企业会计的分支，需要具备扎实的技能，如预测经济前景的能力、参与经济决策的能力、控制经济过程的能力、考核评价经营业绩的能力。

其次，全面的知识。管理会计人员除了需要具备过硬的专业素质外更应具有全面的知识，如掌握相关的销售知识、采购知识、生产知识，真正打通产品生产过程中的"信息孤岛"，全面地认知企业运营的各个过程，进一步全面地统计各种财务数据、业务数据，建立相应的数据模型，为企业的发展建言献策，让企业以低耗高效的方式获得强大的市场竞争力。

再次，掌握规则、规律。管理会计人员需要提高个人的规则意识和运用规律的能力。在规则意识方面，管理会计人员有必要学习法律知识，尤其是与市场相关的法律，如《中华人民共和国产品质量法》《中华人民共和国反不正当竞争法》《中华人民共和国专利法》《中华人民共和国商标法》《中华人民共和国广告法》《中华人民共和国消费者权益保护法》等。在运用规律方面，管理会计人员需要掌握企业发展规律、企业生命周期理论、市场发展规律等。管理会计人员掌握规则和规律，有利于提高数据解读能力，促进个人专业技能的提升。

最后，较高的沟通和谈判能力。管理会计人员承担着数据汇总和管理的职责，需要具备较强的沟通能力和谈判能力，以实现对各个部门数据的有效收集和对信息的有效整合，以及对相应信息的有效传达。为此，管理会计人员一方面需要加强表达能力的训练，另一方面需要不断通过实际的沟通，强化个人的逻辑思维能力，提高个人的表达能力。

第四章　大数据驱动下的成本管理创新

第一节　大数据驱动下的预算成本控制的创新

一、运用大数据创新企业预算成本控制的现实意义

（一）减少资产损耗，实现资源优化配置

运用大数据，企业管理会计人员可以实现对企业资产、资金的精准管理，合理进行预算成本控制，在减少预算支出的同时，充分利用资金，减少资金浪费，开展科学的预算成本管理。

（二）管控过程科学化，推动企业发展

管控过程科学化主要体现在两个方面。首先，提高应对外部变化的能力。企业管理会计人员运用大数据技术实现对外部数据的整理与分析，了解整个经济的发展态势、行业的发展情况以及企业在该行业中的地位，并在此基础上制订本企业的月度、季度、年度生产计划，合理控制预算成本，提高应对外部变化的能力，促进企业科学健康发展。其次，与企业战略目标相适应。企业管理会计人员在编制企业预算时需要将成本预算进行细化，与对应的企业战略目标相适应，合理控制战略实施的各项成本，实现资金运用效益的最大化，达到推动企业发展的目的。

（三）开展双元预算，全面提高运营效率

企业管理会计人员可以开展双元预算。一元是立足于现阶段企业发展状况，尤其是各个部门的发展实际，编制各部门的预算，推动这些部门后续工作的开

展；另一元是着重优化企业组织结构，将一些冗余的部门撤掉，留下最具战斗力的组织，最大限度地降低公司在内部协作过程中的预算成本，让资金用在具有实效性的工作上，提高本企业各个部门的效率。通过编制预算以及优化现有部门的双元预算方式，管理会计人员对资金进行更为合理的配置、运用，最大限度地降低各种预算成本，提高企业的运营效率。

二、大数据创新企业预算成本控制的策略

（一）创新预算成本管理体系

企业管理会计人员需要真正意识到预算成本控制对企业的实际意义，在此基础上，创新大数据预算成本管理体系，通过数据了解企业往年在各个方面的成本支出，制订下一月度、下一季度、下一年度的预算计划，并建立与计划相匹配的弹性预警机制，合理应对在企业预算成本控制过程中出现的各种突发状况，提高整体预算成本控制的灵活性。此外，企业管理会计人员可以利用预算成本管理体系，为每一位员工制定责权利方面的规范，让员工定期在预算成本管理体系平台上输入工作量、存在的问题以及工作的开展过程、应对的措施以及实际的开展效果，为员工提供针对性解决方案，也能更全面地了解员工的工作水平，并合理制定对应部门的目标，从而推动管理目标的实现。

（二）创新预算成本控制管理

在创新预算成本控制管理的过程中，企业管理会计人员可运用大数据技术更有效地进行成本控制，最大限度地降低企业在运营过程中各个环节的成本，提高企业在该行业的竞争力。

1. 引入滚动预算规划编制机制

此机制的引入一方面是通过运用大数据实现预算成本控制与实际活动有机结合，避免在预算成本控制中出现往复修正的状况；另一方面是有效规避预算成本控制的功利性和短时性问题，提高预算成本控制的效果。

2. 提高预算成本控制的执行力

为了提高预算成本控制的执行力，企业管理会计人员需要落实执行预算，实施预算的成本控制方式，使预算成本控制真正落地，尤其是运用大数据对企业的重点项目进行预算，通过执行预算的方式实现对预算成本的合理控制。与此同时，通过提高预算成本控制执行力，企业管理会计人员可以借助大数据，分析预算成本与实际应用之间的结合程度，针对其中出现的问题，制定相应的策略，实现对运营各环节成本的合理控制，达到优化企业资源配置的目的。

3. 开展以价值为导向的预算成本控制

在控制预算成本时，管理会计人员可以运用大数据技术分析企业的发展优势以及在生产经营过程中出现的具有价值的环节，着重对这些环节进行深入分析，进行具有针对性的预算成本控制，将企业的优势资源向这些环节倾斜，实现企业资源运用效益的最大化，进行以价值为导向的预算成本控制。

（三）创新业财融合的预算成本控制系统

业财融合的预算成本控制系统创新，既有利于对各个部门数据的获取，有利于各个部门之间数据的有效对接，又有利于企业预算成本控制的良性升级，有利于充分发挥大数据在企业预算成本控制方面的积极作用。基于此，管理会计人员可以从如下三个方面创新业财融合的预算成本控制系统。

1. 统一业财数据标准，增强预算成本控制的实效性

管理会计人员为了实现对各部门之间数据的有效提取，促进各部门之间数据的有效对接，在构建业财融合预算成本控制系统时，有必要规范业财数据，如资金运行状况数据、业务收支数据、项目筹划及执行数据、物料采购数据等。实现对上述业财数据的有效查询、提取和分析，最终达到增强预算成本控制实效性的目的。

2. 引进新技术，增强预算成本控制系统的业财数据整合能力

除统一业财数据标准外，管理会计人员需要在专业人员的帮助下，提高此系统的业财数据整合能力。

第一，数据搜索能力。管理会计人员可以引进已有的数据挖掘和学习技术，开发新型数据挖掘技术，如图挖掘技术、特异群组挖掘技术、数据网络挖掘技术等，实现对业财数据的有效搜索。

第二，数据分析能力。为了提高业财融合预算成本控制系统的数据分析能力，管理会计人员可以结合实际需要，灵活运用相应的统计分析技术，如快速聚类法、因子分析法、主成分分析法等。

总之，企业管理会计人员通过增强系统的业财数据整合能力，可以有效提取企业中的业财数据，并建立相应的预算成本控制数据模型，增强预算成本控制的科学性。

3. 提高业财融合的预算成本控制系统的风险控制能力

在构建业财融合的预算成本控制系统的过程中，管理会计人员可以通过建立数据分析模型，实现对原材料采购、产品生产、市场营销三个阶段的有效监管，对三个阶段的数据进行分析，及时发现、遏制可能出现的各种风险，提高该系统的风险控制能力。

（四）创新预算成本控制体系

在创新预算成本控制体系的过程中，管理会计人员可以从以下两个方面考虑。

第一，企业管理会计人员可以将阶段性的预算成本控制目标纳入该体系中，如月度、季度和年度预算成本控制目标等，并以实际的业务量为依据，将实际成本与预算成本控制目标对比，方便在各个阶段及时发现预算成本控制中的问题，对阶段性的预算成本控制目标的达成情况进行有效监督，提高预算编制效率。

第二，建立预算成本控制资源配置模型。管理会计人员可以预算成本指标为依据，根据业财融合的预算成本控制系统中的数据，建立其与业务量、企业营业额、成本以及价值因子等相关的预算成本控制资源配置模型，找出使预算成本增加的因素，及时对这部分因素进行分析，制定相应的策略，有效进行预算成本控制。

第二节　大数据驱动下的生产成本控制的创新

一、大数据驱动下企业生产成本控制创新的意义

成本控制于企业而言，是提升经济效益的重要手段，是提高企业核心竞争力的重要途径。在大数据驱动下，管理会计人员可以将云会计引入生产成本控制中，让云会计完成对生产制造企业各个部门数据的有效整合和科学分析，为企业生产成本控制提供良好的数据支撑，促进企业健康良性发展。

云会计是一种会计信息化模式，具有成本低、效率高、易维护、易协同的特性。在大数据驱动下，应引入云会计实现对企业生产成本控制的创新。下面对云会计在企业生产成本控制创新中的意义进行介绍。

（一）云会计有利于完善企业生产成本控制体系

1. 云会计完善企业生产成本控制体系的条件

云会计完善企业生产成本控制体系的条件有以下三个。首先，技术支撑。云会计得以使用的技术条件有大数据技术、人工智能技术、移动互联技术、云计算技术以及区块链技术等。其次，数据支撑。在上述技术支撑下，财务数据和非财务数据均可上传到云会计平台。与此同时，云会计平台运用此平台具有的数据挖掘技术和数据分析技术，如 OLAP、DW/DM、ODS 等，对各种业财数据进行深度分析，将这些数据存储到相应的数据库中，如非关系型数据库、分布式文件系统中。最后，数据处理。在数据处理方面，云会计平台运用上述技术对与成本相关的各种数据进行深度分析，形成相应的数据报告或模型。管理会计人员以这些分析模型、报告为依据，有针对性地进行现场调研，与责任主体沟通，了解存在问题的原因，向企业管理者提出相应的意见与建议，真正解决企业生产成本控制中的各种问题。总之，云会计依托技术、数据，通过对数据进行处理，形成相应的企业成本控制报告和模型，为实际解决各种成本问题提供方案，完善企业生产

成本控制体系。

2. 云会计完善企业生产成本控制体系的方式

云会计完善企业生产成本控制体系，主要通过对生产的三个环节的成本控制来实现。第一个环节，成本发生前。企业管理会计人员通过云会计平台收集企业各个部门在生产环节中的历史资料，对其进行研究和分析，制定下一年的企业生产成本预算，即将预算结果作为企业在正常生产条件下的标准成本，让各个部门以此为生产成本控制目标，实现事前成本控制。第二个环节，成本发生过程中。企业管理会计人员通过云会计平台，实现对实际生产成本与云平台标准成本的有效对比，分析两者产生差距的原因，实现对企业生产成本的事中控制。第三个环节，成本发生后。企业管理会计人员有必要运用云会计平台，对整个生产过程中出现的实际成本过高的问题进行分析，从整体上分析其根本原因，制定责任到人的成本管理策略，真正为下期成本控制的优化提供保障。总之，通过成本发生前、成本发生过程中、成本发生后三个环节，企业管理会计人员可以更全面地实现对生产成本的控制，并结合出现的现实问题，有针对性地实施方案，达到完善企业生产成本控制体系的目的。

（二）云会计有利于强化对生产成本控制关键点的控制

管理会计人员可以运用云会计平台实现对各个部门数据的分析，如财务数据、采购数据、物流数据、库存数据、生产数据、销售数据等，并将这些数据与企业生产成本预算进行对比，发现在各个环节中实际的成本费用占比结构以及变化趋势，更好地把握影响企业生产成本控制的关键点，真正抓住影响成本的关键性要素，制定精准成本控制方案，对企业生产成本控制进行优化。

（三）云计算有利于缩短企业生产成本计算周期

云计算有利于缩短企业生产成本计算周期，这主要体现在如下三个方面。

首先，科学细化数据，缩短计算时间。管理会计人员通过使用云会计平台，利用大数据的搜索技术，一方面把握企业的整体数据，了解企业往期在各环节的生产成本；另一方面掌握各环节中的具体数据，对下一年各部门生产成本作出科学预判，缩短计算时间。

其次，即时对比数据，发现问题。企业各个部门的相关负责人将实际生产的各项费用数据，如材料费用、人工费用、设备费用等上传到云会计平台上。在此之后，管理会计人员通过云会计将从业者根据企业各部门上传的生产数据与预算生产成本数据进行对比，即时生成动态数据，实现对生产成本数据的即时性汇总，缩减在实际生产中的数据统计和对比时间。

最后，整理成本数据，缩短成本计算周期。企业管理会计人员通过平台的数据处理与分析功能，制作相应的成本核算报表，方便企业的管理层和决策层及时了解企业生产成本的变化情况。企业管理会计人员通过这种方式可以极大缩短成本计算周期，为企业提供一个动态化的成本控制与管理平台，提升企业生产成本的控制能力。

二、大数据驱动下企业生产成本控制创新措施

企业生产成本控制应该贯穿生产经营全过程，如原材料采购环节、物流环节、库存管理环节、生产制造环节和销售环节等。管理会计人员通过运用云会计实现对每个环节成本数据的掌控，可以有效避免出现因为某个环节成本增加导致其他环节成本进一步增加的情况，有利于加强对企业整体生产成本的控制，提高整体成本控制效率。

管理会计人员可以通过云会计进行如下操作，实现对各个环节成本的有效控制。首先，管理会计人员可以运用云会计采集企业往期各环节的生产成本数据，借助大数据采集、分析功能实现对各生产环节成本数据的建模以及整体生产数据的建模，形成对应的成本预算数据。其次，管理会计人员可以将成本预算数据通过云会计平台发送给相关部门，让这些部门将其作为企业生产成本控制目标。最后，管理会计人员可以运用云会计的数据挖掘技术、数据分析技术，对比成本控制目标与实际成本数据，找出成本控制的薄弱环节，为企业生产成本控制提供合理化建议。在具体的操作过程中，管理会计人员可以从如下五个环节实现对企业生产成本的创新性控制。

（一）原材料采购环节

在原材料采购环节，管理会计人员通过云会计平台可以实现对采购各细节的合理把控，适时和采购相关的各部门进行有效协调、沟通，实现对采购成本的合理控制。

1. 云会计平台加强成本控制的总方法

管理会计人员通过云会计平台既可以了解企业生产过程中所用原材料的种类和价格，又可以发布各种原材料的需求信息，进一步拓展原有的原材料采购渠道。通过运用云会计平台，管理会计人员可以在了解本企业所需原材料价格和类型的基础上，结合企业实际有针对性地进行原材料供应商的选择，最终达到降低采购成本的目的。

2. 云会计平台在原材料采购环节的具体应用

原材料价格是影响企业生产成本的重要因素。为了提高企业在行业竞争中的地位，管理会计人员可以运用云会计平台，建立往期原材料采购数据库，设定相应的数据采集模块，掌握本企业常用的原材料采集类型及数量，建立相应的原材料需求数量模型，对当年或下一年的原材料采购数据进行合理预估。随后，管理会计人员可以运用云会计平台中的原材料数据采集模块，掌握原材料的市场价格，并运用云会计平台分析各原材料供应商的资质、供货状况等，选择合适的原材料供货商。在完成上述工作后，管理会计人员可以将供应商推送给企业采购部门，让采购部门及时将采购数据，如产品物料清单信息、采购预算成本之外的用料申请数据、原材料采购数据等传送到云会计平台，及时对这些数据进行整合和分析，对比采购原材料预算与实际原材料订购数据之间的差距，为下阶段更为精准地编制采购预算提供数据支撑。此外，管理会计人员除了需要考虑静态的原材料采购数量，还需要考虑动态的实际生产状况，根据企业生产过程中出现的情况，制订具有弹性的原材料采购数量计划，从而有效应对各种变化，最大限度地降低企业原材料采购成本。

（二）物流环节

物流环节的运输费用占总物流费用的比重较大。为了实现对运输成本的控制，管理会计人员可以运用云会计平台，打破部门之间的界限，实现仓储、配送和物料供应一体化的运输管理，选择最优的物料运输路径，在保证物流有效供给的同时，最大限度地降低物料的运输成本。具体而言，管理会计人员可以运用云会计平台了解原材料在生产端的使用状况，结合使用结束时间点，灵活控制物料的运输时间，在运输过程中要保证避开高峰期，保证物料的及时供给，达到降低运输成本的目的。此外，管理会计人员除避开高峰期外，还需要合理选择最优的物料运输路径，如避开经常发生交通拥堵的路段。总之，在物流环节，管理会计人员可以通过云会计平台实现对各运输环节的合理把控，有效利用各环节的生产数据，及时对物流信息进行补充，在提高生产效率的同时，降低物料的运输成本。

（三）库存管理环节

企业在库存管理环节的成本控制主要包括两个方面的内容：一是控制仓库货物存量，二是控制仓库管理成本。

为了有效控制仓库货物存量，管理会计人员可以运用云会计平台对现有的影响仓库货物存量的因素进行分析，如产品订单、现有库存数据、物料清单等，选择合适的仓库货物存量，在保证仓库货物存量满足企业生产需要的同时，降低仓库内货物存量，达到降低仓储成本的目的。

为了有效控制仓库管理成本，管理会计人员需要运用云会计平台，实现对各个部门原材料仓库存量数据的有效获取，并以实际的日产值为依据，及时进行货物供给信息的传输。在具体的库存管理过程中，管理会计人员可以从两点切入。首先，在仓储物资上粘贴电子标签。在粘贴电子标签的过程中，管理会计人员需要对仓储管理人员做出如下提醒：电子标签需要包含对应物资的唯一编码和详细的仓储信息。这样做是为了实现云会计平台对仓储物资的精细化管理。此外，保证仓储管理人员通过云会计平台可以对此电子标签所标注的物资进行精准定位，有效提取该物资，达到降低成本的目的。其次，对物资开展射频识别技术跟踪。管理会计人员可以向企业管理层提出建议，即在物资管理过程中进行射频识别技术跟踪，及时运用云会计平台跟踪物资的投入、使用和运转的全过程管理与监控，保证相应物料可以准时安排到相应的生产位置，从而降低在物料管理过程中产生的各种人力成本。

总之，在物料的数量和管理两个层面，管理会计人员可以运用仓库货物存量、电子标签、射频识别技术跟踪等实现对库存货物的有效管理，最大限度地降低企业在库存管理环节的成本。

（四）生产制造环节

管理会计人员对生产制造环节成本的控制主要体现在微观层面。具体而言，管理会计人员可以深入分析企业历年生产过程中各部门的成本变化状况，针对其中关键的生产环节设定相应的成本指标，通过云会计平台实现对这些环节成本的微观控制。管理会计人员可以通过对云会计平台中的标准生产成本与实际生产成本进行比较，实现对生产制造环节的成本控制。

第一种状况是云会计平台的标准生产成本与实际生产成本的差异较大。这种情况下，管理会计人员需要与负责该生产环节的相关人员进行沟通，了解造成这种状况的原因，并对该平台数据进行相应调整，使两者数据更为接近，推动对生产制造环节的成本控制。

第二种状况是实际生产成本出现严重的异常情况。对于这种情况，管理会计人员需要获得企业管理层的允许，在各部门的配合下，深入了解各个部门的情况，找到实际生产成本出现异常的具体原因，提出具有全局性的策略，让各部门之间相互协作，促进问题的解决，降低实际生产成本。

总之，在生产制造环节的成本控制中，管理会计人员需要通过云会计平台，实现实际数据与平台标准数据的灵活比对，针对两者之间的数据差异，制定相应的成本控制策略，从而降低企业在生产制造环节的成本，通过合理控制成本，使企业在行业中取得优势地位。

（五）销售环节

管理会计人员运用云会计平台实现销售环节成本控制，主要体现在两个方面。首先，减少广告费用支出。管理会计人员通过此平台实现与终端客户的线上直接沟通，了解该产品用户的实际需求，结合实际市场占有率，精准寻找目标销售群体，进行相应产品的推送，达到减少广告费用支出的目的。其次，提升品牌效应，降低销售成本。企业管理会计人员通过云会计平台可以了解客户投诉情况，主要包括产品的槽点、缺点，制作对应的投诉分析模型或报告，并参与解决这些问题，制定一系列应对策略，在解决客户问题的同时，提高他们的满意度，提升该产品的品牌效应，降低企业下一次销售过程中销售环节的成本。

第三节　大数据驱动下的组织成本控制的创新

一、企业组织成本的定义和构成概述

企业组织成本是指保持组织存在、正常运转所需的费用。在企业组织成本计算过程中，管理会计人员需要从隐性成本和显性成本两方面着手，进行企业组织成本的控制。显性组织成本相对而言具有较强的表征性，如车间经费、管理费用等。隐性组织成本具有较高的复杂性，下面主要从三个方面对其进行介绍。

一是在组织中的机会成本。管理会计人员与企业管理层在确定一种组织形式后，往往意味着另一种组织形式不被选择，而不被选择的组织形式可能会让组织的效益更高、效率更高、成本更低，这是一种隐性组织成本。

二是在组织中的间接成本、协调成本。首先，间接成本。在组织管理过程中，决策者的错误决策导致员工的工作效率无法提升，企业在一定程度出现整体效率下降的现象，造成间接损失，这也是一种常见的隐性组织成本。其次，协调成本。企业管理层在协调各部门之间工作的过程中，往往需要消耗相应的资金、资源，这些是企业隐性组织成本的重要组成部分。

三是因误判市场产生的试错成本。企业管理层在波谲云诡的市场变化中，因误判导致企业付出巨大的代价，使企业陷入困境，其中出现的各种损失，也是隐性组织成本。

二、影响组织成本的关键性因素

（一）宏观经济环境

21 世纪是知识经济时代，经济发展具有不确定性，即在经济发展过程中，某产业可能在现阶段依靠先进的技术和知识获得优势地位，但随着时间的推移，该产业有可能被其他新产业取代，不得不面临消亡的风险。这给企业发展带来了新的挑战，即企业需要面临知识经济时代经济发展的高度不确定性，需要及时掌握和运用新知识、新技术，在未来的行业竞争中处于有利地位。受到知识经济的影响，企业在发展过程中面临着极大的考验，也面临着被其他竞争企业取代的风险。

为了应对知识经济时代所带来的挑战，适应复杂的市场变化，企业管理者需要意识到控制组织成本的重要性，注重对组织结构进行优化，使各部门通力合作。从时间和空间两个层面对组织成本进行合理控制，让各组织部门间进行深度协作，高效整合组织力量，并将其运用在日常的运营中，推动企业组织管理的升级，实现各组织部门在成本方面的进一步缩减，帮助企业提高在未来市场中的竞争力。

（二）企业组织结构

1. 扁平化组织

扁平化组织借助信息系统，消除企业的中间层级，直接让高层和基层对接，实现更为高效的信息沟通，提高基层和高层之间信息传递、处理和采集的及时性，形成有序、高效的组织形态。

扁平化组织对成本的影响主要体现在如下两个方面。

一是降低企业的信息成本。扁平化组织有利于减少纵向信息链，提高企业管理者在决策与行动上的反应速度，有利于企业管理者在最短的时间内接收更有用的信息，通过迅速决策的方式将已有问题可能造成的损失降到最低，在降低企业信息成本的同时，降低企业在运营过程中的其他成本。

二是降低企业部门之间的协调成本。扁平化组织以工作流程为中心，遵循"流程负责、流程服从、流程支持"的原则，可以集成企业的信息流、价值流和物流，减少或合并非增值流程，实现各部门间的互动，有效推动各部门间信息的沟通、处理和传递，从而达到降低企业部门间协调成本的目的。

2. 网络化组织

网络化组织是一种新型组织结构，以契约关系为前提，以信息通信技术为支撑，以信息的透明化和及时性为特征，以平级、纵级为主要信息传递路径的组织形式。

网络化组织对成本的影响主要体现在如下两个方面。

一是降低信息传递成本。网络化组织可以实现横向与纵向连接。在横向连接方面，网络化组织联系的成员包括市场中不同行业的企业，实现这些企业在商务信息上的有效互动。在纵向连接方面，网络化组织可以将供应链上的顾客、供应商等有效连接起来，实现纵向各个组织在信息方面的动态沟通。通过横向与纵向的信息沟通，网络化组织可以有效解决企业间信息不对称的问题，降低企业内部与外部的信息传递成本。

二是降低决策失误成本。网络化组织结构使企业各业务部门间的沟通更有序、更高效。此外，网络化组织将原先的事后监督转变为事前和事中监督，这种方式可以在很大程度上提高企业管理会计人员在收集相应数据方面的准确率，有利于降低企业管理层决策失误的成本。

（三）部门组合方式

部门组合方式是指组织内各部门之间的组合方式。组织内部各部门之间合理的组合方式不仅可以降低组织成本，还能提升组织战略目标的实现概率。常见的部门组合方式包括职能组合、事业部组合、区域性组合和多重组合。

职能组合是将职能、知识和技能相似的人员安排到一个部门，让此部门进行专业问题的探究，达到降低组织成本的目的；事业部组合是指以企业产品和服务为中心，将相关人员安排到一个部门，此部门可以较低的组织成本实现某一具体目标；区域性组合是为满足某一国家或者地区顾客的需要而组成一个部门，此种组合形式既可以提高品牌知名度，又能够节约售后服务成本；多重组合是指同时拥有多重组合方式的部门组合方法。

总之，在控制企业组织成本的过程中，管理会计人员需要结合企业的实际，灵活采用相应的部门组合方式，使企业降本增效，让企业在行业竞争中保持优势。

三、大数据驱动下企业组织成本控制的创新实践

（一）大数据驱动下以战略任务为基准的组织成本控制创新实践

1. 利用大数据灵活分析行业技术特点，实现对企业组织成本控制

管理会计人员在控制企业组织成本时，需要充分运用大数据技术。一方面是通过分析整个行业的发展状况，明确本企业在市场中的定位；另一方面是重视技术部门的建设，积极地吸收、开发先进技术，将这些技术运用在企业的拳头产品上，使企业在市场中占有一席之地，通过稳扎稳打的方式达到降低成本、赢得市场的目的。

以重视质量管理类企业为例，管理会计人员可与企业管理者商讨，成立质量管理领导小组。该小组应成为企业的关键部门、决策性机构，拥有决策权，处理与质量相关的事务，并对其他部门具有一定的指挥权和否决权。通过设置这种管理机构，管理会计人员可以找准组织结构的重点，把握提高企业产品质量的关键性要素，将重点资源，如人力资源、技术资源向该小组转移，通过提高经济效益的方式，达到降低企业组织成本的目的。

2. 利用大数据技术实现人员配置的优化，降低企业组织成本

管理会计人员可以运用大数据技术分析员工的特点，了解他们的优势和劣势，为员工选择合适的岗位，让他们真正在适合的岗位上发挥特长，在工作中获得成就感，增强责任感，在实现个人成长的过程中，促进企业的发展。总之，管

理会计人员可以通过运用大数据技术实现人员配置的优化，真正做到人岗相宜，降低企业组织成本。

（二）大数据驱动下以经营职责为依据开展组织成本控制实践

1. 利用大数据分析职能和客户群特点，进行组织成本控制创新

随着企业组织规模的扩大，管理会计人员可以运用大数据技术，对岗位职能和客户群特点进行深入分析，在此基础上完成对组织的创新性划分，达到提高组织效率，降低组织成本的目的。

（1）基于职能进行组织成本控制创新。

在基于职能进行组织成本控制创新的过程中，管理会计人员可以职能为主要的部门划分依据，运用大数据技术对一些部门进行重组，提高管理效率，强化管理，从而降低企业的组织成本。

（2）基于客户群进行组织成本控制创新。

针对一些客户群组织运营的企业，管理会计人员可以客户群为主要的部门划分依据，开展组织成本控制创新，充分利用大数据技术，实现对客户群的深入分析，设立相应的组织部门，实现组织成本的降低。具体而言，管理会计人员可以运用大数据技术整合客户信息，以客户为核心设置组织部门，即潜在客户部门、新客户部门、忠诚客户部门、售后部门，增强各个部门的专业性，并采用扁平化的组织形式，让各部门间进行及时、多元的沟通，提升部门之间的协作性，实现潜在客户向忠诚客户的转化，通过售后部门"守护"忠诚客户，有效降低沟通成本、协作成本，降低组织成本。

（3）基于项目进行组织成本控制创新。

在利用大数据开展组织成本控制创新的过程中，管理会计人员需要结合企业所处的发展阶段以及具体的工作内容，创新性应用相应的组织形式，集聚优质资源解决重要问题，达到降低企业组织成本的目的。具体而言，企业在发展过程中，往往需要面临产品创新的问题。基于这种状况，管理会计人员可以结合具体的项目内容，在不影响企业正常运营的情况下，集中企业与新产品设计生产相关的资源，设立相应的部门。在此之后，管理会计人员可以运用大数据技术，采用

网络化组织形式,一方面运用企业的资源推动相应问题的解决;另一方面了解与该新产品相关的其他信息,如互补产品信息、行业信息以及整体经济发展信息等,综合运用各种关键性的信息与资源,促进新产品的研发。在优化现有组织结构的同时,实现关键性产品的创新,从未来发展的角度入手,达到降低现阶段研发成本、适应未来市场发展需求的目的。

2. 利用大数据技术建立合理的权力分配机制,激发各个组织工作能动性

管理会计人员通过以大数据技术为手段,构建合理的权力分配机制,可以真正让有贡献、有能力的组织获得更大的发展空间,激发组织的工作积极性,在为企业带来经济效益的同时,达到降低企业组织成本的目的。在运用大数据进行权力分配机制构建的过程中,管理会计人员需要注意如下两个方面内容。

第一,落实以部门贡献为核心的权力分配原则,管理会计人员可以根据各部门对组织目标的达成情况,以 KPI 等衡量标准为依据,重新划分决策权、资源配置权等权力。让贡献率高的部门获得更大的权力,拥有更多的资源和发展空间,以激发部门工作的能动性,促进组织创造更高的利润。同时,也要考虑权力分配的公平性,确保整个组织的平衡发展。管理会计人员可以运用大数据技术对各个部门的工作量、工作目标、工作贡献等信息进行整合,了解各个部门的贡献,选出贡献率大、工作能力强的部门。注重合理划分评价的时期,如以半年为期限进行针对性的部门考核,以贡献率为依据,适时进行权力分配,实现权力分配的公正、公开和公平,激发各部门员工的工作积极性,实现效益的增加,变相降低成本。

第二,运用大数据技术构建闭环式的权力下放机制。管理会计人员在构建闭环式的权力下放机制时需要充分运用大数据技术,重点检测如下闭环式的权力下放机制:诊断机制、授权实践机制以及反馈机制。

一是诊断机制。管理会计人员可以运用大数据技术,分析造成员工无权状况的原因,着重从岗位设计和组织设计两个角度进行深入分析,找出其中的问题及原因,制定相应的解决策略。

二是授权实践机制。在明确具体原因后,管理会计人员可以与企业管理者商

讨，运用大数据技术进行针对性分析，即分析企业发展战略目标、愿景与员工个人目标、愿景之间的关系，让员工在获得相应权力的同时，将个人的发展与企业的发展紧密结合起来，不断推动员工创造性地开展工作，为企业的发展做出个人的贡献。即通过下放权力的方式，激发员工的工作潜能，为企业创造更大的经济效益，达到变相降低企业组织成本的目的。

三是反馈机制。管理会计人员可以运用大数据技术分析每一位员工的工作贡献，建立相应的奖励机制，让每一位员工对企业的贡献以数据的形式呈现出来，让企业员工的付出获得肯定。通过这种反馈机制，管理会计人员可以最大限度地激发员工的工作热情，让他们真正从情感上将个人的发展与企业的发展紧密结合起来，全身心地投入工作，提高工作效率，进而减少不必要的损失，降低组织成本。

（三）利用大数据技术推动组织结构优化，降低各部门之间的交流成本

在优化组织结构过程中，管理会计人员可以从现有组织结构入手。

首先，通过大数据技术建立中间交流机制。该机制的作用是连接上下游部门，避免上下游部门在沟通上出现问题。在实际的机制建立中，管理会计人员可以构建问题提出模块，让下游部门针对上游部门的问题提出相关的看法，注重介绍工作过程中存在的问题以及个体化的解决策略。同时，管理会计人员可以运用大数据技术构建问题总结模块，针对提出的问题进行针对性分析，梳理工作过程中出现的共性问题，并将这些问题向上游部门反映。此外，管理会计人员可以在大数据技术的支持下，在上游部门构建相应的问题梳理模块，集中对下游部门出现的问题进行针对性解决。

其次，运用大数据技术建立向上反馈机制。管理会计人员建立向上反馈机制的意义在于及时向上级领导反馈各部门的生产状况以及集中存在的问题，方便从整体上解决问题，实现对整个企业组织结构的优化，最大限度降低由于组织沟通机制不合理而造成的各种隐性成本。

最后，运用大数据技术建立策略制定机制。管理会计人员通过建立策略制定

机制，可以让策略制定部门及时反馈具体制定过程中存在的问题，为后期策略的制定提供可靠的数据。

总之，管理会计人员通过运用大数据技术优化组织结构，建立上述三种交流机制，可以实现各个部门之间的横向沟通，以及部门与上一层级的纵向沟通，最大限度地提高工作中数据沟通的效率，实现对各部门在沟通过程中可能产生的隐性成本的控制。

第四节 大数据驱动下的管理成本控制的创新

一、大数据驱动下企业管理成本控制的意义

(一) 优化管理成本控制的各个环节，拓展管理成本控制范畴

管理会计人员将大数据融入管理成本控制中，不仅能实现对产品生产过程的核算与分析，还有利于管理成本控制范畴的拓展，即拓展到技术领域、生产领域等，达到控制管理成本的目的。具体优势主要有以下三点。

首先，有利于实现全程管理控制。管理会计人员有效运用大数据技术，既可以实现对生产过程中管理成本的控制，又可以实现对生产前规划、设计和生产中管理成本的控制，实现全程的成本管理。

其次，有助于实现体系化的管理成本控制。管理会计人员通过使用大数据技术，可以实现事前、事中和事后管理，使管理成本控制体系化，实现对相应责任主体的约束和监督，推动成本控制工作的有效开展。

最后，促进制订科学的管理成本计划。通过运用大数据技术，管理会计人员可以建设相应的管理成本控制系统，制订科学的管理成本控制计划，落实相关责任人的监管任务，有效平衡管理的投入和产出，提高预算和计划执行的平顺性，实现对企业管理成本的控制。

（二）提高成本管理信息的真实性、即时性和准确性，优化管理手段

大数据技术的引入有利于优化管理手段，提高成本管理信息的真实性、即时性和准确性。具体而言，管理会计人员将大数据技术引入管理成本控制中，可以有效分析业务活动产生高成本的真正原因，以及各个环节引起成本增加的原因，促进企业管理成本控制策略的制定。此外，管理会计人员通过引入大数据技术，可以获得业务数据和财务数据，更全面地了解企业管理成本信息，提高信息获得的真实性。管理会计人员还可以通过大数据技术，让各个部门向企业信息平台上传数据信息，找到企业管理过程中存在的问题，制定相应的管理策略，促进管理水平的提高。总之，管理会计人员通过运用大数据技术，可以获得真实、全面的数据，分析引起成本增加原因，制定相应的成本控制策略，从而有效降低企业管理过程中的成本。

（三）增强共享性，升级管理成本控制方式

管理会计人员在基于企业实际，利用大数据技术搭建共享性信息平台时，需要注意如下问题。首先，使用的名称保持一致，提高各项管理成本分析效率。其次，提高管理成本控制的科学性，先让业务人员知晓相应成本，再让财务人员知晓管理成本产生和控制的逻辑，达到提高管理成本控制水平的目的。最后，为科学决策提供更为有力的数据支撑。通过引入大数据技术，管理会计人员可以搭建具有共享性的信息平台，一方面打破传统的各部门各自为政的局面；另一方面各部门可以运用此平台上传和收集相应的管理成本信息，为企业管理会计人员以及企业管理者提供更为全面的数据信息，提高决策的科学性，有效规避风险，提高经济效益，提高企业管理成本控制的有效性。总之，通过引入大数据技术，管理会计人员可以搭建具有可见性、控制力和高效的共享性数据平台，实现各项管理成本数据共享，通过对这些数据进行针对性分析，形成管理成本数据分析模型及报告，为企业管理者做出管理成本控制决策提供必要支撑，最终实现管理成本控制方式的升级。

二、大数据驱动下企业管理成本控制的原理

（一）管理成本控制系统设计思路

管理会计人员在管理成本控制系统设计过程中，可以将全面预算管理融入作业成本管理中，重构成本管理的结构，尤其是对重点结构进行重构。

从企业管理成本的构成而言，管理成本信息主要分为如下三部分，即事前的资金来源、事中的发生经过、事后的结果。这些管理成本信息分别被不同的部门掌握。

为了将这些信息集中起来，管理会计人员需要考虑构建集中式的信息系统，并注意把握以下几点。通过构建预算管理模式，实现财政部门的年度预算职能；通过构建计划管理模块，发挥计划制订部门的职能；通过构建合同管理模块，发挥合同管理部门的职能。

在完成信息的集中后，管理会计人员需要对这些分散信息进行统一管理，即制定统一的信息存储、传输标准，推动成本管理各项数据的高效共享，提升成本控制质量。

在统一数据标准后，管理会计人员需要构建能自动生成管理成本预算的系统。简而言之，该系统可以使各个部门申报的计划自动生成编号，并将计划中的结算信息、施工进度信息、合同信息、计划信息等进行串联。更重要的是，该系统可以自动选择申报计划的预算项目，通过年度预算控制季度、月度预算，通过季度、月度预算控制生产计划。

在完成系统的构建后，管理会计人员可以通过大数据技术对相应成本数据进行对比分析，发现其中存在的问题，通过实地调查的方式了解产生问题的原因，制定相应的解决策略，形成具有针对性的成本控制报告。具体而言，管理会计人员可以对该系统中的预算数据、计划数据与实际成本数据进行对比，并分析这三组数据之间存在的差异。与此同时，管理会计人员通过对各部门在成本管理方面的数据进行针对性分析，让各部门共同参与相应成本数据的分析，制作具有针对性的成本数据分析报告，为下一步的管理成本控制提供更为充分的依据。

（二）管理成本控制系统架构思路

1. 管理成本控制系统架构构成

在该系统架构过程中，管理会计人员可以从三个方面着手，即作业任务层成本、管理控制层成本、企业战略层成本。

在作业任务层成本方面，管理会计人员运用该系统对特定成本进行分析，利用成本动因分析工具，达到加强作业管理成本控制的目的。作业任务层的成本预算主要包括对原始成本进行记录，将原始成本作为对比项，分析实际作业成本高的原因，制定具有针对性的策略，实现对作业成本的合理控制。

在管理控制层成本方面，管理会计人员运用该系统进行成本预算，着重对管理控制层的成本进行评价和控制。管理控制层的成本预算主要是对成本基础性信息产生的过程进行分析。

在企业战略层成本方面，管理会计人员可以运用该系统中的价值链分析工具，开展相应的成本优势分析。企业战略层成本分析主要分析的是作业任务层的成本信息和管理控制层的成本信息。

2. 管理成本控制系统架构关系

为了实现三个层次数据的有效分享，提高数据传递的规律性，管理会计人员在构建该系统时需要着重考虑以下两点。首先，增强该系统数据平台的开放性。管理会计人员增强数据平台的开放性，可以有效实现作业任务层、管理控制层和企业战略层三者数据的有效衔接。以底层作业任务层成本为例，需要从事底层作业的相关人员记录与成本相关的数据，包括开工的时间、原因、地点、金额、效果，开工的部门，部门负责人，会计核算事项等信息。其次，规范数据传递的顺序。在该系统的构建过程中，管理会计人员需要注意在数据传递过程中遵循先业务系统、后财务系统的原则。通过遵循上述数据传递原则，管理会计人员可以让业务部门按照计划进行相应的开支记录，并按照后续的流程继续完成支出记录，直到此项数据被传递到财务系统。注重数据传递顺序的优势还在于管理会计可以通过计划号查询相应支出记录中的成本数据信息，确保全面掌握支出明细，实现成本数据的高效共享。

三、大数据驱动下企业管理成本控制的落实

(一) 运用大数据技术完善管理成本预算体系，构建全员参与的管理成本控制模式

管理会计人员运用大数据技术完善预算体系，构建全员参与的管理成本控制模式，注重从横向和纵向两个角度实现全面的管理成本控制。具体而言，管理会计人员根据企业近年的生产实际情况制订下一年的生产计划，并组织财务部门以及预算委员会进行针对性讨论，确立整体性的管理成本预算目标和局部性的管理成本预算目标。之后，管理会计人员可以利用大数据技术，结合各部门特点以及相关人员情况，将局部性的管理成本预算目标落实到每一个部门甚至是每一个工作人员上，让他们在实际工作中能够明确目标，落实管理成本控制目标任务。最为关键的是，管理会计人员需要让每一个部门、每一个工作人员定期将部门、员工在岗成本运用数据录入该系统，以及时了解相应主体的成本控制状况，针对出现的问题，及时制定、调整方案，实现全员参与管理成本控制。

(二) 运用大数据技术规范业务流程，构建全过程的管理成本控制模式

管理会计人员可以运用大数据技术对业务流程进行规范，实现对各个环节资金流转的全过程控制。具体而言，管理会计人员通过大数据技术实现全过程管理，即预算管理、计划管理、材料采购管理、合同管理、实施管理、结算管理等，并形成一次分解推进二次分解的模式。预算是计划的前提，计划是合同签订和落实的前提，合同签订和落实是项目结算的前提。管理会计人员在操作过程中需要遵循该系统的固化业务程序，即上述的一次分解推进二次分解的模式，并以该系统内部的智能计算功能为辅助。假如管理会计人员在该系统中输入的月度预算超过被允许的额度，则该月度预算无法通过审批，之后无法办理合同，无法进行相应的核算，导致计划最终无法实施。

总之，管理会计人员运用大数据技术可以实现对业务流程的规范，利用一次分解推进二次分解的方式实现对管理成本的全过程控制，为降低企业的管理成本

创造条件。

（三）运用大数据技术开展细节化管理控制，降低企业管理成本

管理会计人员通过大数据技术实现细节化的管理控制，着重从细节入手，一方面立足于资金管理，另一方面着眼于人员管理。在资金运用方面，管理会计人员在开展管理的过程中应运用大数据技术，着重从系统提醒入手，增强对资金运转的监控力，同时观察资金的实际运用效果，全程进行记录，实现对企业各个细节的资金掌控，并针对其中花费数额大的部分进行重点分析，监督其合理性和必要性，实现对资金的有效运用，达到降低企业管理成本的目的。在员工管理方面，管理会计人员可以运用大数据技术，结合员工的工作习惯，为员工制定具有针对性的操作规范，让员工可以明确个人的工作内容和工作方式，极大程度上提高员工在工作时间内的工作效率，降低企业的管理成本。

（四）运用大数据技术开展全过程监督，落实科学化的合同管理

管理会计人员通过大数据技术可以合同内容为依据进行全过程监管，即以合同为依据，对预算、计划、实施等进行监督与管理，并将其内容进行可视化展现，让整个生产过程更具有规范性，提升企业管理成本控制水平。

第五章　大数据背景下的筹资与投资管理

第一节　现代企业筹资的渠道与方式

一、企业筹资概述

企业筹资是指企业根据其生产经营、对外投资以及调整资本结构等需要，通过一定的渠道，采取恰当的方式，获取所需资金的一种行为。

企业筹集的资金可按不同的标准进行分类，主要分类如下。

（1）按照资金的来源渠道不同进行分类。按照资金的来源渠道不同，可分为权益性筹资和负债性筹资。

权益性筹资又称为"自有资金筹资"，是指企业通过发行股票、吸收直接投资、内部积累等方式筹集资金。企业采用吸收自有资金的方式筹集资金，一般不用还本，财务风险小，但付出的资金成本相对较高。

负债性筹资又称为"借入资金筹资"，是指企业通过发行债券、向银行借款、筹资租赁等方式筹集资金。企业采用借入资金的方式筹集资金，到期要归还本金和支付利息，一般承担较大风险，但相对而言，付出的资金成本较低。

（2）按照所筹资金使用期限长短不同进行分类。按照所筹资金使用期限的长短，可分为长期资金筹集和短期资金筹集。

长期资金，是指使用期限在一年以上或超过一年的一个营业周期的资金。长期资金主要投资于新产品的开发和推广、生产规模的扩大、厂房和设备的更新等，一般需几年甚至十几年才能收回。长期资金通常采用吸收直接投资、发行股票、发行债券、长期借款、筹资租赁和利用留存收益等方式来筹集。

短期资金，是指使用期限在一年以内或超过一年的一个营业周期以内的资金。短期资金主要投资于现金、应收账款、存货等，一般在短期内可收回。短期资金通常采用商业信用、短期银行借款、短期筹资券、应收账款转让等方式来筹集。

二、企业筹资渠道分析

筹资渠道是指筹措资金来源的方向与通道，体现资金的来源与流量。目前我国企业筹资渠道主要包括以下几种。

（1）银行信贷资金。银行对企业的各种贷款，是我国目前各类企业最为重要的资金来源。我国银行分为商业性银行和政策性银行两种。

商业性银行主要有中国银行、中国农业银行、中国工商银行、中国建设银行、交通银行等。商业性银行是以盈利为目的、从事信贷资金投放的金融机构，它主要为企业提供各种商业贷款。

政策性银行主要有国家开发银行、中国进出口银行和农业发展银行。政策性银行主要为特定企业提供政策性贷款。

（2）其他金融机构资金。其他金融机构也可以为企业提供一定的资金来源，其他金融机构主要指信托投资公司、保险公司、金融租赁公司、证券公司、财务公司等。它们所提供的各种金融服务，既包括信贷资金投放，也包括物资的融通，还包括为企业承销证券等金融服务。

（3）其他企业资金。其他企业资金也可以为企业提供一定的资金来源。企业在生产经营过程中，往往形成部分暂时闲置的资金，并为一定的目的而进行相互投资。另外，企业间的购销业务可以通过商业信用方式来完成，从而形成企业间的债权债务关系，形成债务人对债权人的短期信用资金占用。企业间的相互投资和商业信用的存在，使其他企业资金也成为企业资金的重要来源。

（4）居民个人资金。居民个人资金也可以为企业提供一定的资金来源，企业职工和居民个人的结余资金，作为"游离"于银行及非金融机构等之外的个人资金，可用于对企业进行投资，形成民间资金来源渠道，从而为企业所用。

（5）国家资金。国家对企业的直接投资是国有企业特别是国有独资企业获得资金的主要渠道之一。现有国有企业的资金来源中，其资本部分大多是由国家财政以直接拨款方式形成的。

除此之外，还有一些国家是通过对企业"税前还贷"或减免各种税款而形成的。不管是何种形式形成的，从产权关系上看，它们都属于国家投入的资金，产权归国家所有。

（6）企业内部资金。又称"企业自留资金"，也称"企业内部留存"，是指企业内部形成的资金，主要包括提取公积金和未分配利润等。这些资金的重要特征之一是，它们无须企业通过一定的方式去筹集，而直接由企业内部自动生成或转移。

（一）现代企业资本金的筹集

资本金是企业权益资本的主要部分，是企业长期稳定拥有的基本资金，此外，一定数额的资本金也是企业取得债务资本的必要保证。

设立企业必须有法定的资本金。资本金是指企业在工商行政管理部门登记的注册资金，是投资者用以进行企业生产经营、承担民事责任而投入的资金。资本金在不同类型的企业中的表现形式有所不同，股份有限公司的资本金被称为股本，股份有限公司以外的一般企业的资本金被称为实收资本。从性质上看，资本金是投资者创建企业所投入的资本，是原始启动资金；从功能上看，资本金是投资者用以享有权益和承担责任的资金，有限责任公司和股份有限公司以其资本金为限对所负债务承担有限责任；从法律地位上看，资本金要在工商行政管理部门办理注册登记，投资者只能按所投入的资本金而不是所投入的实际资本数额享有权益和承担责任，已注册的资本金如果追加或减少，必须办理变更登记；从时效上看，除企业清算、减资、转让回购股权等特殊情形外，投资者不得随意从企业收回资本金，企业可以无限期地占用投资者的出资。

（1）资本金的最低限额。有关法规制度规定了各类企业资本金的最低限额，《中华人民共和国公司法》规定：股份有限公司注册资本的最低限额为人民币500万元，上市的股份有限公司股本总额不少于人民币3000万元；有限责任公司注册资本的最低限额为人民币3万元，一人有限责任公司的注册资本最低限额为人民币10万元。如果需要高于这些最低限额的，可以由法律、行政法规另行规定。比如，《中华人民共和国注册会计师法》和《资产评估机构审批和监督管理办法》均规定，设立公司制的会计师事务所或资产评估机构，注册资本应当不少于人民币 30 万元；《中华人民共和国保险法》规定，采取股份有限公司形式设立的保险公司，其注册资本的最低限额为人民币 2 亿元；《中华人民共和国证券法》规定，可以采取股份有限公司形式设立证券公司，在证券公司中属于经济类的，最低注册资本为人民币 5000 万元；属于综合类的，公司注册资本最低限额为人民币 5 亿元。

（2）资本金的出资方式。根据《中华人民共和国公司法》等法律法规的规定，投资者可以采取货币资产和非货币资产两种形式出资。全体投资者的货币出资金额不得低于公司注册资本的 30%；投资者可以用实物、知识产权、土地使用权等可以依法转让的非货币财产作价出资；法律、行政法规规定不得作为出资的财产除外。

（3）资本金缴纳的期限。资本金缴纳的期限，通常有三种办法：①实收资本制，在企业成立时一次筹足资本金总额，实收资本与注册资本数额一致，否则企业不能成立；②授权资本制，在企业成立时不一定一次筹足资本金总额，只要筹集了第一期资本，企业即可成立，其余部分由董事会在企业成立后进行筹集，企业成立时的实收资本与注册资本可能不相一致；③折中资本制，在企业成立时不一定一次筹足资本金总额，类似于授权资本制，但规定了首期出资的数额或比例及最后一期缴清资本的期限。《中华人民共和国公司法》规定，资本金的缴纳采用折中资本制，资本金可以分期缴纳，但首次出资额不得低于法定注册资本的最低限额。股份有限公司和有限责任公司的股东首次出资额不得低于注册资本的百分之二十，其余部分由股东自公司成立之日起两年内缴足，投资公司可以在五年内缴足。而对于一人有限责任公司，股东应当一次足额缴纳公司章程规定的注册资本额。

（4）资本金的评估。吸收实物、无形资产等非货币资产筹集资本金的，应按照评估确认的金额或者按合同、协议约定的金额计价。其中，为了避免虚假出资或通过出资转移财产，导致国有资产流失，国有及国有控股企业以非货币资产出资或者接受其他企业的非货币资产出资，需要委托有资格的资产评估机构进行资产评估，并以资产评估机构评估确认的资产价值作为投资作价的基础。经国务院、省政府批准实施的重大经济事项涉及的资产评估项目，分别由本级政府国有资产监管部门或者财政部门负责核准，其余资产评估项目一律实施备案制度。

严格来说，其他企业的资本金评估时，并不一定要求必须聘请专业评估机构评估，相关当事人或者聘请的第三方专业中介机构评估后认可的价格也可成为作价依据。不过，聘请第三方专业中介机构来评估相关的非货币资产，能够更好地保证评估作价的真实性和准确性，从而有效地保护公司及其债权人的利益。

（二）现代企业资本金的管理原则

企业资本金的管理，应当遵循资本保全这一基本原则。实现资本保全的具体要求，可分为资本确定、资本充实和资本维持三部分内容。

（1）资本确定原则。资本确定，是指企业设立时资本金数额的确定。企业设立时，必须明确规定企业的资本总额以及各投资者认缴的数额。如果投资者没有足够认缴资本总额，企业就不能成立。

为了强化资本确定原则，法律规定由工商行政管理机构进行企业注册资本的登记管理。这是保护债权人利益、明晰企业产权的根本需要。根据《中华人民共和国公司法》等法律法规的规定：一方面，投资者以认缴的资本为限对公司承担责任；另一方面，投资者以实际缴纳的资本为依据行使表决权和分取红利。《企业财务通则》规定，企业获准工商登记（即正式成立）后 30 日内，应依据验资报告向投资者出具出资证明书等凭证，以此为依据确定投资者的合法权益，界定其应承担的责任。特别是占有国有资本的企业需要按照国家有关规定申请国有资产产权登记，取得企业国有资产产权登记证，但这并不免除企业向投资者出具出资证明书的义务，因为前者仅是国有资产管理的行政手段。

（2）资本充实原则。资本充实，是指资本金的筹集应当及时、足额。企业筹集资本金的数额、方式、期限均要在投资合同或协议中约定，并在企业章程中加以规定，以确保企业能够及时、足额筹得资本金。

对企业登记注册的资本金，投资者应在法律法规和财务制度规定的期限内缴足。如果投资者未按规定出资，即为投资者违约，企业和其他投资者可以依法追究其责任，国家有关部门还将按照有关规定对违约者进行处罚。投资者在出资中的违约责任有两种情况：一是个别投资者单方违约，企业和其他投资者可以按企业章程的规定，要求违约方支付延迟出资的利息、赔偿经济损失；二是投资各方均违约或外资企业不按规定出资，则由工商行政管理部门进行处罚。企业筹集的注册资本，必须进行验资，以保证出资的真实可信。对验资的要求：一是依法委托法定的验资机构；二是验资机构要按照规定出具验资报告；三是验资机构依法承担提供验资虚假或重大遗漏报告的法律责任，因出具的验资证明不实，给公司债权人造成损失的，除能够证明自己没有过错的外，在其证明不实的金额范围内承担赔偿责任。

（3）资本维持原则。资本维持，指企业在持续经营期间有义务保持资本金的完整性。企业除由股东大会或投资者会议做出增减资本决议并按法定程序办理者外，不得任意增减资本总额。

企业筹集的实收资本，在持续经营期间可以由投资者依照相关法律法规以及企业章程的规定转让或者减少，投资者不得抽逃或者变相抽回出资。

除《中华人民共和国公司法》等有关法律法规另有规定外，企业不得回购本企业发行的股份。在下列四种情况下，股份公司可以回购本公司股份：减少公司注册资本；与持有本公司股份的其他公司合并，将股份奖励给本公司职工，股东因对股东大会做出的公司合并、分立决议持有异议而要求公司收购其股份。

股份公司依法回购股份，应当符合法定要求和条件，并经股东大会决议。用于将股份奖励给本公司职工而回购本公司股份的，不得超过本公司已发行股份总额的5%；用于收购的资金应当从公司的税后利润中支出；所收购的股份应当在1年内转让给职工。

三、现代企业权益筹资

权益筹资又称为"自有资金"，是指企业通过吸收直接投资、发行股票、内部积累等方式筹集的资金。

（一）吸收直接投资筹资方式

1. 吸收直接投资筹资方式的种类

企业采用吸收直接投资方式筹集的资金一般可分为以下四类。

（1）吸收国家投资。吸收国家投资是国有企业筹集自有资金的主要方式。国家投资是指有权代表国家投资的政府部门或者机构以国有资产投入企业，由此形成国家资本金。

目前，除国家以拨款形式投入企业所形成的各种资金外，用利润总额归还贷款后所形成的国家资金、财政和主管部门拨给企业的专用拨款以及减免税后形成的资金，也应视为国家投资。

吸收国家投资一般具有以下特点：产权归属于国家，资金数额较大，只有国有企业才能采用，资金的运用受国家约束较大。

（2）吸收法人投资。吸收法人投资是指法人单位以其依法可以支配的资产投入企业，由此形成法人资本金，目前主要指法人单位在进行横向经济联合时所产生的联营、合资等投资。

吸收法人投资一般具有以下特点：投资发生在法人单位之间，投资以参与企业利润分配为目的，投资方式灵活多样。

（3）吸收社会公众投资。吸收社会公众投资是指社会个人或本企业内部职工以个人合法财产投入企业，由此形成个人资本金。

吸收社会公众投资一般具有以下特点：参加投资的人员较多，每人投资的数额相对较少，以参与企业利润分配为目的。

（4）吸收外商投资。吸收外商投资是指外国投资者以及我国港澳台地区投资者投入的资金，由此形成外商资本金。随着我国改革开放的不断前进，吸收外商投资已成为企业筹集资金的重要方式。

吸收外商投资一般具有以下特点：一般只有中外合资、合作或外商独资经营企业才能采用，可以筹集外汇资金，出资方式比较灵活。

2. 吸收直接投资筹资方式的出资方式

企业在采用吸收直接投资方式筹资时，投资者可以用现金、厂房、机器设备、材料物资、无形资产等作价出资。出资方式主要有以下四种。

（1）以现金出资。以现金出资是吸收投资中一种最主要的出资方式。有了现金，便可获取其他物质资源。因此企业应尽量动员投资者采用现金方式出资。吸收投资中所需投入现金的数额，取决于投入的实物、工业产权之外尚需多少资金来满足建厂的开支和日常周转需要。

（2）以实物出资。以实物出资就是投资者以厂房、建筑物、设备等固定资产和原材料、商品等流动资产所进行的投资。

一般来说，企业吸收的实物应符合以下条件：一是确为企业科研、生产、经营所需，二是技术性能比较好，三是作价公平合理。实物出资所涉及的实物作价方法应按国家的有关规定执行。

（3）以工业产权出资。以工业产权出资是指投资者以专有技术、商标权、专利权等无形资产所进行的投资。

一般来说，企业吸收的工业产权应符合以下条件：一是能帮助研究和开发出新的高科技产品；二是能帮助生产出适销对路的高科技产品；三是能帮助改进产品质量，提高生产效率；四是能帮助大幅降低各种消耗；五是作价比较合理。

企业在吸收工业产权投资时应特别谨慎，认真进行技术时效性分析和财务可行性研究。因为工业产权投资实际上是把有关技术资本化了，把技术的价值固定化了。而技术具有时效性，因其不断老化而导致价值不断减少甚至完全丧失，风险较大。

（4）以土地使用权出资。投资者也可以用土地使用权来进行投资。土地使用权是按有关法规和合同的规定使用土地的权利。

一般来说，企业吸收的土地使用权应符合以下条件：一是企业科研、生产、销售活动所需要的，二是交通、地理条件比较适宜，三是作价公平合理。

3. 吸收直接投资筹资方式的优缺点

（1）吸收直接投资的优点：①有利于增强企业信誉。吸收直接投资所筹集的资金属于自有资金，能增强企业的信誉和借款能力，对扩大企业经营规模、壮大企业实力具有重要作用。②有利于尽快形成生产能力。吸收直接投资可以直接获取投资者的先进设备和先进技术，有利于尽快形成生产能力，尽快开拓市场。③有利于降低财务风险。

吸收直接投资可以根据企业的经营状况向投资者支付报酬，企业经营状况好，可向投资者多支付一些报酬，企业经营状况不好，则可不向投资者支付报酬或少支付报酬，报酬支付较为灵活，所以财务风险较小。

（2）吸收直接投资的缺点：①资金成本较高。一般而言，采用吸收直接投资方式筹集资金所需负担的资金成本较高，特别是企业经营状况较好和盈利较多时，更是如此。因为向投资者支付的报酬是根据其出资的数额和企业实现利润的比率来计算的。②容易分散企业控制权。采用吸收直接投资方式筹集资金，投资者一般都要求获得与投资数量相适应的经营管理权，这是企业接受外来投资的代价之一。如果外部投资者的投资较多，则投资者会有相当大的管理权，甚至会对企业实行完全控制，这是吸收直接投资的不利因素。

（二）发行普通股票筹资方式

1. 股票的不同分类

（1）按股东权利和义务不同的分类。按股东权利和义务的不同，可分为普通股票和优先股票。普通股票简称"普通股"，是股份公司依法发行的具有平等的权利、义务、股利不固定的股票。普通股具备股票的最一般特征，是股份公司资本的最基本部分。优先股票简称"优先股"，是股份公司发行的，相对于普通股具有一定优先权的股票。这种优先权主要体现在股利分配和分取剩余财产权利上。从法律上讲，企业对优先股不承担法定的还本义务，是企业自有资金的一部分。

（2）按股票票面是否记名的分类。按股票票面是否记名，可分为记名股票和无记名股票。记名股票是指在股票上载有股东姓名或名称并将其记入公司股东名册的股票。记名股票要同时附有股权手册，只有同时具备股票和股权手册，才能领取股息和红利。记名股票的转让、继承都要办理过户手续。无记名股票是指在股票上不记载股东姓名或名称，也不将股东姓名或名称记入公司股东名册的股票。凡持有无记名股票者，都可以成为公司股东。无记名股票的转让、继承无须办理过户手续，只要将股票交给受让人，就可发生转让效力，移交股票。

（3）按发行对象和上市地区的分类。按发行对象和上市地区，可分为 A 股、B 股、H 股和 N 股等。在我国内地上市交易的股票主要有 A 股和 B 股。A 股是以人民币标明票面金额并以人民币认购和交易的股票，B 股是以人民币标明票面金额，以外币认购和交易的股票。另外，还有 H 股和 N 股，H 股为在中国香港上市的股票，N股为在纽约上市的股票。

2. 普通股股东具有的权利

普通股股票的持有人被称为普通股股东，普通股股东一般具有以下五种权利。

（1）公司管理权。普通股股东的管理权主要体现为在董事会选举中有选举权和被选举权，通过选出的董事会代表所有股东对企业进行控制和管理。具体来说，普通股股东的管理权主要包括投票权、查账权、阻止越权经营的权利。

（2）分享盈余权。分享盈余权，即普通股股东经董事会决定后有从净利润中分得股息和红利的权利。

（3）优先认股权。优先认股权，即普通股股东拥有优先于其他投资者购买公司增发新股票的权利。

（4）出让股份权。出让股份权，即股东有权出售或转让股票。

（5）剩余财产要求权。剩余资产要求权，即当公司解散、清算时，普通股股东对剩余财产有要求权。但是，公司破产清算时，财产的变价收入，首先要用来清偿债务，然后支付给优先股股东，最后才能分配给普通股股东。

3. 股票的发行与上市

我国股份公司发行股票必须符合《中华人民共和国证券法》和《上市公司证券发行管理办法》规定的发行条件。股票的发行方式有公募发行和私募发行，公募发行有自销方式和承销方式，承销方式具体分为包销和代销。

股票上市是指股份有限公司发行的股票经批准在证券交易所挂牌交易。

（1）股票上市的有利影响：①有助于改善财务状况。公司公开发行股票可以筹得自有资金，能迅速改善公司的财务状况，并有条件得到利率更低的贷款。同时，公司一旦上市，就可以有更多的机会从证券市场上筹集资金。②利用股票收购其他公司。一些公司常用出让股票而不是付现金的方式对其他企业进行收购。被收购企业也乐意接受上市公司的股票。因为上市的股票具有良好的流通性，持股人可以很容易将股票出手而得到资金。③利用股票市场客观评价。对于已上市的公司来说，每时每日的股票行情，都是对公司客观的市场估价。④利用股票激励职员。上市公司利用股票作为激励关键人员的有效手段。公开的股票市场提供了股票的准确价值，也可使职员的股票得以兑现。⑤提高公司知名度，吸引更多顾客。股票上市公司为社会所知，并被认为经营优良，这会给公司带来良好的声誉，从而吸引更多的顾客，扩大公司的销售。

（2）股票上市的不利影响：①使公司失去隐私权。一家公司转为上市公司，其最大的变化是公司隐私权消失。国家证券管理机构要求上市公司将关键的经营情况向社会公众公开。②限制经理人员操作的自由度。公司上市后，其所有重要决策都需要经董事会讨论通过，有些对公司至关重要的决策则要全体股东投票决定。股东们通常以公司盈利、分红、股价等来判断经理人员的业绩，这些压力往往使得公司经理人员只注重短期效益而忽略长期效益。③上市成本高。公开上市需要很高的费用，这些费用包括资产评估费、股票承销佣金、律师费、注册会计师费、材料印刷费、登记费等。这些费用的具体数额取决于每一个企业的具体情况、整个上市过程的难易程度和上市筹资的数额等因素。公司上市后还需花费一些费用为证券交易所、股东等提供资料，聘请注册会计师、律师等。

4. 普通股筹资方式的优缺点

（1）普通股筹资的优点：①没有固定的利息负担。公司有盈余，并认为适合分配股利时，就可以分配股利；公司盈余较少，或虽有盈余但资金短缺或有更有利的投资机会时，就可少支付或不支付股利。②没有固定的到期日，无须偿还。利用普通股筹集的是永久性的资金，只有公司清算才需要偿还。它对保证企业最低的资金需求有重要意义。③筹资风险小。由于普通股没有固定到期日，不用支付固定的股利，此种筹资实际上不存在不能偿付的风险，因此，筹资风险小。④能增强公司的信誉。普通股本与留存收益构成公司偿还债务的基本保障，因而，普通股筹资既可以提高公司的信用价值，也为使用更多的债务资金提供了强有力的支持。⑤筹资限制少。利用优先股或债券筹资，通常有许多限制，这些限制往往会影响公司经营的灵活性，而利用普通股筹资则没有这种限制。

（2）普通股筹资的缺点：①资金成本较高。一般来说，普通股筹资的成本要大于债务资金。这主要是因为股利要从净利润中支付，而债务资金的利息可在税前扣除。另外，普通股的发行费用也比较高。②容易分散企业控制权。利用普通股筹资，出售了新的股票，引进了新的股东，容易导致公司控制权的分散。

（三）企业内部筹资方式

1. 企业内部筹资渠道

企业内部筹资渠道有以下两个方面。

（1）盈余公积。盈余公积是指有指定用途的留存净利润，它是公司按照《中华人民共和国公司法》规定从净利润中提取的积累资金，包括法定盈余公积金和任意盈余公积金。

（2）未分配利润。未分配利润是指未限定用途的留存净利润。这里有两层含义：一是这部分净利润没有分给公司的股东；二是这部分净利润未指定用途。

2. 企业内部筹资优缺点

（1）企业内部筹资的优点：①资金成本较普通股低。用留存收益筹资，不用考虑筹资费用，资金成本较普通股低。②保持普通股股东的控制权。用留存收益筹资，不用对外发行股票，由此增加的权益资本不会改变企业的股权结构，不会稀释原有股东的控制权。③增强公司的信誉。留存收益筹资能够使企业保持较大的可支配的现金流，既可解决公司经营发展的资金需要，又能提供企业举债的能力。

（2）企业内部筹资的缺点：①筹资数额有限制。留存收益筹资最大可能的数额是企业当期的税后利润和上年未分配利润之和。如果企业经营亏损，则不存在这一渠道的资金来源。此外，留存收益的比例常常受到某些股东的限制。他们可能从消费需求、风险偏好等因素出发，要求股利支付比率要维持在一定水平。留存收益过多，股利支付过少，可能会影响到今后的外部筹资。②资金使用受制约。留存收益中某些项目的使用，如法定盈余公积金等，要受国家有关规定的制约。

四、现代企业负债筹资

企业负债筹资的主要方式有短期借款、商业信用、短期筹资券、应收账款转让、长期借款、发行债券和筹资租赁。其中，前四种属于短期负债筹资，后三种属于长期负债筹资。

（一）短期借款筹资方式

短期借款是指企业向银行和其他非银行金融机构借入的期限在一年以内的借款。

（1）短期借款的种类。短期借款主要有生产周转借款、临时借款、结算借款等。按照国际通行做法，短期借款还可依偿还方式的不同，分为一次性偿还借款和分期偿还借款；依利息支付方法的不同，分为收款法借款、贴现法借款和加息法借款；依有无担保，分为抵押借款和信用借款。

（2）短期借款的信用条件。按照国际惯例，银行发行短期贷款时，常涉及以下信用条件：①信贷额度。信贷额度即贷款限额，是借款人与银行在协议中规定的允许借款人借款的最高限额。②周转信贷协定。周转信贷协定是银行从法律上承诺向企业提供不超过某一最高限额的贷款协定。在协定的有效期内，只要企业借款总额未超过最高限额，银行必须满足企业任何时候提出的借款要求。企业享有周转协定，通常要对贷款限额的未使用部分付给银行一笔承诺费。③补偿性余额。它是银行要求借款人在银行中保持按贷款限额或实际借款额的一定百分比计算的最低存款余额。补偿性余额的要求提高了借款的实际利率。补偿性余额有助于银行降低贷款风险，补偿其可能遭受的损失。但对借款企业来说，补偿性余额则提高了借款的实际利率，加重了企业的利息负担。④借款抵押。银行向财务风险较大、信誉不好的企业发放贷款，往往需要有抵押品作担保，以减少自己蒙受损失的风险。借款的抵押品通常是借款企业的办公楼、厂房等。⑤偿还条件。无论何种借款，银行一般都会规定还款的期限。根据我国金融制度的规定，贷款到期后仍无能力偿还的，视为逾期贷款，银行要照章加收逾期罚息。⑥以时间交易为贷款条件。当企业发生经营性临时资金需求，向银行申请贷款以求解决时，银行则以企业将要进行的实际交易为贷款基础，单独立项，单独审批，最后做出决定并确定贷款的相应条件和信用保证。

（3）短期借款利息的支付方式：①利随本清法。利随本清法，又称"收款法"，是在借款到期时向银行支付利息的方法。采用这种方法，借款的名义利率等于实际利率。②贴现法。贴现法是银行向企业发放贷款时，先从本金中扣除利息部分，在贷款到期时借款企业再偿还全部本金的一种计息方法。

（4）短期借款筹资的优缺点。

①短期借款筹资的优点：筹资速度快。企业获得短期借款所需时间要比长期借款短得多，因为银行发放长期贷款前，通常要对企业进行比较全面的调查分析，花费时间较长。筹资弹性大。短期借款数额及借款时间弹性较大，企业可在需要资金时借入，在资金充裕时还款，便于企业灵活安排。

②短期借款筹资的缺点：筹资风险大。短期借款的偿还期短，在筹资数额较大的情况下，如企业资金调度不周，就有可能出现无力按期偿付本金和利息，甚至被迫破产。与其他短期筹资方式相比，资金成本较高，尤其是在补偿性余额和附加利率情况下，实际利率常高于名义利率。

（二）商业信用筹资方式

（1）商业信用的条件。商业信用的条件是指销货人对付款时间和现金折扣所做的具体规定。主要有以下几种形式：预收货款；延期付款，但不涉及现金折扣；延期付款，但早付款可享受现金折扣。

第一，预收货款。这是企业在销售商品时，要求买方在卖方发出货物之前支付货款的情形。一般用于以下两种情况：一是企业已知买方的信用欠佳，二是销售生产周期长、售价高的产品。在这种信用条件下，销货单位可以得到暂时的资金来源，购货单位则要预先垫支一笔资金。

第二，延期付款，但不涉及现金折扣。这是指企业购买商品时，卖方允许企业在交易发生后的一定时期内按发票金额支付货款的情形。

这种信用条件下的信用期间一般为30—60天，但有些季节性的生产企业可能为其顾客提供更长的信用期间。在这种情况下，买卖双方存在商业信用，买方可因延期付款而取得资金来源。

第三，延期付款，但早付款可享受现金折扣。在这种信用条件下，买方若提前付款，卖方可给予一定的现金折扣，如买方不享受现金折扣，则必须在一定时期内付清账款。如现金折扣付款条件"2/10，n/30"便属于此种信用条件，其指买方10天内付款，可享受2%的折扣，超过10天付款，没有折扣，超过30天付款可能要付违约金。应用现金折扣的目的主要是加速账款的收回。现金折扣一般为发票金额的 1%~5%。在这种条件下，双方存在信用交易。买方若在折扣期内付款，则获得短期的资金来源，并能得到现金折扣；若放弃现金折扣，则可在稍长时间内占用卖方的资金。

（2）现金折扣成本的计算。在采用商业信用形式销售商品时，为鼓励购买单位尽早付款，销货单位往往都规定一些信用条件，这主要包括现金折扣和付款期间两部分内容。如果销货单位提供现金折扣，购买单位应尽量争取获得此项折扣，因为丧失现金折扣的机会成本很高。

（三）短期筹资券筹资方式

1. 短期筹资券的含义及特征

短期筹资券又称"商业票据"或"短期债券"，是由企业发行的无担保短期本票。在我国，短期筹资券（有时也称为短期融资券）是指非金融企业依照《银行间债券市场非金融企业债务融资工具管理办法》等相关规定，在银行间债券市场上发行的一种有价证券，主要用于筹集一年期以内的短期资金。

我国短期筹资券具有以下特征：①发行人为非金融企业；②它是一种短期债券品种，期限不超过 365 天；③发行利率（价格）由发行人和承销商协商确定；④发行对象为银行间债券市场的机构投资者，不向社会公众发行；⑤实行余额管理，待偿还融资券余额不超过企业净资产的40%；⑥可以在全国银行间债券市场机构投资人之间流通转让。

2. 短期筹资券的发行

（1）短期筹资券的发行条件。一般来讲，只有实力雄厚、资信程度很高的大企业才有资格发行短期筹资券。在我国，短期筹资券的发行必须符合《短期筹资券管理办法》中规定的发行条件。

（2）短期筹资券的发行程序：①公司做出发行短期筹资券的决策；②办理发行短期筹资券的信用评级；③向有关审批机构提出发行申请；④审批机关对企业提出的申请进行审查和批准；⑤正式发行短期筹资券，取得资金。

3. 短期筹资券筹资的优缺点

（1）短期筹资券筹资的优点：①筹资成本较低。在西方，短期筹资券的利率加上发行成本，通常要低于银行的同期贷款利率。但在我国，目前由于短期筹资券市场刚刚建立，还不完善，因而有时会出现短期筹资券的利率高于银行借款利率的情况。②筹资数额比较大。一般而言，银行不会向企业发放巨额的短期借款，因此银行短期借款常常面临着数额的限制，而发行短期筹资券的数额往往较大，可以筹集更多的资金。③提高企业信誉和知名度。由于能在货币市场上发行短期筹资券的都是著名的大公司，因而一个公司如果能发行自己的短期筹资券，说明该公司有较好的信誉；同时随着短期筹资券的发行，公司的威望和知名度也大大提高。

（2）短期筹资券筹资的缺点：①筹资风险比较大。短期筹资券到期必须归还，一般不会有延期的可能。如果到期不归还，会对企业的信誉产生较严重的后果，因此风险较大。②发行短期筹资券的弹性比较小。只有当企业的资金需求达到一定数量时才能使用短期筹资券，如果数量较小，则会加大单位资金的筹资成本。另外短期筹资券一般不能提前偿还，即使企业资金比较充裕，也要到期才能还款。③发行短期筹资券的条件比较严格。并不是任何企业都能发行短期筹资券，必须是信誉好、实力强、效益高的企业才能发行，而一些小企业或信誉不够好的企业则不可能利用短期筹资券来筹集资金。

（四）应收账款转让筹资方式

1. 应收账款转让的含义及种类

应收账款转让是指企业将应收账款出让给银行等金融机构以获取资金的一种筹资方式。应收账款转让筹资数额一般为应收账款扣减以下项目后的余额：一是允许客户在付款时扣除的现金折扣，二是贷款机构扣除的准备金、利息费和手续费。其中准备金是指因在应收账款收回过程中可能发生销货退回和折让等而保留的扣存款。

应收账款转让按是否具有追索权可分为附加追索权的应收账款转让和不附加追索权的应收账款转让。

其中，附加追索权的应收账款转让是指企业将应收账款转让给银行等金融机构，在有关应收账款到期无法从债务人处收回时，银行等金融机构有权向转让应收账款的企业追偿，或按照协议规定，企业有义务按照约定从金融机构回购部分应收账款，应收账款的坏账风险由企业承担；不附加追索权的应收账款转让是指企业将应收账款转让给银行等金融机构，在有关应收账款到期无法从债务人处收回时，银行等金融机构不能向转让应收账款的企业追偿，应收账款的坏账风险由银行承担。

2. 应收账款转让筹资的优缺点

（1）应收账款转让筹资的优点：①及时回笼资金，避免企业因赊销造成的现金流量不足。通过应收账款转让筹资，企业可以及时地收回销售商品和提供劳务的资金，增加现金流，缓解因应收账款带来的资金紧张程度，从而避免企业因赊销造成的现金流量不足的问题。②节省收账成本，降低坏账损失风险，有利于改善企业的财务状况、提高资产的流动性。应收账款转让时，银行等金融机构均要掌握购货方的资信情况，而银行等金融机构只对有相当资信度的应收账款提供资金。所以，应收账款转让在一定程度上保证了账款的安全，防止了坏账的发生。

（2）应收账款转让筹资的缺点：①限制条件较多。应收账款转让时，贷款机构对转让的应收账款和转让应收账款的公司都有一定的条件限制，不符合条件的，不接受转让。②筹资成本较高。应收账款转让筹资的手续费和利息都很高，从而增加了企业的筹资成本。

（五）长期借款筹资方式

我国目前各金融机构的长期借款筹资方式主要有以下几种。

（1）按照用途，分为基本建设贷款、更新改造贷款、科技开发贷款和新产品试制贷款等。

（2）按有无担保，分为信用贷款和抵押贷款。

1. 长期借款筹资方式的程序

企业向金融机构借款，通常要经过以下步骤。

（1）企业提出申请。企业申请借款必须符合贷款原则和条件，填写包括借款金额、借款用途、偿还能力以及还款方式等主要内容的《借款申请书》，并提供以下资料：一是借款人及保证人的基本情况；二是财政部门或会计师事务所核准的上年度财务报告；三是原有的不合理借款的纠正情况；四是抵押物清单及同意抵押的证明，保证人拟同意保证的有关证明文件；五是项目建议书和可行性报告；六是贷款银行认为需要提交的其他资料。

（2）金融机构进行审批。银行接到企业的申请后，要对企业的申请进行审查，以决定是否对企业提供贷款。这一般包括以下几个方面：一是对借款人的信用等级进行评估；二是进行相关调查，贷款人受理借款人的申请后，应当对借款人的信用及借款的合法性、安全性和盈利性等情况进行调查，核实抵押、保证人情况，测定贷款的风险；三是贷款审批。

（3）签订借款合同。借款合同是规定借贷各方权利和义务的契约，其内容分基本条款和限制条款，限制条款又有一般性限制条款、例行性限制条款和特殊性限制条款之分。

基本条款是借款合同必须具备的条款。限制条款是为了降低贷款机构的贷款风险而对借款企业提出的限制条件，它不是借款合同的必备条款。限制条款中，一般性限制条款最为常见，例行性限制条款次之，特殊性限制条款比较少见。借款合同的基本条款包括：借款种类、借款用途、借款金额、借款利率、借款期限，还款资金来源及还款方式、保证条款、违约责任等。

借款合同的一般性限制条款通常包括：对企业流动资金保持量的规定，对企业支付现金股利的限制，对企业资本性支出规模的限制，对企业借入其他长期债务的限制。

借款合同的例行性限制条款一般包括：企业定期向贷款机构报送财务报表，企业不准在正常情况下出售大量资产，企业要及时偿付到期债务，禁止企业贴现应收票据或转让应收账款，禁止以资产作其他承诺的担保或抵押等。

借款合同的特殊性限制条款一般包括：贷款专款专用，要求企业主要领导购买人身保险，要求企业主要领导在合同有效期内担任领导职务等。

（4）企业取得借款。双方签订借款合同后，贷款银行按合同的规定按期发放贷款，企业便可取得相应的资金。

贷款人不按合同约定按期发放贷款的，应偿付违约金。借款人不按合同的约定用款的，也应偿付违约金。

（5）企业偿还借款。企业应按借款合同的规定按时足额归还借款本息。如果企业不能按期归还借款，应在借款到期之前，向银行申请贷款展期，但是否展期，由贷款银行根据具体情况决定。

2. 长期借款筹资方式的优缺点

（1）长期借款筹资方式的优点：①筹资速度快。发行各种证券筹集长期资金所需时间一般较长。证券发行的准备工作以及证券的发行都需要一定时间。而向银行借款与发行证券相比，一般所需时间较短，可以迅速地获取资金。②借款弹性大。企业与银行可以直接接触，可通过直接商谈来确定借款的时间、数量和利息。在借款期间，如果企业情况发生了变化，也可与银行进行协商，修改借款的数量和条件。借款到期后，如有正当理由，还可延期归还。③借款成本较低。就目前我国情况来看，利用银行借款所支付的利息比发行债券所支付的利息低。另外，也无须支付大量的发行费用。④可以发挥财务杠杆的作用。不论企业赚钱多少，银行只按借款合同收取利息，在投资利润率大于借款利率的情况下，企业所有者将会因财务杠杆的作用而得到更多的收益。

（2）长期借款筹资方式的缺点：①筹资风险较高。企业举借长期借款，必须定期还本付息，在经营不力的情况下，可能会产生不能偿付的风险，甚至会导致破产。②限制条件较多。企业与银行签订的借款合同中，一般都有一些限制条款，如定期报送有关报表、不准改变借款用途等，这些条款可能会限制企业的经营活动。③筹资数量有限。银行一般不愿借出巨额的长期借款。因此，利用银行借款筹资都有一定的上限。

（六）发行债券筹资方式

债券按不同的标准进行分类，主要的分类方式如下。

（1）按债券是否记名分类。按债券是否记名，可分为记名债券和不记名债券。记名债券，是指在券面上注明债权人姓名或名称，同时在发行公司的债权人名册上进行登记的债券。无记名债券，是指债券券面未注明债权人姓名或名称，也不用在债权人名册上登记债权人姓名或名称的债券。

（2）按债券能否转换为公司股票分类。按债券能否转换为公司股票，可分为可转换债券和不可转换债券。可转换债券，是指在一定时期内，可以按规定的价格或一定比例，由持有人自由地选择转换为普通股的债券。不可转换债券，是指不可以转换为普通股的债券。

（3）按有无特定的财产担保分类。按有无特定的财产担保，可分为信用债券和抵押债券。信用债券，是指仅凭债券发行者的信用发行的、没有抵押品作抵押或担保人作担保的债券。抵押债券，是指以一定抵押品作抵押而发行的债券。抵押债券按抵押物品的不同，又可分为不动产抵押债券、设备抵押债券和证券信托债券。

1. 债券筹资方式的发行与还本付息

（1）债券的发行条件。我国发行公司债券，必须符合《中华人民共和国公司法》《中华人民共和国证券法》规定的有关条件。

（2）债券的发行程序。债券发行的基本程序如下：一是做出发行债券的决议；二是提出发行债券的申请；三是公告债券募集方法；四是委托证券机构发售；五是交付债券，收缴债券款，登记债券存根簿。

（3）债券的还本付息。

①债券的偿还。债券偿还时间按其实际发生与规定的到期日之间的关系，分为到期偿还、提前偿还与滞后偿还三类：a. 到期偿还。到期偿还，是指当债券到期后还清债券所载明的义务，又包括分批偿还和一次偿还两种。b. 提前偿还。又称提前赎回或收回，是指在债券尚未到期之前就予以偿还。只有在企业发行债券的契约中明确规定了有关允许提前偿还的条款，企业才可以进行此项操作。提前偿还所支付的价格通常要高于债券的面值，并随到期日的临近而逐渐下降。具有提前偿还条款的债券可使企业筹资有较大的弹性。当企业资金有结余时，可提前赎回债券；当预测利率下降时，也可提前赎回债券，而后以较低的利率来发行新债券。c. 滞后偿还。债券在到期日之后偿还叫滞后偿还。这种偿还条款一般在发行时便订立，主要是给予持有人以延长持有债券的选择权。滞后偿还有转期和转换两种形式。

　　赎回有三种形式，即强制性赎回、选择性赎回和通知赎回。强制性赎回，是指要保证公司拥有一定的现款来减少其固定负债，从而在减少利息支付时，能够提前还债。强制性赎回有偿债基金和赎债基金两种形式。

　　偿债基金主要是为分期偿还未到期债券而设。它要求发行人在债券到期前陆续偿还债务，因而缩短了债务的有效期限，同时分散了还本付息的压力，这样，在某种程度上减少了违约的风险。但另一方面，在市场看好时（如市场价格高于面值），强制性赎回使投资人遭受损失，举债公司要给予补偿，通常的办法是提高赎回价格。赎债基金同样是举债人为提前偿还债券设立的基金，与偿还基金不同的是，赎债基金是债券持有人强制举债公司收回债券。赎债基金只能从二级市场上购回自己的债券，其主要任务是支持自己的债券在二级市场上的价格。

　　选择性赎回，是指举债公司有选择地在债券到期前赎回全部或部分债权的权利。选择性赎回的利息率略高于其他同类债券。

　　通知赎回，是指举债公司在到期日前准备赎回债券时，要提前一段时间向债券持有人发出赎债通知，告知赎回债券的日期和条件。债券持有人有权将债券在通知赎回日期之前售回举债公司，债券持有人的这种权利称为提前赎回优先权。通知赎回中，债券持有人还有一种提前售回选择权，指债券持有人有权选择在债券到期前某一个或某几个指定日期，按指定价格把债券售回举债公司，这和选择性赎回的选择主体正好相反。

　　转期，指将较早到期的债券换成到期日较晚的债券，实际上是将债券的期限延长。常有两种方法：一是直接以新债券兑换旧债券，二是用发行新债券得到的资金来赎回旧债券。转换，通常指股份有限公司发行的债券可以按一定的条件转换成本公司的股票。

　　②债券的付息。债券的付息主要表现在利息率的确定、付息频率和付息方式三个方面。利息率的确定有固定利率和浮动利率两种形式。债券付息频率主要有按年付息、按半年付息、按季付息、按月付息和一次性付息（利随本清、贴现发行）五种。付息方式有两种：一种是采取现金、支票或汇款的方式，另一种是采用息票债券的方式。

2. 债券筹资方式的优缺点

(1) 债券筹资方式的优点：①资金成本低。利用债券筹资的成本要比股票筹资的成本低。这主要是因为债券的发行费用较低，债券利息在税前支付，部分利息由政府负担。②保证控制权。债券持有人无权干涉企业的管理事务，如果现有股东担心控制权被稀释，则可采用债券筹资。③可以发挥财务杠杆作用。债券利息负担固定，在企业投资效益良好的情况下，更多的收益可用于分配给股东，增加财富，或留归企业以扩大经营。

(2) 债券筹资方式的缺点：①筹资风险高。债券有固定的到期日，并定期支付利息。利用债券筹资，要承担还本付息的义务。在企业经营不景气时，向债券持有人还本付息，会给企业带来更大的困难，甚至导致企业破产。②限制条件多。发行债券的契约书中往往有一些限制条款。这种限制比短期债务严格得多，可能会影响企业的正常发展和以后的筹资能力。③筹资额有限。利用债券筹资有一定的限度，当公司的负债比率超过一定程度后，债券筹资的成本要迅速上升，有时甚至会发行不出去。

(七) 筹资租赁筹资方式

筹资租赁包括售后租回、直接租赁和杠杆租赁三种形式。

(1) 售后租回。即根据协议，企业将某资产卖给出租人，再将其租回使用。

(2) 直接租赁。即承租人直接向出租人租入所需要的资产，并付出租金。

(3) 杠杆租赁。杠杆租赁涉及承租人、出租人和资金出借者三方当事人。从承租人的角度来看，这种租赁与其他租赁形式并无区别，同样是按合同的规定，在基本租赁期内定期支付定额租金，取得资产的使用权。

对出租人却不同，出租人只出购买资产所需的部分资金作为自己的投资；另外以该资产作为担保向资金出借者借入其余资金。因此，它既是出租人又是贷款人，同时拥有对资产的所有权，既收取租金又要偿付债务。如果出租人不能按期偿还借款，资产的所有权就要转归资金的出借者。

1. 筹资租赁筹资方式的程序

（1）选择租赁公司。

（2）办理租赁委托。

（3）签订购货协议。

（4）签订租赁合同。

（5）办理验货与投保。

（6）支付租金。

（7）处理租赁期满的设备。

2. 筹资租赁筹资方式租金的支付

（1）筹资租赁租金的构成。筹资租赁租金包括设备价款和租息两部分，租息又可分为租赁公司的筹资成本、租赁手续费等。

（2）筹资租赁租金的支付形式。租金通常采用分次支付的方式，具体类型有：①按支付间隔期的长短，可以分为年付、半年付、季付和月付等方式；②按支付时期先后，可以分为先付租金和后付租金两种；③按每期支付金额，可以分为等额支付和不等额支付两种。

3. 筹资租赁筹资方式的优缺点

（1）筹资租赁筹资方式的优点：①筹资速度快。租赁往往比借款购置设备更迅速、更灵活，因为租赁是筹资与设备购置同时进行，可以缩短设备的购进、安装时间，使企业尽快形成生产能力，有利于企业尽快占领市场，打开销路。②限制条件少。如前所述，债券和长期借款都有相当多的限制条款，虽然类似的限制在租赁公司中也有，但一般比较少。③设备淘汰风险小。当今，科学技术迅速发展，固定资产更新周期日趋缩短。企业设备陈旧过时的风险很大，利用租赁筹资可减少这一风险。这是因为筹资租赁的期限一般为资产使用年限的一定比例，不会像自己购买设备那样整个期限都要承担风险，且多数租赁协议都规定由出租人承担设备陈旧过时的风险。④财务风险小。租金在整个租期内分摊，不用到期归还大量本金。许多借款都在到期日一次偿还本金，这会给财务基础较弱的公司造成相当大的困难，有时会造成不能偿付的风险。⑤税收负担轻。租金可在税前扣除，具有抵免所得税的效用。

（2）筹资租赁筹资方式的缺点：筹资租赁筹资方式最主要的缺点就是资金成本较高。一般来说，其租金要比举借银行借款或发行债券所负担的利息高得多。在企业财务困难时，固定的租金也会构成一项较沉重的负担。

五、企业其他筹资方式

衍生工具筹资主要包括兼具股权与债务特性的混合融资和其他衍生工具融资。我国上市公司目前最常见的主要有可转换债券、认股权证。

（一）可转换债券筹资方式

可转换债券是一种混合型证券，是公司普通债券与证券期权的组合体。可转换债券的持有人在一定期限内，可以按照事先规定的价格或者转换比例，自由地选择是否转换为公司普通股。

按照转股权是否与可转换债券分离，可转换债券可以分为两类：一类是一般可转换债券，其转股权与债券不可分离，持有者直接按照债券面额和约定的转股价格，在约定的期限内将债券转换为股票；另一类是可分离交易的可转换债券，这类债券在发行时附有认股权证，是认股权证和公司债券的组合，又被称为"可分离的附认股权证的公司债"，发行上市后公司债券和认股权证各自独立流通、交易。认股权证的持有者认购股票时，需要按照认购价（行权价）出资购买股票。

1. 可转换债券筹资方式的性质

（1）证券期权性。可转换债券给予了债券持有者未来的选择权，在事先约定的期限内，投资者可以选择将债券转换为普通股票，也可以放弃转换权利，持有至债券到期还本付息。

由于可转换债券持有人具有在未来按一定的价格购买股票的权利，因此可转换债券实质上是一种未来的买入期权。

（2）资本转换性。可转换债券在正常持有期，属于债权性质；转换成股票后，属于股权性质。在债券的转换期间中，持有人没有将其转换为股票，发行企业到期必须无条件地支付本金和利息。

转换成股票后，债券持有人成为企业的股权投资者。资本双重性的转换，取决于投资者是否行权。

（3）赎回与回售。可转换债券一般都会有赎回条款，发债公司在可转换债券转换前，可以按一定条件赎回债券。通常，公司股票价格在一段时期内连续高于转股价格到某一幅度时，公司会按事先约定的价格买回未转股的可转换公司债券。同样，可转换债券一般也会有回售条款，公司股票价格在一段时期内连续低于转股价格到某一幅度时，债券持有人可按事先约定的价格将所持债券回卖给发行公司。

2. 可转换债券筹资方式的要素

可转换债券的基本要素是指构成可转换债券基本特征的必要因素，它们代表了可转换债券与一般债券的区别。

（1）标的股票。可转换债券转换期权的标的物，就是可转换成的公司股票。标的股票一般是发行公司自己的普通股票，也可以是其他公司的股票，如该公司的上市子公司的股票。

（2）票面利率。可转换债券的票面利率一般会低于普通债券的票面利率，有时甚至还低于同期银行存款利率。因为可转换债券的投资收益中，除债券的利息收益外，还附加了股票买入期权的收益部分。一个设计合理的可转换债券在大多数情况下，其股票买入期权的收益是以弥补债券利息收益的差额。

（3）转换价格。转换价格是指可转换债券在转换期间内据以转换为普通股的折算价格，即将可转换债券转换为普通股的每股普通股的价格。我国《可转换公司债券管理暂行办法》规定，上市公司发行可转换公司债券，以发行前1个月股票的平均价格为基准，上浮一定幅度作为转股价格。

（4）转换比率。转换比率是指每一份可转换债券在既定的转换价格下能转换为普通股股票的数量。在债券面值和转换价格确定的前提下，转换比率为债券面值与转换价格之商。

（5）转换期。转换期指的是可转换债券持有人能够行使转换权的有效期限。可转换债券的转换期可以与债券的期限相同，也可以短于债券的期限。

转换期间的设定通常有四种情形：债券发行日至到期日，发行日至到期前，发行后某日至到期日，发行后某日至到期前。至于选择哪种，要看公司的资本使用状况、项目情况、投资者要求等。由于转换价格高于公司发债时股价，投资者一般不会在发行后立即行使转换权。

（6）赎回条款。赎回条款是指发债公司按事先约定的价格买回未转股债券的条件规定，赎回一般发生在公司股票价格在一段时期内连续高于转股价格达到某一幅度时。

赎回条款通常包括：不可赎回期与赎回期，赎回价格（一般高于可转换债券的面值），赎回条件（分为无条件赎回和有条件赎回），等等。

发债公司在赎回债券之前，要向债券持有人发出赎回通知，要求他们在将债券转股与卖回给发债公司之间做出选择。一般情况下，投资者大多会将债券转换为普通股。可见，设置赎回条款最主要的功能是强制债券持有者积极行使转股权，因此又被称为加速条款。同时能使发债公司避免在市场利率下降后，继续向债券持有人支付较高的债券利率所蒙受的损失。

（7）回售条款。回售条款是指债券持有人有权按照事先约定的价格将债券卖回给发债公司的条件规定。回售一般发生在公司股票价格在一段时期内连续低于转股价格达到某一幅度时。

回售对于投资者而言实际上是一种卖权，有利于降低投资者的持券风险。与赎回一样，回售条款也有回售时间、回售价格和回售条件等规定。

（8）强制性转换调整条款。强制性转换调整条款是指在某些条件具备之后，债券持有人必须将可转换债券转换为股票，无权要求偿还债权本金的规定。可转换债券发行之后，其股票价格可能出现巨大波动。如果股价长期表现不佳，又没有设计回售条款，投资者就不会转股。公司可设置强制性转换调整条款，保证可转换债券顺利地转换成股票，预防投资者到期集中挤兑引发公司破产的悲剧。

3. 可转换债券筹资方式的发行条件

（1）最近3年连续盈利，且最近3年净资产收益率平均在10%以上；属于能源、原材料、基础设施类的公司可以略低，但是不得低于7%。

（2）可转换债券发行后，公司资产负债率不高于70%。

（3）累计债券余额不超过公司净资产额的 40%，可转换公司债券的发行额不少于人民币 1 亿元。

（4）上市公司发行可转换债券，还应当符合关于公开发行股票的条件。

发行分离交易的可转换公司债券，除符合公开发行证券的一般条件外，还应当符合的规定包括：公司最近一期末经审计的净资产不低于人民币 15 亿元；最近 3 个会计年度实现的年均可分配利润不少于公司债券 1 年的利息；最近 3 个会计年度经营活动产生的现金流量净额平均不少于公司债券 1 年的利息；本次发行后累计公司债券余额不超过最近一期末净资产额的 40%，预计所附认股权全部行权后募集的资金总量不超过拟发行公司债券金额等。分离交易的可转换公司债券募集说明书应当约定，上市公司改变公告的募集资金用途的，赋予债券持有人一次回售的权利。所附认股权证的行权价格应不低于公告募集说明书日前 20 个交易日公司股票均价和前 1 个交易日的均价；认股权证的存续期间不超过公司债券的期限，自发行结束之日起不少于 6 个月；募集说明书公告的权证存续期限不得调整；认股权证自发行结束至少已满 6 个月起方可行权，行权期间为存续期限届满前的一段期间，或者是存续期限内的特定交易日。

4. 可转换债券筹资方式的筹资特点

（1）筹资灵活性。可转换债券将传统的债务筹资功能和股票筹资功能结合起来，筹资性质和时间上具有灵活性。债券发行企业先以债务方式取得资金，到了债券转换期，如果股票市价较高，债券持有人将会按约定的价格转换为股票，避免了企业还本付息之负担。如果公司股票长期低迷，投资者不愿意将债券转换为股票，企业即时还本付息清偿债务，也能避免未来长期的股权资本成本负担。

（2）资本成本较低。可转换债券的利率低于同一条件下普通债券的利率，降低了公司的筹资成本。此外，在可转换债券转换为普通股时，公司无须另外支付筹资费用，又节约了股票的筹资成本。

（3）筹资效率高。可转换债券在发行时，规定的转换价格往往高于当时本公司的股票价格。如果这些债券将来都转换成了股权，这相当于在债券发行之际，就以高于当时股票市价的价格新发行了股票，以较少的股份代价筹集了更多的股权资金。因此，在公司发行新股时机不佳时，可以先发行可转换债券，以其将来变相发行普通股。

（4）存在不转换的财务压力。如果在转换期内公司股价处于恶化性的低位，持券者到期不会转股，会造成公司的集中兑付债券本金的财务压力。

（5）存在回售的财务压力。若可转换债券发行后，公司股价长期低迷，在设计有回售条款的情况下，投资者集中在一段时间内将债券回售给发行公司，加大了公司的财务支付压力。

（6）股价大幅上扬风险。如果债券转换时公司股票价格大幅上扬，公司只能以较低的固定转换价格换出股票，便会降低公司的股权筹资额。混合性资金是指既具有某些股权性资金特征又具有某些债权性资金特征的资金形式。企业常见的混合型资金包括可转换债券和认股权证。

（二）发行认股权证筹资方式

认股权证全称为"股票认购授权证"，是一种由上市公司发行的证明文件，持有人有权在一定时间内以约定价格认购该公司发行的一定数量的股票。广义的权证，是一种持有人有权于某一特定期间或到期日，按约定的价格，认购或沽出一定数量的标的资产的期权。按买或卖的不同权利，权证可分为认购权证和认沽权证，又称为"看涨权证"和"看跌权证"。

1. 认股权证筹资方式的基本性质

（1）证券期权性。认股权证本质上是一种股票期权，属于衍生金融工具，具有实现融资和股票期权激励的双重功能。但认股权证本身是一种认购普通股的期权，它没有普通股的红利收入，也没有普通股相应的投票权。

（2）认股权证是一种投资工具。投资者可以通过购买认股权证获得市场价与认购价之间的股票差价收益，因此它是一种具有内在价值的投资工具。

2. 认股权证筹资方式的种类

（1）美式认股证与欧式认股证。美式认股证，是指权证持有人在到期日前，可以随时提出履约要求，买进约定数量的标的股票。而欧式认股证，则是指权证持有人只能于到期日当天，才可买进标的股票。

无论股证属欧式或美式，投资者均可在到期日前在市场出售、转让其持有的认股权证。事实上，只有小部分权证持有人会选择行权，大部分投资者均会在到期前卖出权证。

（2）长期认股权证与短期认股权证。短期认股权证的认股期限一般在90天以内。认股权证期限超过90天的，为长期认股权证。

3. 认股权证筹资方式的优缺点

（1）认股权证筹资方式的优点：①为公司筹集额外的资金。认股权证不论是单独发行还是附带发行，大多都为发行公司筹得一笔额外资金。②促进其他筹资方式的运用。单独发行的认股权证有利于将来发售股票，附带发行的认股权证可以促进其所依附证券的发行效率。而且由于认股权证具有价值，附认股权证的债券票面利率和优先股股利率通常较低。

（2）认股权证筹资方式的缺点：①稀释普通股收益。当认股权证执行时，提供给投资者的股票是新发行的股票，而并非二级市场的股票。这样，当认股权证行使时，普通股股份增多，每股收益下降。②容易分散企业的控制权。由于认股权证通常随债券一起发售，以吸引投资者，当认股权证行使时，企业的股权结构会发生改变，稀释了原有股东的控制权。

第二节　现代企业筹资的资本结构

一、现代企业筹资资本成本和资本结构

企业从事生产经营活动必须使用资金，在市场经济条件下又不可能无偿使用资金，因此，企业除必须节约使用资金外，还必须分析、把握各种来源的资金的使用代价。

资本成本又称"资金成本"，是企业为筹集和使用长期资金而付出的代价。资本成本包括资金筹集费和资金占用费两部分。

（1）资金筹集费。资金筹集费是指企业为筹集资金而付出的代价。如向银行支付的借款手续费，向证券承销商支付的发行股票、债券的发行费等。筹资费用

通常是在筹措资金时一次支付的，在用资过程中不再发生，可视为筹资总额的一项扣除。

（2）资金占用费。资金占用费主要包括资金时间价值和投资者要考虑的投资风险报酬两部分，如向银行借款所支付的利息，发放股票的股利等。资金占用费与筹资金额的大小、资金占用时间的长短有直接联系。资本成本是在商品经济条件下，资金所有权与资金使用权分离的产物。资本成本是资金使用者对资金所有者转让资金使用权利的价值补偿，有时也以下思维方式考虑问题：投资者的期望报酬就是筹资者的资本成本。

资本成本与资金时间价值既有联系，又有区别。联系在于两者考查的对象都是资金。区别在于资本成本既包括资金时间价值，又包括投资风险价值。

资本成本是企业选择筹资来源和方式，拟订筹资方案的依据，也是评价投资项目可行性的衡量标准。

资本成本可用绝对数表示，也可用相对数表示。资本成本用绝对数表示，即资本总成本，是筹资费用和用资费用之和。由于它不能反映用资多少，故较少使用。资本成本用相对数表示，即资本成本率，是资金占用费与筹资净额的比率，一般资本成本多指资本成本率。

企业以不同方式筹集的资金所付出的代价一般是不同的。企业总的资本成本是由各项个别资本成本及资金比重所决定的。因此，对资本成本的计算必须从个别资本成本开始。

（3）资本成本的作用，资本成本对于企业筹资及投资具有重要意义。

资本成本是比较筹资方式、选择追加筹资方案的依据。这表现在：①个别资本成本是比较各种筹资方式的重要标准。企业可根据不同的长期资金来源的资本成本的高低，从中选择资本成本较低的筹资方式。②综合资本成本是企业进行资本结构决策的基本依据。企业的长期资金往往构成多种方式的筹资组合，在选择最佳筹资组合并决定企业资本结构时，最低的综合资本成本将成为决策的基本依据。③边际资本成本是企业追加筹资时的依据。通过对边际资本成本的计算，从而确定追加筹资的具体操作方案。

资本成本是评价投资项目、比较投资方案和追加投资决策的主要经济标准。

通常项目的投资报酬率只有大于其资本成本，才是经济合理的，否则投资项目就不可行。这表明，资本成本是项目投资的最低收益率，也是判断项目可行性的取舍标准。

资本成本还可作为评价企业经营成果的依据。资本成本作为投资者的收益，需要通过对资本使用者所获收益的分割来实现。如果资本使用者不能满足投资者的收益要求，资本将退出原资本使用者的经营领域而重新寻找新的资本使用者。因此，资本成本在一定程度上成为判断企业经营业绩的重要依据。企业的资本收益率大于资本成本时，表明企业经营状况良好，否则将被认为是经营不善。

（一）现代企业筹资个别资本成本

个别资本成本是指各种筹资方式所筹资金的成本。它主要包括银行借款资本成本、债券资本成本、优先股资本成本、普通股资本成本及留存收益资本成本。

（1）银行借款资本成本。银行借款资本成本包括借款利息和借款手续费用。利息费用税前支付，可起抵税作用。

（2）债券资本成本。债券资本成本包括债券利息和筹资费用。债券利息的处理与长期借款利息的处理相同，应以税后的债务成本为计算依据。债券成本与借款成本的主要差别在于：①债券的筹资费用较高，不可能忽略不计。②债券的发行价格与其面值可能存在差异，从而在计算其筹资总额时要按发行价格标准计算。

（3）优先股资本成本。公司发行优先股需要支付发行费用，且优先股的股息通常是固定的，均从税后利润中支付，不存在抵税作用。

（4）普通股资本成本。普通股成本的计算最为复杂。从理论上，公司普通股成本是股东的投资期望收益率。因此，各种实际计算方法都将以此作为计算的依据。股利增长模型法。假定资本市场有效，股票市场价格与价值相等。

（5）留存收益资本成本。一般企业都不会把盈利以股利形式全部分给股东，并且在宏观政策上也不允许这样做，因此，企业只要有盈利，总会有留存收益。

留存收益是企业的可用资金，它属于普通股股东所有，其实质是普通股股东对企业的追加投资。留存收益资本成本可参照市场利率，也可参照机会成本，更多的是参照普通股股东的期望收益，即普通股资本成本，但它不会发生筹资费用。

（二）现代企业筹资综合资本成本

在实际工作中，企业筹措资金往往同时采用几种不同的方式。综合资本成本就是指一个企业各种不同筹资方式总的平均资本成本。它是以各种资本所占的比重为权数，对各种资本成本进行加权平均计算出来的，故称"加权平均资本成本"。

综合资本成本率的计算中所用权数是按账面价值确定的。使用账面价值权数容易从资产负债表上取得数据，但当债券和股票的市价与账面值相差过多时，计算得到的综合资本成本显得不客观。

计算综合资本成本也可选择采用市场价值权数和目标价值权数。市场价值权数是指债券、股票等以当前市场价格来确定的权数，这样做比较能反映当前实际情况，但因市场价格变化不定而难以确定。目标价值权数是指债券、股票等以未来预计的目标市场价值确定的权数，但未来市场价值只能是估计的。概括地说，以上权数分别有利于了解过去、反映现在、预知未来。在计算综合资本成本时，如无特殊说明，则要求采用账面价值权数。

（三）现代企业筹资边际资本成本

边际资本成本是指资金每增加一个单位而增加的成本，当企业需要追加筹措资金时，应考虑边际资本成本的高低。企业追加筹资，只可采用某一种筹资方式，但这对保持或优化资本结构不利。当筹资数额较大，资本结构又有既定目标时，应通过边际资本成本的计算，确定最优的筹资方式的组合。

计算筹资总额的分界点（突破点）。根据目标资本结构和各种个别资本成本变化的分界点（突破点），计算筹资总额的分界点（突破点）。新筹资总额分界点是指引起某资金种类资本成本变化的分界点。如长期借款，筹资总额不超过50万元，资本成本为6%；超过50万元，资本成本就要增加到7%。那么，筹资总额约在50万元时，尽量不要超过50万元。然而要维持原有资本结构，必然要多种资金按比例同时筹集，单考虑某个别资本成本是不成立的，必须考虑综合的边际资本成本。

二、现代企业筹资中的杠杆原理

自然科学的杠杆原理是指通过杠杆的作用，用一个较小的力量产生较大的效果。财务管理中的杠杆原理，则是指由于固定费用（包括生产经营方面的固定费用和财务方面的固定费用）的存在，因而当业务量发生较小变化时，利润会产生较大变化的效果。

由于成本按习性分类是研究杠杆问题的基础，因此，以下分别说明经营杠杆、财务杠杆和复合杠杆。

（一）成本按照习性分类

所谓"成本习性"，是指成本与业务量之间的依存关系。根据成本习性对成本进行分类，对于正确地进行财务决策，有着十分重要的意义。按成本习性，可将成本划分为固定成本、变动成本和混合成本三类。

（1）固定成本。固定成本是指其成本总额在一定时期和一定业务量范围内不受业务量增减变动影响而固定不变的成本。属于固定成本的主要有折旧费、保险费、管理人员工资、办公费等。由于这些费用每年支出水平基本相同，因而产销量在一定范围内变动，不会对其产生影响。

正是因为这些成本是固定不变的，所以随着产量的增加，即意味着它将分配给更多数量的产品，也就是说单位固定成本将随产量的增加而逐渐变小。应当指出的是，固定成本总额只是在一定时期和业务量的一定范围内保持不变。这里所说的一定范围，通常为相关范围。超过了相关范围，固定成本也会发生变动。因此，固定成本必须和一定时期、一定业务量联系起来进行分析。从较长的时间来看，所有的成本都是变化的，没有绝对不变的固定成本。

（2）变动成本。变动成本是指其成本总额随着业务量增减变动成正比例增减变动的成本。直接材料、直接人工等都属于变动成本。但从产品的单位成本来看，则恰好相反，产品单位成本中的直接材料、直接人工将保持不变。与固定成本相同，变动成本也要研究"相关范围"问题。也就是说，只有在一定范围内，产量和成本才能完全呈同比例变化，即为完全的线性关系；超过了一定范围，这种关系就不存在了。

例如，当一种新产品还是小批量生产时，由于生产工人还处于不熟练阶段，直接材料和直接人工耗费可能较多，但随着产量的增加，工人对生产过程逐渐熟悉，因而可使单位产品的材料和人工费用降低。在这一阶段，变动成本不一定与产量完全呈同比例变化，而是表现为小于产量增减的幅度。在这以后，生产过程比较稳定，变动成本与产量成同比例变动，这一阶段的产量便是变动成本的相关范围。然而，当产量达到一定程度以后，再大幅增产就可能会出现一些新的不利因素，使成本的增长幅度大于产量的增长幅度。

（3）混合成本。有些成本虽然也随业务量的变动而变动，但不成同比例变动，不能简单地归入变动成本或固定成本，这类成本称为"混合成本"。混合成本按其与业务量的关系，又可分为半变动成本和半固定成本。

（4）总成本习性模型。从以上分析可知，成本按习性可分成变动成本、固定成本和混合成本三类。但混合成本又可按一定方法分解成变动成本和固定成本。

（5）边际贡献和利润。边际贡献是指销售收入总额和变动成本总额之间的差额，也称"贡献毛益"。边际利润，是指息税前利润，是销售收入扣除全部成本后的差额，它是指不扣除利息和所得税费用之前的利润。

影响息税前利润的因素包括产品售价、产品需求和产品成本等因素。当产品成本中存在固定成本时，如果其他条件不变，产销业务量的增加虽然不会改变固定成本总额，但会降低单位产品分摊的固定成本，从而提高单位产品利润，使息税前利润的增长率大于产销业务量的增长率，进而产生经营杠杆效应；当不存在固定性经营成本时，所有成本都是变动性经营成本，边际贡献等于息税前利润，此时息税前利润变动率与产销业务量的变动率完全一致。

（二）经营杠杆

在其他条件不变的情况下，虽然产销量的增加一般不会改变固定成本总额，但会降低单位固定成本，从而提高单位利润，使息税前利润的增长率大于产销量的增长率。反之，产销量的减少会提高单位固定成本，降低单位利润，使息税前利润下降率大于产销量下降率。如果不存在固定成本，所有成本都是变动的，那么，边际贡献就是息税前利润。这时，息税前利润变动率就同产销量变动率完全一致。在某一固定成本比重下，产销量变动对息税前利润产生的作用，称为"经营杠杆"。

只要企业存在固定性经营成本，就存在经营杠杆效应。但不同的产销业务量，其杠杆效应的大小程度是不一致的。测算经营杠杆效应程度，常用指标为经营杠杆系数。经营杠杆系数也称"经营杠杆率"，是指息税前利润的变动率相对于销售量变动。

导致企业出现经营风险的主要原因是市场需求和成本等因素的不确定性，经营杠杆本身并不是利润不稳定的根源。但是，产销量增加时，息税前利润将以经营杠杆系数倍数的幅度增加；而产销量减少时，息税前利润又将以经营杠杆系数倍数的幅度减少。可见，经营杠杆扩大了市场和生产等不确定因素对利润变动的影响，而且经营杠杆系数越高，利润变动越激烈，企业的经营风险就越大。因此，企业经营风险的大小和经营杠杆有着重要关系。一般来说，在其他因素不变的情况下，固定成本越高，经营杠杆系数越大，企业经营风险就越大，即在其他因素一定的情况下，固定成本越高，经济杠杆系数（DOL）就越大。同理，固定成本越高，企业经营风险也就越大。

（三）财务杠杆

不论企业的营业利润是多少，债务的利息和优先股的股利通常都是固定不变的。当息税前利润增大时，每1元盈余所负担的固定财务费用就会相对减少，这能给普通股股东带来更多的盈余；反之，当息税前利润减少时，每1元盈余所负担的固定财务费用就会相对增加，从而大幅减少普通股的债务对投资者收益的影响，称为"财务杠杆"。

如果甲、乙两公司的资金总额相等，息税前利润相等，息税前利润的增长率也相同，不同的只是资本结构。甲公司全部资金都是普通股，乙公司的资金中普通股和债券各占一半。在息税前利润增长20%的情况下，甲公司每股利润增长

20%，而乙公司却增长了33.33%，这就是财务杠杆的作用。当然，如果息税前利润下降，则乙公司每股利润的下降幅度要大于甲公司每股利润的下降幅度。

从上述分析可知，只要在企业的筹资方式中有固定财务支出的债务和优先股，就存在财务杠杆的作用。但对不同的企业，财务杠杆的作用程度是不完全一致的。因此，需要对财务杠杆进行计量。对财务杠杆进行计量的最常用指标是财务杠杆系数。所谓财务杠杆系数，也称"财务杠杆率"（DFL），是指普通股每股利润的变动率相对于息税前利润变动率的倍数，因为利息费用、优先股股利固定不变，所以普通股利润的增长额应是息税前利润增长额减去所得税之后的余额。当利润增加时，乙公司每股利润的增长幅度要大于甲公司每股利润的增长幅度；而当利润减少时，乙公司每股利润的下降幅度更大。因此，公司息税前利润较多、增长幅度较大时，适当地利用负债性资金，发挥财务杠杆的作用，可增加每股利润，使股票价格上涨，提高企业价值。

财务风险是指企业为取得财务杠杆利益而利用负债资金时，增加了破产机会或普通股利润大幅变动的机会所带来的风险。企业为取得财务杠杆利益，就要增加负债，一旦企业息税前利润下降，不足以补偿固定利息支出时，企业的每股利润就会下降得更快。若丙公司没有负债，就没有财务风险；丁公司有负债，当息税前利润比计划减少时，就有了比较大的财务风险，如果不能及时扭亏为盈，则可能会导致企业破产。

（四）复合杠杆

由于存在固定的生产经营成本，会产生经营杠杆效应，即销售量的增长会引起息税前利润以更大的幅度增长。由于存在固定的财务成本（债务利息和优先股股利）会产生财务杠杆效应，即息税前利润的增长会引起普通股每股利润以更大的幅度增长大于一个企业会同时存在固定的生产经营成本和固定的财务成本，那么，两种杠杆效应会共同发生，会有连锁效应，形成销售量的变动使普通股每股利润以更大幅度变动。综合杠杆效应就是经营杠杆和财务杠杆的综合效应。

只要企业同时存在固定的生产经营成本和固定的利息费用等财务支出，就会存在复合杠杆的作用。但就不同企业而言，复合杠杆作用的程度是不完全一致的，因此，需要对复合杠杆作用的程度进行计量。对复合杠杆进行计量的最常用指标是复合杠杆系数和复合杠杆度。所谓复合杠杆系数（DTL），是指每股利润变动率相当于业务量变动率的倍数。

在复合杠杆的作用下，当企业经济效益好时，每股利润会大幅上升；当企业经济效益差时，每股利润会大幅下降。企业复合杠杆系数越大，每股利润的波动幅度越大。由于复合杠杆的作用而使每股利润大幅波动造成的风险，称为"复合风险"。在其他因素不变的情况下，复合杠杆系数越大，复合风险就越大；复合杠杆系数越小，复合风险就越小。

三、现代企业筹资资本结构及其优化

资本结构是否合理会影响企业资本成本的高低、财务风险的大小以及投资者的收益。它是企业筹资决策的核心问题。企业资金来源多种多样，但总体来说可分为权益资金和债务资金，两类资本结构问题主要是负债比率问题，适度增加债务可能会降低企业资本成本，获取财务杠杆利益，也会给企业带来财务风险。

资本结构是指企业的长期资本中不同资本的比重结构。广义的资本结构是指企业全部资金中各种资金的构成及其比例关系。资本结构是企业采用不同的筹资方式筹集资金形成的。各种筹资方式不同的组合类型决定着企业的资本结构及其变化。由于短期资金数量相对少，占用数量不稳定，因此，资本结构的重点是长期资本结构，资本结构的核心问题是确定全部资金中负债资金所占的比例。

资本结构的影响因素有三个。

第一，企业所有者和经营者的态度。首先，企业所有者和经营者对控制权的态度会影响企业的资本结构。如果他们不愿分散公司控制权，则会倾向于债务筹资，提高债务资本。其次，企业所有者和经营者对风险的态度也将影响企业的资本结构。如果他们不愿承担太大的财务风险，则会倾向于减少负债，缩小债务资本的比例。

第二，企业的成长性和销售的稳定性。成长中的企业需要更多的资金。当权益资金筹集有限时，扩大筹资就意味着扩大负债规模和负债比例，负债筹资和负债经营是促进企业成长的重要方式。销售的稳定性反映了企业的经营风险情况。

销售稳定的企业，经营风险小，还本付息能力较强，可适当提高负债比例。

第三，企业的获利能力和财务状况。息税前利润是还本付息的根本来源。在总资产报酬率大于负债利息率时，利用财务杠杆能获得较高的净资产收益率；反之，在总资产报酬率小于负债利息率时，利用财务杠杆则会降低净资产收益率。由此可见，获利能力是衡量企业负债能力强弱的基本依据。由于债务要以现金来还本付息，因此，要求企业未来必须有足够的现金净流入。企业未来现金净流入量越大，财务状况越好，负债能力就越强。

资本结构决策就是要确定企业的最优资本结构。根据资本结构理论，最优资本结构是指加权平均资本成本最低、企业价值最大时的资本结构。资本结构决策的方法主要有比较资本成本法、每股收益无差别点分析法和企业价值比较法。

（1）比较资本成本法。比较资本成本法是通过计算不同筹资方案的加权平均资本成本，并从中选出加权平均资本成本最低的方案为最佳资本结构方案的方法。

（2）每股收益无差别点分析法。影响企业价值的主要因素之一是企业的盈利水平。通常情况下，能增加企业盈利、提高股东收益的资本结构是好的资本结构。每股收益无差别点分析法是通过比较每股收益进行资本结构决策的方法。在每股收益无差别点上，无论是采用债务还是股权筹资方案，每股收益都是相等的。当预期息税前利润或业务量水平大于每股收益无差别点时，应当选择财务杠杆效应较大的筹资方案，反之亦然。

（3）企业价值比较法。企业价值比较法是在充分反映企业财务风险的前提下，以企业价值的大小为标准，经过测算确定企业最佳资本结构的方法。与比较资本成本法和每股收益无差别点分析法相比，企业价值比较法充分考虑了企业的财务风险和资本成本等因素的影响进行资本结构的决策以企业价值最大为标准，更符合企业价值最大化的财务目标；但其测算原理及测算过程较为复杂，通常用于资本规模较大的上市公司。

第三节　基于云会计的现代企业筹资管理

云会计是利用云计算技术和理念，构建于互联网上，向企业提供财务核算、财务管理和财务决策服务的虚拟化会计信息系统，其以成本低、易维护、及时性强、能够实现外部协同等优势受到企业的关注。

筹资管理作为企业财务管理的首要环节，对企业后续的投资管理、生产经营、利润分配都起着至关重要的作用。云会计的发展恰好为企业筹资管理提供了良好的技术支持。那么，如何利用云会计平台获取与筹资管理相关的数据，并运用这些数据构建企业筹资管理的模型以提高企业筹资决策的效率，成为企业云会计应用中亟须解决的重要问题。

一、云会计相关理论

(一) 云会计的内涵

云会计 (Cloud Accounting) 可简单理解为云计算加会计的结合体，是一种基于云计算下的会计衍生物。企业可以利用它处理企业的会计实务，并且能够更高效地完成作业。以下从两个方面来介绍云会计的内涵。

(1) 云会计服务商。云会计服务商所做的就是对于计算机硬件的维护和升级来保证云会计服务能够正常高效地运行，就是对于一切的云会计服务活动提供技术支持。

(2) 用户。用户可以通过登录互联网获取会计信息，并且把处理的信息都存储在云端，并不需要为了购买专门的存储工具进行保存或者备份，而且可以直接从云数据库中得出一些分析报告和结论，不但提高了自身的工作效率，还极大地降低了成本。

(二) 云会计的基本结构

根据云会计的服务模式，我们把云会计的基本结构分为：用户、网络和云会计三个环节，其中云会计根据不同类型的服务模式可以细分为：IaaS、HaaS、DaaS、PaaS 和 SaaS。

（1）IaaS（基础设施即服务）即将计算机基础设施（通常是虚拟化的）作为一种服务方式，消费者通过 Internet 可以从完善的计算机基础设施中获得服务。

（2）HaaS（硬件即服务）是指在服务器上安装虚拟机，工作人员根据各个虚拟机上的状态来调动，以期最大限度地满足各个用户的需求，来达到资源利用最大化的目的。

（3）DaaS（数据即服务）是指将与数据相关的服务集中化布置，把数据集中管理从而把它们输送到不同需求的用户手里，以达到高效快速地传递资源的目的，保证服务的质量和效率。

（4）PaaS（平台即服务）把服务器平台作为一种服务提供的商业模式，PaaS 是由专门的平台服务提供商搭建和运营该基础平台，并把该平台提供给应用系统运营商应用，应用系统运营商通过付费方式获得平台的服务功能。PaaS 运营商不仅能够提供简单基础的平台服务，而且包括针对该平台的技术支持服务，甚至针对该平台的应用系统开发进行优化和升级的服务。

（5）SaaS（软件即服务）是基于互联网提供软件服务的软件应用模式，SaaS 提供商除包括为企业提供软硬件建设之外，还包括对企业提供后期的维护升级以及平台运作管理的工作，保证企业的系统平台运作的稳定性。

（三）云会计发展和改进

云会计始于 21 世纪初，虽然目前云会计服务还存在不安全、不可靠、侵犯隐私、数据移植性较弱、法律规范缺失、功能单一等一系列问题，并且在我国会计在线使用率比较低，但因云会计服务模式具有低成本、高效率、高度可拓展性等优点，必将会成为会计信息化发展的趋势。

会计数据统一存储在云系统中，一方面国家可以根据这个数据的汇总整理得出整个经济市场的信息，并且可以根据市场信息制定出符合市场规律的政策和法律，保证市场持续有效的发展。但是另一方面，这些数据信息一旦泄露，或者被一些不法分子拿去使用的话，就会对市场甚至国家的经济造成威胁，影响到国家的经济命脉，后果将会非常严重。

政府和各界人士应当一边提高对云会计的认识和了解，一边合理恰当地对云会计进行应用，并且随着云技术的发展和升级，我们一定会慢慢克服困难，共同迎接云会计时代的到来。

（1）政府应加大对云会计的扶持。政府应当大力支持云会计产业的发展，对于云会计这种新兴技术应该大力扶持和培养，设立相关专业，大力培养云技术方面的人才，在技术设备上要加大资金的投入，并且鼓励企业对于云会计的应用，普及他们对云会计的了解。针对云会计的安全性政府应当让相关安全部门介入，与云会计服务商一同研究制定安全防护的方法，提高云会计使用的安全性，解决好云会计的安全问题。

政府应加大对云会计服务商的监管力度，对不符合规定的云会计服务商进行大力打击，定期审查云会计服务商的资质，对于不符合规定的一律严惩。对于符合规定并且实力雄厚的云会计服务商进行财政支持，鼓励他们好好发展，为将来的中国云会计产业贡献一份力量。

（2）云会计服务商需不断提升自身的实力。云会计服务商应该关注企业云会计软件的安全性，为企业用户的安全考虑，去提供更加安全、可靠的云会计软件，对于其中的漏洞和不完善的部分进行及时的修改，保证企业用户使用数据的安全性，做到万无一失，防止不同企业之间的数据混淆。

云会计服务商应在传统会计软件的基础之上加大投入力度，力争做好云会计软件的各个版本的兼容，使云会计软件不会受一些其他软件的影响，保证系统能够稳定、高效地运作。不断完善其开发的云会计软件的性能，以满足各个企业对于云会计服务的需要。

云会计服务商应重视云会计信息系统的可拓展性，因为将来企业发展多元化，可能要接触更多新型的业务，增加更多的拓展性，来满足企业将来各种的业务需求；增加各种业务模块满足各种业务的形式，实现信息的实时交互，极大提高企业的工作效率。同时，应响应国家政策的号召，大力发展自身以及积极与国外云会计软件方面的权威进行合作，在提升自己的能力的同时，也要争取在国际地位上得到认可，加大宣传力度，在世界范围增加更多的云会计使用者。

（3）企业积极做好应对准备。企业应当根据自身情况，恰当合理地使用云会计软件，根据各类信息的重要性分门别类地存储在云会计终端上，根据是否适合企业自身发展进行使用。并且要遵照政府规定的正规安全标准进行注册使用。企业内部应建立信息安全管理体系，加强员工对于会计信息的安全防范意识，建立授权审批制度，规范化操作保证万无一失。

企业在选择云会计服务商时要综合考虑，不仅是从行业规模和系统安全上考虑，还要考虑后期维护和品牌影响，以及兼容性问题。对于不同的企业有不同的选择，针对不同的情况选择不同的云会计服务商，企业的云会计系统应当和税务、银行、审计、ERP 等系统链接，并不断深入融合，最终向云计算方向的全面预算管理系统发展。并且企业要大力引进云技术方面的复合型人才，才能让云会计在企业中发挥出更好的作用。

总之，云会计将来会成为企业现代化管理的主流模式，但是要依靠政府、云会计服务商和企业自身这三大方面不断努力推进，才能保证整个云会计产业健康苗壮的发展。

二、云会计的优势

云会计的意义在于解放人力成本，通过会计信息化把企业的会计任务进行外包，让企业集中更多的精力发展主营业务，从而提高企业的竞争优势。

（1）投资低廉。首先企业使用了云会计之后，人力成本方面将会大大节省，因为各个系统的会计数据都统一交由云系统管理和整合，减少了大量的会计人力。其次在软件成本上也比购买会计软件系统更划算，由一个云系统就可以全部处理好，节省了会计部门在会计软件上的支出。最后在硬件方面的成本也是相对降低了，只需提供网络服务和终端设备，省去了 IT 人员的成本和设备的维护升级成本。这三个方面都充分说明了云会计在成本上的优势。

（2）服务专业。云会计服务商专业的服务让管理更加的方便，更加的快捷。因为服务对专业的高要求性，使得云会计的服务也更加专业，让企业以及企业服务的客户享受到更专业的服务，从而最大限度地完成会计信息化的工作。

（3）数据处理高效。云会计把所有的会计数据都统一上传到云端，由大数据库中心统一整理，不但保证了高速的效率，节省了更新数据库的成本，高效的信息数据处理是云会计的明显优势。

（4）协同控制力强。企业的会计信息主要分成两个部分：一个是直接获取的企业自身的经济活动，另一个是企业在产业群体中与其他关联方发生的会计信息。相对来讲，一个是内部的信息，另一个是外部的信息，所以保持内外部的信息协同控制显得尤为重要。

企业将来的任何会计业务都更需要接触或者利用互联网，而云会计作为会计信息的数据存储库，可以把企业发生的任何经济活动的会计信息上传至云端，一方面保证会计信息录入的时效性，另一方面方便了会计人员。企业从内部方面来说，会计部门通过云系统与各个部门相互关联，使得工作方式发生了改变，也真正让会计部门融入信息协同中来。从企业外部方面来看，合作商与自己都用互联网关联起来，保持信息的共享和交流，及时满足供求关系，使得合作关系有序进行。云会计使得企业内外部的信息协同能力大大提高，也相应提高了企业对内外的协同控制力，增强了企业的经营能力。

（5）新业务扩展能力强。会计软件的更新升级对我们来讲其实是个高成本、低效率的弊端。而我们现在利用云会计就可以很好地解决这一问题。首先，云会计设备的分布式设置和多点式存储，就可以保证我们在扩展新业务时不必担心原有会计信息丢失和服务器的崩溃。其次，由于云系统特有的云处理、云计算功能，使得用户下载安装都不用耗费大量的人力、物力，极大减少了会计人员的扩展作业。

企业可以根据自己的需求利用云会计定制自己的服务，根据自身业务的特点，增添新的扩展功能，这些都要比传统会计信息系统高效，人性化很多，借助云会计将来可以应对快速变化的市场环境。

三、云会计对现代企业筹资管理的影响

（一）云会计使筹资规模的预测更精准

预测企业的资金需要量是筹资管理的必要的基础环节。常用的筹资规模预测

方法主要有销售百分比法和线性回归分析法两种定量预测法，必要时辅助于专家会议法、德尔菲法等定性预测法。过去由于数据采集、处理、分析等技术的限制，企业对未来销售额的预测不够准确，对敏感项目的划分不够合理，故通过销售百分比法预测的资金规模也就不够精准。

同时，企业对历年的资金需求量和营业业务量之间的线性关系的假定往往不符合实际需要，导致运用线性回归分析法基于云会计的企业筹资管理不同预测出的资金需求量存在较大误差。而在运用云会计平台的情况下，企业则可以直接获取与筹资相关的结构化、半结构化、非结构化等数据，并运用大数据技术进行数据的筛选、转换和分析，为资金规模预测提供较为准确的销售、采购、盈利等信息，从而使筹资规模的预测更加精准。

（二）云会计使筹资方式的选择更合理

目前企业筹集资金的方式主要有吸收直接投资、发行股票、利用留存收益等权益筹资方式，银行借款、发行债券、融资租赁、利用商业信用等债务筹资方式以及发行可转换债券和认股权证等混合筹资方式。

其中选择哪些方式既能满足企业对资金的需求，又能达到优化资本结构、降低资本成本的目标，成为企业筹资管理中关注的重点。基于云会计平台，企业不再仅对财务数据进行分析，而是通过移动互联网、物联网等渠道收集大量数据，并进行深度挖掘、综合分析，进而充分了解到投资者的投资意向以及交易所的证券数据、银行的信贷条件、租赁公司的融资租赁条件等与筹资决策相关的信息，使筹资方式的选择更合理。

（三）云会计使筹资成本的控制更有效

（1）云会计使资本成本更低廉。企业的资本成本包括资金筹集过程中发生的筹资费和资金使用过程中发生的用资费，计算模式包括不考虑资金时间价值的一般模型和考虑资金时间价值的折现模型两种。

折现模型下需要估算债务未来还本付息或股权未来现金流量，由于受到数据分析技术的限制，这些数据的确定一定程度上依赖财务人员的主观判断，细微的差异将会影响资本成本计算结果的准确性。基于云会计平台，企业则能够收集国家的财税政策、行业因素、资本市场信息、企业自身财务状况等大量数据，并通过大数据处理技术进行数据挖掘和分析，准确预测计算资本成本需用的未来现金流量，通过调整不同筹资方式所占的权重，有效控制企业的资本成本，从而使综合资本成本更低廉。

（2）云会计使筹资风险更可控。企业的筹资风险包括经营风险和财务风险。由于固定性经营成本的存在产生了经营杠杆效应，企业可以通过调节企业的销量、价格、单位变动成本和固定成本来控制经营风险的大小。由于固定性资本成本的存在产生了财务杠杆效应，企业可通过调整利息和息税前利润来控制财务风险的大小。

而通过云会计平台，企业可收集历年的成本信息、利润指标和市场销售信息，并运用大数据技术对其进行处理和分析，根据成本习性对成本进行合理分类，准确预测企业的销量、价格、利润、成本等指标，保证经营杠杆和财务杠杆两个指标计算的精准性，并对可能存在的风险原因和后果进行分析和估算，从而使筹资风险更可控。

（3）云会计使资本结构更优化。最优资本结构是指在适度负债的情况下，同时满足企业价值最大和综合资本成本最低的资本结构。当前衡量企业最佳资本结构的方法主要有每股收益无差别点分析法和企业价值比较法。每股收益无差别点分析法需要预测不同方案下的每股收益指标，并计算出均衡点的息税前利润，这些指标的计算离不开对企业未来盈利状况的准确预测。

企业价值比较法下，无论是权益资本价值还是债务资本价值的测算都需要选择合适的折现率。基于云会计平台，企业可以获取完整的市场信息、企业信息、风险信息，通过大数据技术的处理保证对每股收益和息税前利润预测的有效性以及风险调整后的折现率获取的准确性，从而使资本结构更优化。

四、基于云会计的现代筹资管理模型的构建

根据云会计提供的服务功能，提出了基于云会计的筹资管理模型，其具体结构分为数据层、基础设施层、平台层、应用层和硬件虚拟化层，每一层都由对应

的服务构成。

（1）基于 DaaS 的数据获取。利用数据即服务（DaaS）获取的与企业筹资决策相关的数据资源较为广泛，既包括企业内部 ERP 系统产生的财务状况、经营状况、成本习性、决策者的态度等结构化数据，又包括企业外部的财税政策、资本市场、行业因素、中介机构等半结构化、非结构化数据。

数据获取模块可借助物联网技术，通过图像扫描、条码识别、传感器收集等方式获取与筹资决策相关的大量数据，并通过数据传输模块传递到数据处理平台。

（2）基于 IaaS 的数据处理。利用基础设施即服务（IaaS）来构建云会计的数据处理平台，该平台将数据层获取的数据运用 ETL 工具抽取、转载、加载到多个数据仓库中，并借助 Hadoop、HPCC、Storm、Apache Drill、Rapid Miner、Pentaho BI 等大数据处理技术对各类结构化、半结构化、非结构化数据进行分析处理，最终存储于企业的 DBMS、File、HDFS、No SQL 等数据中心。

（3）基于 PaaS 的数据分析。利用平台即服务（PaaS）来构建云会计的数据分析平台。该平台借助层次分析、TOPSIS 法、贝叶斯分析等数据分析方法和关联规则挖掘、决策树、人工神经网络等数据挖掘方法，将经过处理后的标准数据进行筛选、转换，从而分析出与预测筹资规模、选择筹资方式、控制筹资成本相关的信息。

（4）基于 SaaS 的筹资决策。利用软件即服务（SaaS）来构建云会计的各类应用系统，具体包括筹资规模预测系统、筹资方式选择系统、筹资成本控制系统。

预测筹资规模。企业预测筹资规模时需先测算留存收益、自然融资等企业内部融资需求量，再预测企业外部融资需求量。首先，依据数据分析平台分析出的企业未来的销量、价格、销售净利率、留存收益率等指标，计算出企业新增留存收益金额。其次，按照分析出的企业未来的采购量、价格、付款方式、敏感负债占销售额的百分比，测算出新增的自然性融资金额。最后，根据测算的企业资金总需求量减去留存收益和自然融资提供的资金需求量，得出企业外部的融资需求量。

选择筹资方式。企业的筹资方式包括权益筹资、债务筹资和混合性筹资三种方式。企业在选择具体筹资方式时需综合考虑各方面因素，其中包括：依据数据分析平台提供的信息，判断投资者的投资意向和投入资产的估价信息，为能否选择吸收直接投资提供参考。根据股票、债券等证券数据和企业的盈利指标、股利分配方案，判断能否发行普通股、优先股、企业债券。对不同银行的信贷条件进行对比分析，为银行借款方式的选择提供依据。对不同公司的融资租赁条件进行比较分析，为融资租赁方式的选择提供依据。

控制筹资成本。企业对筹资成本的控制需做到资本成本最低化、资本结构最优化、筹资风险最小化。在筹资成本控制系统中，企业可根据筹资费、用资费、现金流量等信息，分别计算个别资本成本来比较不同筹资方式的优劣，计算加权平均资本成本来衡量资本结构是否合理，计算边际资本成本来判断是否需要追加筹资。根据每股收益、折现率、企业价值等信息，运用每股收益无差别点法和企业价值分析法来选择不同的筹资方式，以确保企业达到最佳资本结构状态。通过对经营杠杆和财务杠杆的分析计算，判断企业的经营风险和财务风险大小，适时调整销量、价格、成本、利息等指标，力求降低企业的筹资风险。

（5）基于 HaaS 的服务器集群。利用硬件即服务（HaaS）来构建具备有效弹性计算能力的服务器集群，为基于云会计的企业筹资管理系统提供硬件保障。该服务器集群包括数据层的数据获取模块和数据传输模块，基础设施层的数据处理模块和数据存储模块，平台层的数据分析模块和数据挖掘模块，应用层的筹资规模预测模块、筹资方式选择模块和筹资成本控制模块。

第四节　大数据背景下的企业投资决策管理

一、大数据环境对企业投资决策的影响

企业的投资活动分为国内投资和外商投资，目前国内投资是我国企业投资的主要类型，包括扩大现有产品的再生产、新产品的测试等，外商投资主要采取参

股、控股和合资等直接投资形式，只有少数企业会采用间接投资的方式买卖股票或债券。无论是外资还是内资，企业都非常重视市场调研在评估投资决策中的作用。大多数企业的市场份额有限，不能像大型跨国集团那样把握机遇，更多的是被机遇所驱动。企业开展生产经营活动的主要目的就是获得经济效益，因而在市场调研的过程中会更加注重市场中项目投资的主要发展趋势。如何做好项目投资的前期调研和预测，为投资者作出决策提供有效的数据信息非常重要。传统的市场研究是手工记录，计算过程复杂，效率不高，占用时间较长，而大数据技术的应用，不仅解决了人工收集分析的困难，还把数据分析的范围进行了延展。

传统的企业决策方法主要有市场调研、电话咨询、电子邮件沟通等，需要大量的人力和物力支持，也需要很多资金投入。企业本身在投资管理方面的人才很少，有时他们需要在公司外聘专业投资经理，帮助他们收集和分析决策信息。这样无疑增加了企业的投资决策成本。如果公司根据需求使用大数据平台，并模拟不同场景下的数据分析，制订不同的可行性方案，就可能大大节约决策成本、人力成本和物力成本。

（一）大数据环境对企业投资决策的有利影响

1. 降低投资决策风险

在当今大数据背景下，各个企业在进行投资决策时有效应用大数据资源、大数据技术，能规避投资决策风险，并做出更加高效、安全的投资行为。

例如，在投资决策的初期规划阶段，行业市场中海量的大数据能为企业提供更加详细的项目认知依据，企业在广泛采集与深度分析大数据之后，能多角度、全面地了解、评估投资项目的回报周期、回报规模、经营前景等，从而确定该项目是否符合自身的投资条件和投资需求，并制定更正确的投资决策。再如，在已投资项目的运营阶段，企业也可依托大数据技术，动态、及时地采集项目的成本投入、市场反馈、政策变化等相关信息，并分析当前情况是否与初期的决策规划相符合。若相符，可按照预设投资方案继续执行，反之则需要及时采取措施进行投资行为的调整或撤出，以达到及时止损、趋利避害的目的。

2. 提高投资效益

在大数据时代背景下，各个企业都建立了量化投资模型，以此来帮助决策人员处理大量数据，从而节省决策人员的时间。这些可以确保决策人员在短时间内对投资结果产生影响的因素进行全面分析，主要包括经济周期、市场、盈利情况、心理因素等，根据投资模型分析得出的结果做出项目选择，有效提高了投资效率。

（二）大数据环境对企业投资决策的不利影响

随着数字技术的广泛运用，信息共享平台已经覆盖了很多业务领域，海量信息的涌入为我们创造了很多投资发展机会，但是也增加了很多无法确定的风险，主要表现在以下六方面。

1. 投资环境更加复杂

企业投资环境普遍存在复杂性和多变性。这些变化和复杂主要体现在市场整体运营环境、政府出台相关政策、资源因素、法律法规的限制等多方面。

不同投资环境都有其要求和特征，对于企业来说，这些信息相对复杂多变，再加上一些环境因素的影响，其时效性较强，因此部分企业无法及时掌握相关信息。例如，有些业务领域已经对"热钱"进行限制，增加准入条件，但是一些中小企业无法及时得到这些信息，未及时采取补救措施，丧失了市场先导机会。

2. 阻碍企业的发展

信息化是现阶段社会和企业共同的发展方向和趋势，信息化技术的应用是以网络信息技术为基础的。从企业的角度来说，如果企业在应用大数据的过程中没有做好信息的核对和整合工作，就会导致企业接收的信息不对等，从而给企业制定各种投资决策提供错误的信息，影响企业决策的科学性和合理性，进而阻碍企业的发展。而这种不利影响在缺少资源整合能力和资金投入的中小型企业中比较常见。

3. 投资决策缺乏科学性

企业的投资决策工作关系到企业的经济发展命脉，投资决策需要确保科学性才能够在保证实现企业投资资金使用价值的同时，促进企业的健康发展。

在大数据时代背景下，企业的投资决策不仅需要以科学的信息数据作为支撑，还需要拥有高质量专业人才的战略眼光和决策能力，才能够保证投资决策的科学性，然而现阶段我国的大部分企业普遍缺少与大数据技术应用相匹配的专业人才，这样不仅会影响企业投资决策的科学性，还会给企业造成比较严重的经济损失。

4. 缺少市场竞争力

大数据技术的应用在改善企业投资经营管理模式的同时，也对企业在市场中的核心竞争力发展提出了更高的要求。

在大数据时代背景下，无论是信息传播的速度还是市场的复杂变化情况，都要求企业具有更高的反应能力才能够抓住投资时机，为企业提高市场竞争力谋求更多的机会。一些企业在发展过程中没有抓住良好的投资和发展机遇，就会在缺少市场竞争力的同时，阻碍企业自身的发展。

5. 增大企业承受的经营风险

经营风险是企业在开展经营活动过程中不可避免会存在的问题，在大数据时代背景下，企业如果没有拥有良好的市场掌控力，并且在市场发展趋势的预测、消费者定位等方面存在问题，就会导致企业最终的投资决策存在问题，从而增大经营风险，消耗企业更多的投资成本。

6. 资金储备不足

对于大部分企业来说，融资困难是普遍现象，产品单一、投资渠道少、资金来源不多、对于资金链重视程度不够和盲目扩张导致资金供应不足，甚至是资金链断裂，严重影响了企业的发展进程。

二、大数据背景下企业投资决策的优化

在数据赋能业务的环境下，各企业都可以充分利用计算机程序，以此建立数学模型，从而对不同风险因素进行组合分析，确保企业可以在短时间内，快速甄别出潜在风险并且精确地量化分析，进一步实现对投资风险的有效控制。

除此以外，可以根据大数据分析得出的结果设立相应的预警指标和临界指标，提醒决策人员对风险进行及时预判并做出应对措施。主要有以下四个方面。

（一）　经济周期的风险控制

许多项目的风险源于投资周期长，尤其是大中型项目。许多建设项目在实际的施工过程中会受到外界经济环境和市场的变化，导致经济投入和产出不成正比。

在这种情况下，企业往往会在条件允许的情况下将其转让，以便节省时间成本，提前获得经济收入。而项目在长期的运作过程中会受到经济环境的影响而导致风险的增加，企业在对因经济周期而产生的风险进行控制的过程中不仅可以通过转让部分控制权或引入新的合作伙伴的形式来降低风险，还要对具有较高商业价值项目的整个运行过程进行实时跟进。低价介入、高价卖出是企业在应对经济周期风险时主要依据的原则，这种原则在实际的应用过程中会受到项目不同阶段的价值影响而采取不同的应对方法和控制策略。

（二）　通货膨胀投资风险控制

当通货膨胀发生时，实物投资产生的资本货物及相关金融资产将面临被投资单位实际价格下跌的风险，导致投资收益大幅下降。

例如，预测与投资项目有关的土地和房屋建筑价格的变化、原材料及其他成本的变化规律，分析不确定因素对项目的影响，并在投资中留有储备资金。通常棉花价格大幅上涨，将影响纺织企业的运作；猪肉价格上涨，将引发食品、餐饮的整体消费水平上升。因此，周期性产业投资要考虑到周边经济环境的影响，一般可以通过套期保值的控制手段来降低价格风险。

具体来讲，企业投资者在利用大数据技术掌握或预测项目相关实物资源存在价格变化的风险时，可按实物市价在期货市场中卖出相应数量的期货合约。其后，若实物资源的市价有所变化，相关期货价格也会随之变动，此时企业在卖出或买入实物的同时，对等量的期货合约进行买入或卖出，便可达到对冲平仓的效果，从而有效缓解价格变化的风险。

（三）适度增加融资渠道

资金链不仅是企业投资的重要保障，也是企业投资的风险源之一，因此，在投资决策的早期，首先要制订融资计划，我们必须考虑以下几方面：公司是否有稳定的现金流，投资项目能否达到预期的、可观的回报，公司能否在投资过程中增强目前潜在的融资能力。只有按照企业投融资的合理组合，才能保证企业正常有序经营，实现盈利。当然，企业也要实事求是，基于自己的能力进行合理定位，并建立符合自身条件的融资渠道，从而获取一批有竞争力、风险较低的投资项目。

（四）完善管理手段

企业应当加强投资前、投资中、投资后三个阶段的风险管控，提高对投资风险的不确定性和随机性的认识，在投资风险管理领域主动出击，通过有序管理，将风险降至可控范围，避免出现难以承受的经济损失。

通常情况下，企业需要具备较强的管理技能和经验，制定相应的目标和方向，对投资风险因素进行敏感性分析、定性和定量分析。除此之外，在对企业的风险投资进行管控的过程中，还可以依据投资影响因素变化的程度和规律来对制度的实施是否有效进行判断。

在应对一些风险问题的过程中，主要可以通过规划求解的方式来对风险进行有效的管控。分析其可能的原因，采取相应的措施加以控制，并尽一切努力改善投资前分析所获得的经济信息和市场信息，从而控制风险因素，减少其影响；与此同时，降低风险发生频率和可能造成损失的问题。

如果要对项目前景进行合理预测，就不能盲目跟风。新兴产业虽然前景广阔，但往往存在诸多不确定性，盲目追求高回报，很可能遭受巨大损失。对此，需要认真完成对合作方能力的评估，及时了解相关市场动态与国家政策。

要想在竞争激烈的市场环境中稳定发展，企业就应该对投资决策进行合理优化。尤其是在如今大数据时代背景下，对于投资相关数据的收集和整理分析尤为重要。这样不仅可以给投资决策提供充分数据基础，促进企业投资决策力提升，而且能预判投资风险，确保企业自身面对风险有足够的应对能力和措施。

第六章 大数据时代企业财务预警与风险管理

第一节 企业危机与企业舆情关系分析

一、大数据财务预警模型的企业危机管理

通过大数据财务预警模型的实证分析，发现网民情绪以及网民行为与企业财务危机具有密切的关系，网民情绪和网民行为在社交网络环境中整体表现为企业的网络舆情。随着科技的发展，企业的经营环境已经发生了巨大的变化，网络媒体作为政府、企业、公众信息发布、传播、交流的主要渠道，具有覆盖面广、传播速度快、实时交互性强等特点，网民可以更加主动和自由地传递个人情绪、与他人进行观点的交流。社会网络作为信息交流的重要平台将用户的在线社会网络（Online Social Networks，OSN）与现实社会网络（Real-life Social Networks，RSN）连接在一起。人们每天在社交网络中创造和获取大量信息，信息在社交网络中得到快速而大规模的传播，渗入到社会生活的各个方面，对现实社会产生重要的影响。越来越多的企业认识到社交网络中存在巨大的市场价值，开始借助社交网络为企业服务。与此同时，网络舆情对企业经营绩效产生了积极的、重要的影响，在这样的市场背景下，将企业网络舆情的影响纳入企业危机管理的范畴显得尤为必要。

网络舆情作为企业运行状态的实时在线信号，与企业的经营管理密不可分，舆情既是之前企业运行管理的结果，又是未来企业运行状态的原因。而且，现实中网络舆情对上市企业的作用效果颇为微妙。企业的任何突发事件与危机都可能因网络舆情被无限放大，曝光在公众视野之中，由此而引发的一系列连锁反应将会给企业带来直接的经济损失与企业形象的降低。需要引起注意的是上市企业同

样遭到舆论谴责、公众质疑后，有的公司的经营发展并不受影响，市场估值如故，甚至不畏讨伐，股价依然一路走高。网络舆情对企业的影响日益凸显，如何对网络舆情进行有效的管理是企业面临的迫切需要解决的问题。具体实践中，对企业网络舆情的活动进行准确分析是网络舆情治理和疏导的重要前提。

用户互联网技术的发展，使社会舆论环境发生了深刻的变化，当前对网络舆情的研究逐渐得到相关学者的关注和重视。具体来说，国内主要研究集中在以下三个方面：（1）网络舆情发展的一般性理论：主要研究网络舆情的概念、功能、传播途径、形态特征等理论问题。（2）网络舆情监测、预警和控制。（3）网络舆情对不同领域的影响。中国上市公司舆情中心分析了负面舆情与上市公司市值的波动。周如俊认为，新时期思想政治教育工作要研究网络舆情的特点，形成网上思想政治教育的强势。国内外在网络舆情控制方面，传统研究思路都是将非线性不规则的网络传播系统化为线性系统，以获得确定的结果。相关的技术主要包括监测、预警、应急处理等，涉及诸如话题检测与跟踪、Web信息挖掘、文本倾向性分析、基于云计算的网络舆情预警、迁移元胞自动机网络演化模型和网络事件的案例库建设和案例分析等。通常使用的控制手段主要有接种疫苗和隔离。接种疫苗的具体方法包括对非法网络传播进行事后追惩，加强网站的自我审查，用网络实名制等来约束自我的行为。隔离的具体方法是在网络中安插把关人，加强对网络传播内容的日常监控，对敏感话题进行屏蔽或删除，也有一些部门采用雇用网络水军，对信息进行大面积覆盖等。

以上这些研究成果深刻地分析了网络舆情的基本理论和监测预测以及一些相关的调控策略，但是，多数研究都把网民视为一个整体，并且大多从网络事件、网络结构、传播规律等角度进行研究，很少从线下形成网络舆情的网民个体入手，深入研究网民如何在网络上聚集形成网络舆情的机制，更没有把根源事件的发展和舆情的演化联系起来，仅着眼网络结构等传播过程中的各种影响，强调舆情应对中的各种技巧，以致忽略了舆情发展的根本动力，无法提出切实有效的网络舆情疏导策略，反而使网络舆情愈演愈烈。现实中企业网络舆情的发展是一个利益相关人的群体统一演进过程。而统一演进过程是一个很难进行实证研究的问题。

作为大数据财务预警模型指标的网民情绪以及网民行为，其在社交网络中整体表现为网络舆情。企业网络舆情具有群集特征，大数据财务预警技术可以根据舆情指标对企业危机进行预测，但由于这种影响关系并非简单的线性关系，为了能够根据这种预警来指导企业从网络舆情角度进行危机管理，应用群集动力学来明确企业危机与企业网络舆情的关系是必要且有效的。

二、企业网络舆情群集特征分析

网络上网民聚集成群会产生群集现象。群体流动动力来自网民的合力，整个群体对外界环境呈反沉默螺旋特征。

（1）群体中存在异向群集，也存在异质群集。群体中的个体运动力（包括力的大小和方向矢量）最小时，群体合力最大，反之合力最小。

（2）网民个体需求得到满足，个体动力消失，最终导致群体动力消失，同时，群体有可能提高或者降低个体的需求。

（3）企业网络舆情群集方向取决于所有作为利益相关人的网民合力。

三、网络舆情中企业利益相关人的网民特征分析

（一）外部感知

根据利益相关者理论，每个与企业相关的网民具有发现事件及感应外部环境刺激的能力，同时环境中的其他网民会对网民的感知能力产生影响。外部感知可以用下式表示：

$$S = S_0 + \theta S_{\text{feel}}$$

其中 S 表示舆情环境中网民对某事件的感受，θ 是一个系数，用来衡量其他网民影响（S_{feel}）对于该网民整体感受（S）的具体影响程度。这个系数反映了舆情环境中的其他网民如何放大或减弱个体的原始感受，S_{feel} 表示企业舆情环境中其他网民对该网民感受的影响：

$$S_{\text{feel}} = \sum_{j=1}^{n} S_j / n$$

（二）内部状态

根据马斯洛的需要层次论，人的需要产生动机，动机导致人的行动，即 Need→Motivation→Action，同样在网络舆情形成与发展过程中，每个网民的表达都源于内部动机，动机来自网民的需要，需要源自网民的感受。用 N_i 表示网民的需要，将需要分为五个层次，不同的需要层次表现为不同的内部状态，即 N_i 可以分为五个层次：

$$N_i = G(S)$$

内部状态可以表现为忍耐程度 P：

$$P = P(N_i)/t$$

其中 $P(N_i)$ 为 N_i 的减函数。

此外，用 M 表示网民动机：

$$M = H(N_i)/t$$

当实际发生的事件发展速度达不到期望速度时，随着时间的增长，个体的忍耐度会下降，动机也会下降。当忍耐度下降较快时，网民呈现"好斗"趋势，产生灌水、谩骂行为；当动机下降较快时，网民表现为放弃行为。

（三）行为产生系统

企业网络舆情中个体是自驱动的，在自身行为规则的作用下，可以对周围实体和环境的刺激做出本能的反应，产生自驱动力和期望速度，根据每一时间每一个体的外部感知和内部状态，行为产生系统为个体产生一个行为，且对内部状态进行修正。用 $F(t)$ 表示网民受力状态：

$$F(t) = a\int_0^t (M-P)\,\mathrm{d}t + \mu\int_0^t M_{fexl}\,\mathrm{d}t$$

其中 $\int_0^t M_{fexl}\,\mathrm{d}t$ 表示某时刻网民感受到的外力。

当 $F(t)>0$ 时，网民为活动状态；当 $F(t)<0$ 时，网民为沉默状态。为分析方便，假设 $\mu=0$，1，-1，分别表示外力与自驱动力无关、同向和反向的关系。可以看出，即使当内部动机为 0 时，也可能受外部影响而持续活动。

此外，网民在受力变化下会更新运动状态：

$$V(t+1)=V(t)+\Delta F(t)\omega$$

其中 $V(t)$ 表示 t 时刻网民的运动速度，$\Delta F(t)$ 表示网民的受力变化情况，ω 为一常数，表示网民加速度系数。上式刻画了网民的行为更新机制。

第二节　企业网络舆情的疏导与危机管理措施

一、企业网络舆情的疏导

企业网络舆情中，作为企业利益相关人的网民个体，经过碰撞、聚集，形成以各种观点为核心的小团体，这些小团体再相互影响，决定企业网络舆情的总体群集力的大小和方向。

在集群中各种力的熵小时，力的绝对值大，熵大时，力的绝对值小。就像船上的人有不同的目的（乌合之众），但为了暂时的一致目标聚集在一起（甚至目的不同，如小偷乘船只是为了偷钱），同样，企业舆情主体事件成了船一样的载体。舆情的发展从熵值最大到最小形成诉求，经过问题解决，产生新的争议，又从熵值最小到最大，之后经过平衡处理，熵值又发展到最小，形成新的看法。根据视野，每个网民个体只能受到网络视野内的力的影响。群体由于信息量大，视野也大。同时视野的大小对个体的决策有重要影响。一个事件解决之后，仍有需求的网民还会找其他的事件，来实现自己的舆情收益。

从上面分析可以看出，企业疏导舆情可以从个体的动力，个体受到的阻力，个体观察到的其他人参与的概率来入手，其中企业环境力场的调整是舆情得以平息的关键。

在建筑学中，对于封闭场所疏散时间和人流流量之间的关系以下数学模型将其引入舆情疏导问题中，改变其中各变量的含义。

$$T=\frac{1}{Q}[P-\sum_{i=1}^{n}\int_{0}^{Te}Q_i(t)\,\mathrm{d}t]+T_0$$

P 为事件群集合力，n 为企业各级管理部门，Q_i 表示各级管理部门积累的群集动力，Q 表示企业最高管理部门对群集力的处理平均速度，T_0 为事件开始到需要企业最高管理部门插手的时间。为验证疏导模型的有效性，对管理部门实施疏导和管理部门不参与疏导两种情况下，对上述博弈 A 的动态策略选择进行仿真。考虑现实意义，令 $A=3$，$e=1$，$C=1$（可以为其他值），在没有管理部门以动态公司治理手段参与，群集外力没有变化的情况下，仅凭舆情利益双方博弈，策略选择出现无限震荡，且振幅越来越大，无法达到均衡稳定。

如果企业管理部门有能力依靠大数据技术获取并且根据舆情相关网民的参与概率，凭借公司治理手段，对利益相关者进行动态惩罚，即惩罚力度随参与概率的大小而变化，仿真中假设 $C=2+p\times2$（可为其他形式），随着博弈次数和时间的增加，舆情参与网民采取参与的概率将逐渐收敛，稳定在纳什均衡点。

结论 1：从仿真中可以看出，企业网络舆情要疏导的是作为企业利益相关者的人群产生的群集动力，而不是单一解决某一事件，即使单一事件被解决，网民还会寻找类似事件来实现其需求，即网民在舆情博弈中表现出无限震荡现象，为实现动态惩罚平衡，企业应该重点投资舆情监测技术的发展。

结论 2：高效的疏导是实现网民博弈均衡的重要条件。无效率的地方各级管理部门将会导致集群流向高级管理部门，造成企业治理失误以及上访高级管理部门事件等，无法或者达不到期望速度的将会增大不耐烦程度，导致群体事件发生。

结论 3：上述疏导模型是舆情发生时的应急疏导方式，在舆情尚未形成时，保证网民所感受力场在一定范围内的平衡，即提高公司治理效率，增大作为企业利益相关人的网民群体的忍受度，降低其安全承受能力，是预防企业网络舆情爆发的有效途径。

二、企业危机管理的建议和措施

根据上述分析所得结论，企业根据大数据财务预警模型的预测结果，可以利用传统指标预测与引入大数据指标预测的差异选择网络舆情管理的时机。从网络舆情角度对企业进行危机管理的过程中，可以注意以下一些措施和建议。

（1）企业网络舆情在疏导过程中，作为企业利益相关人的网民最为犹豫的时点，是企业参与治理的最佳时机。群集能够使个体实现无力实现的期望。比如现实生活中存在的人车抢路现象，抢路的行人足够多，可以无视红绿灯通过马路，导致车辆无法正常通行。在网络舆情中，一些极端事件甚至出现以言代法、舆情左右法律等现象，因此在群集事件处理中，网民犹豫不决时，是群集发展最快的时期。因此在舆情处理中，可以凭借大数据技术发现治理关键时点，企业在群集犹豫不决阶段一定要果断采取合适的策略，避免舆情力场环境恶化。

（2）企业舆情疏导过程中，不能仅针对舆情本身来解决问题，靠水军等手段调整网民观点比例，不是完全有效的，只有真正解决了舆情背后的企业治理问题，使网民群体符合一定舆情力场条件时，才能切实对舆情变化产生影响。

（3）由于博弈的稳定点不一定在 0.5 的位置，可以推论企业舆论最终的演化结果不一定只有全部赞同、全部反对和赞同反对各占一半，更不能简单认为企业舆论负面信息占主要比例就代表企业的运作存在问题，或者简单认为企业舆情正面信息占主要比例就代表企业不存在危机。这个比例是和事件的群集力场变化有关，与人们的容忍度和安全承受能力有关，同时和该环境的人们所处的需求层次分布有关。所以每家企业的网络舆情对企业造成的影响无法给出统一的判断标准。赞同和反对各占一半，只是其中的特例，这个结论在舆情疏导中比 Sznajd 模型更符合实际。因此，在企业舆情疏导过程中，可以根据大数据企业财务预警模型来判断网络企业舆情的危机程度，进而判断参与管理的时机，不能片面强调网民观点的一致性。

（4）作为支持企业发展的大环境，政府应该着手提高社会中高需求层次人群所占的比例，提高公民实际就业率，增大人群对外界的容忍度，减少超出人们承受能力的事件发生，保证社会中舆情力场的稳定性，具体来说，减小贫富差距，社会管理规范化，是减少社会舆情爆发的根本方法。政府应维护和促进良好的社会环境，在日常管理中落实"有法可依，有法必依，执法必严，违法必究"，使社会舆论力场在合理范围内波动，从而企业网络舆情就会更容易趋于稳定状态。

（5）根据博弈论的理性人假设以及舆情群集动力学分析，发现舆情传播中，理性的网民更容易产生"羊群效应"和"蝴蝶效应"，对企业网络舆情的爆发起到了推波助澜作用，在舆情疏导中，尤其要对理性网民进行引导。企业要加强法制公信力，使利益相关者不需要获取群集力就使期望得以实现，做到赏罚分明。

（6）根据结论 1、结论 2、结论 3，在舆情疏导中，管理者的处理效率是舆情疏导的重要影响因素，但不一定是信息越透明越好，企业要及时传播使舆情力场平衡的信息，而如果传播的方向相反，将会使舆情发展更为激烈，这要求企业能够根据大数据技术及时了解力场变化情况，同时信息发布要得体。

（7）根据对企业网络舆情群集动力学的过程分析，发现网民群集具有斧劈效应（斧刃目标向前，斧侧目标向两侧），个体目标不完全一致，但可以通过群集实现个体的各自目标。因此解决单一事件只能暂缓危机事件发生，无法使群集现象得到根治，反而会产生蝴蝶效应。因为群集者的目标不在于某一事件的解决，而是有内在深层次目标，当另外事件发生时，群集者会转移到其他事件上去。

一些部门雇佣网络写手或者删除帖子的方法，可以对单独事件暂时起到控制效果，但长远来看，会使网民中产生更多的低层次需求，使舆情愈演愈烈。企业为实现较好的舆情疏导，应该重点发展大数据技术对舆情的监测功能，通过高效的企业治理来实现企业网络舆情博弈中的动态惩罚策略。

第三节　大数据时代企业有效全面的风险管理体系构建

过去财务核心能力包括财务决策、组织、控制和协调，如果这些能力能够超过竞争对手的话，企业就会在竞争中具有绝对的优势。但是随着时间的推移，目前企业环境的多变性和不稳定性加剧了企业之间的竞争，企业除具备上述的能力外，还需要拥有很强的识别能力以及应对风险的预知能力。因此，现在的财务风险防范胜于防治，做好财务风险的预警和控制就成为当今企业的重要处理对象。

财务风险管理者对大数据分析方法的研究应聚焦于基于大数据的商务分析，以实现商务管理中的实时性决策方法和持续学习能力。传统的数据挖掘和商务智能研究主要侧重于历史数据的分析，面对大数据的大机遇，企业需要实时地对数据进行分析处理，帮助企业获得实时商业洞察。例如，在大数据时代，企业对市场关键业绩指标（KPI）可以进行实时性的监控和预警，及时发现问题，做出最快的调整，同时构建新型财务预警机制，及时规避市场风险。企业所面对的数据范围越来越宽、数据之间的因果关系链更完整，财务管理者可以在数据分析过程中更全面地了解到公司的运行现状及可能存在的问题，及时评价公司的财务状况和经营成果，预测当前的经营模式是否可持续、潜藏哪些危机？为集团决策提供解决问题的方向和线索。

与此同时，财务管理者还要对数据的合理性、可靠性和科学性进行质量筛选，及时发现数据质量方面存在的问题，避免因采集数据质量不佳导致做出错误的选择。

一、大数据时代对财务风险理论的影响

（一）传统的财务风险及预警

公司所面临的风险主要涉及商业风险和财务风险，以及不利结果导致的损失。商业风险是由于预期商业环境可能恶化（或好转）而使公司利润或财务状况产生不确定的风险；财务风险是指公司未来的财务状况不确定而产生的利润或财富方面的风险，主要包括外汇风险、利率风险、信贷风险、负债风险、现金流风险等。一家有过量交易的公司可能是一家现金流风险较高的公司。对库存、应收款和设备的过分投资导致现金用完（现金流变成负的）或贸易应付款增加。因此，过量交易是一种与现金流风险和信贷风险有关的风险。

对风险的识别与防控无疑是企业财务管理的核心与灵魂。财务理论中有关风险的核心观点与内容应该包括如下内容。（1）财务理论中所指的"风险"主要来源于数理分析中的"风险性和不确定性"事件。虽然有时候财务理论也强调"风险性"和"不确定性"之间的差异，但是在"主观概率"的引导下，几乎把"风险性"与"不确定性"等同来看待。（2）财务理论大多关注如何"减低"企业流动性风险（偿付能力）等具体的风险。（3）在风险防范的对策方面，财务理论所提供的解决方法，一是对资本结构进行适当水平的动态调整，二是结合证券投资理念中的投资组合思想。

巴菲特认为，学术界对风险的定义存有本质错误，风险应指"损失或损害的可能性"而不是贝塔值衡量的价格波动性；用贝塔值衡量风险精确但不正确；贝塔值无法衡量企业之间内在经营风险的巨大差异。显然，这样的财务管理理论在风险与风险管理理念、内容和技术方面均存在缺陷，仅从数理角度去表达、计算以及探索风险防范。

（二）企业财务风险管理理论重构

在大数据时代，财务风险管理理论需要在多方面进行重构。

第一，财务风险概念重构。财务风险是一个多视角、多元化、多层次的综合性概念。一个现实的、理性的财务风险研究理论应该是在对风险要素、风险成因、风险现象等不同财务风险层次的理解和研究的基础上形成的。

第二，风险防控对策重构，要特别关注各类风险的组合和匹配。当经济处于低迷期，企业需要在投资导致财务危机的风险与不投资带来竞争地位的损失之间进行权衡。而当经济处于萧条期，如果企业过度强调投资带来的财务风险，那将以承受不投资导致竞争地位下降的风险为代价。因此，企业需要根据对经济环境的判断，平衡投资财务风险和投资竞争风险。

第三，风险评估系统重构。企业应降低对防范风险金融工具的依赖。大数据背景下的财务管理理论应以实用为原则，围绕如何建立更加有效的评估企业经营风险状况的预警系统进行深入探讨，良好的风险预测能力是防范风险的利器。

对企业经营风险的控制，需要企业开发基于大数据、能够进行多维度情景预测的模型。预测模型可以用于测试新产品、新兴市场、企业并购的投资风险。预测模型将预测分析学和统计建模、数据挖掘等技术结合，利用它们来评估潜在的威胁与风险，以达到控制项目风险的目的。例如，万达集团基于大数据的预测模型，既是预算管控的最佳工具，也是风险评估与预防的有效平台。

二、在信贷风险分析中的应用前景

以 2008 年美国金融危机为例，这次危机肇始于房地产抵押贷款，雷曼兄弟、房利美、房地美、美林和贝尔斯登等财团相继破产或并购，倘若事前已经建立大数据风险模型，及时对金融行业的系统性风险及其宏观压力进行测试，那么这场波及全球的金融危机或许能够避免，至少可以避免房贷风险溢出而放大多米诺骨牌效应。

倘若 2008 年以前华尔街就建立了大数据财务风险模型，雷曼兄弟等财团能正确地对客户群进行风险分析，倘若美联储和美国财政部早些时候能关注宏观经济流量和金融市场变量的风险，及早利用大数据分析技术制定金融危机预案，切断风险传递，危机就不会严重冲击全球经济。

综上所述，作为集团公司要建立风险防控机制，通过大数据风险预测模型分析诊断，及时规避市场风险，最大限度减少经济损失。

信贷风险是长期困扰商业银行的难题，无论信贷手册如何详尽，监管措施如何到位，信贷员们如何尽职仍难以规避坏账的困扰，大的违约事件仍层出不穷。准确和有价值的大数据信息为银行的信贷审批与决策提供了一个新的视角和工具管理，信贷风险的难点在于提前获得某家企业出事的预警。以前，银行重视的是信用分析，从财务报表到管理层表现，依据历史数据，从历史推测未来。自从社交媒体问世后，包括微信、微博在内的社交网站以及搜索引擎、物联网和电子商务等平台为信贷分析提供了一个新维度，将人们之间的人际关系、情绪、兴趣爱好、购物习惯等生活模式以及经历一网打尽，为银行提供非常有价值的参考信息。银行凭借这些更加准确和具有厚度的数据完成对客户的信用分析，并根据变化情况相应调整客户评级，做出风险预判。这样一来，信贷决策的依据不再是滞后历史数据和束缚手脚的条条框框，而参考的是变化中的数据。信贷管理从被动转变为主动，从消极转变为积极，信用分析方面从僵化的财务发展到对人的行为分析，大数据为信贷审批与管理开创了全新的模式。

三、运用大数据推动企业内控环境的优化

（一）通过大数据推动内控环境有机协调

企业董事会、监事会、审计部、人力资源部等组织分立，职责区分，相互制

衡，有助于内控目标的实现，但也容易产生纵向、横向的壁垒与相互协作上的障碍。而在内外部数据可得与技术可行的情况下，大数据有助于推动内控环境各环节、各层次之间的信息共享与相互透明化，从而推动内控环境内部的有机协调，提升内部控制的效果。

（二）通过大数据来准确衡量内控环境的有效性

如对企业文化的评估，是内部环境的重要环节，但企业文化又属隐性的。如果能够通过对社交网络、移动平台等大数据的整合，将员工的情绪、情感、偏好等主观因素数据化、可视化，那么这种主观性的企业文化也就变得可以测量。

（三）通过大数据来增加内控环境的弹性

如在机构设置方面，一家企业创建怎样的组织结构模式才合适，没有一个标准答案。而在基于大数据分析的企业中，企业的人工智能中枢或者计算中心有望从企业的战略目标出发，根据企业内外部竞争环境的变化，对组织机构做出因时而动的调整。

四、运用大数据提高风险评估的准确度

风险评估是企业内部控制的关键工作，及时识别、系统分析经营活动中相关的风险，合理确定风险应对策略，对于确保企业发展战略的实现，有着重要的意义。来自企业内部管理、业务运营、外部环境等方面的大数据，对于提高风险评估的准确度，会有明显的帮助。一些银行已经用大数据更加准确地度量客户的信用状况，为授信与放贷服务提供支持；又如一些保险公司也在尝试将大数据应用于精算，以得出更加准确的保险费率。以此为启发，企业可将大数据广泛运用到内部风险与外部风险评估的各个环节。如在内部风险评估上，可利用大数据对董事、监事以及其他管理人员的偏好能力等主观性因素进行更加到位的把握，从而避免管理失当的风险，也可将大数据应用于对研发风险的准确评估。在外部风险识别上，大数据对于识别政策走向、产业动向、客户行为等风险因素也会有很好的帮助。例如，招商银行是中国第六大商业银行，而天睿公司是一家处于全球领

先地位的企业级数据仓库解决方案提供商，在中国有数百家合作伙伴。天睿公司公司针对招商银行庞大客户群的海量客户数据，为其提供了智能数据分析技术服务，用于升级数据仓库管理系统。除此以外，天睿公司还监控并记录客户在 ATM 机上的操作，通过这种方法了解并分析客户的行为，能够有效预防借助 ATM 机实施的违法行为。

五、运用大数据增强控制活动的成效

（一）大数据为控制活动的智能化提供了可能

内部控制活动包括不相容职务分离控制、授权审批控制、会计系统控制、财产保护控制、预算控制、运营分析控制和绩效考评控制等。大数据可以通过以下途径增强控制活动的效果。基于各种管理软件和现代信息技术的自动化企业管理，在企业管理中早有应用。在大数据时代，海量数据种类繁多、适时性强的数据进一步为智能化企业管理提供了可能。谷歌、微软、百度等都在以大数据为基础，开发其人工智能。有研究指出，机器人当老板，员工会更听话。机器人并非万能的，但在智能化的企业内控模式下，控制活动的人为失误将得到明显的降低，内控的成效也会得到很好的提升。随着大数据在集团战略地位的日益提高，阿里巴巴集团旗下的淘宝平台开始推出多种商业大数据业务。阿里信用贷款基于采集到的海量用户数据，阿里金融数据团队设计了用户评价体系模型，该模型整合了成交数额、用户信用记录等结构化数据和用户评论等非结构化数据，加上从外部收集的银行信贷、用电量等数据，根据该评价体系，阿里金融可得出放贷与否和具体的放贷额度的精准决策，其贷款不良率仅为 0.78%。阿里通过掌握的企业交易数据，借助大数据技术自动分析判定是否给予企业贷款，全程不会出现人工干预。

（二）大数据提高了控制活动的灵活性

财务战略管理制定实施中，必须对所有的因素和管理对象进行全面的考虑，细致到企业采购、合同签订、物资验收、资源保管、资金使用、报销、报废等多方面，只有这样才能使企业财务战略管理职能得到最大限度的发挥，才能将风险降到最低。风险是企业日常运营及生产中的最大隐患，重大的财务风险直接影响着企业的生存。全面的考虑能够强化财务战略管理的风险控制功能，使企业处于良性运作中。控制活动的目的是降低风险，最终为企业发展服务，因此，关于内控活动的各项制度、大数据与企业内部控制机制与措施需要避免管理教条主义的陷阱。在控制活动全方位数据化的条件下，企业可根据对控制措施、控制技术、控制效果等各类别大数据的适时分析、实验，及时地发现问题并进行完善，从而提高管理成效。沃尔玛、家乐福、麦当劳等知名企业的一些主要门店均安装了收集运营数据的装置，用于跟踪客户互动、店内客流和预订情况，研究人员可以对菜单变化、餐厅设计以及顾问意见等对物流和销售额的影响进行建模。这些企业可以将数据与交易记录相结合，并利用大数据工具展开分析，从而在销售哪些商品、如何摆放货品，以及何时调整售价方面给出意见，此类方法已经帮助企业减少了17%的存货，同时增加了高利润自有品牌商品的比例。

（三）大数据分析本身即可作为一种重要的控制活动

大数据可以提高企业运营与管理各方面的数据化透明度，从而使得控制主体能够提高对企业各种风险与问题的识别能力，进而提高内控成效。目前，商业银行已开始逐步利用数据挖掘等相关技术进行客户价值挖掘、风险评估等方面的尝试应用。尤其是在零售电子商务业务方面，由于存在着海量数据以及客户网络行为表现信息，因此可以利用相关技术进行深度分析。通过分析所有电子商务客户的网银应用记录及交易平台的具体表现，可以将客户分为消费交易型、资金需求型以及投资进取型客户，并能够根据不同分组客户的具体表现特征，为以后的精准化产品研发、定向营销，以及动态风险监控关键指标等工作提供依据。虽然商业银行在零售业务领域存储了大量数据，但由于以往存储介质多样化、存储特征不规范等原因，数据缺失较为严重，整合存在较大难度，造成部分具有较高价值的变量无法利用。同时，大数据时代的数据包含了方方面面的属性信息，可以理解为"信息即数据"。因此，商业银行除要积累各种传统意义上的经营交易数据外，还要重视其他类型的非结构化数据积累，如网点交易记录、电子渠道交易记录、网页浏览记录、外部数据等，都应得到有效的采集、积累和应用，打造商业银行大数据技术应用的核心竞争力。

六、大数据变革了信息传递与沟通方式

信息与沟通是企业进行内部控制的生命线，如关于企业战略与目标的信息、关于风险评估与判断的信息、关于控制活动中的反馈信息等。没有这些信息的传递与沟通，预测、控制与监督的内控循环就没办法形成。企业运营中的信息与沟通，经历了从纸面报告、报表、图片等资料到计算机时代信息化平台的变迁。这一过程中企业信息的数量、传递与分析技术，得到了重大的提升。当前的大数据时代，企业在信息与沟通上又迎来了一个革命性的变化。企业把云计算应用于会计信息系统，可助推企业信息化建设，减少企业整体投入，从而降低企业会计信息化的门槛和风险。用户将各种数据通过网络保存在远端的云存储平台上，利用计算资源能更方便快捷地进行财务应用部署，动态地调整企业会计软件资源，满足企业远程报账、报告、审计和纳税功能的需要。

云计算在具体使用中还要解决会计数据隐私保护及信息安全性问题，克服用户传统观念和使用习惯，打破网络带宽传输速度的瓶颈，避免频繁的数据存取和海量的数据交换造成的数据延时和网络拥塞。为更好地配套支持企业会计准则的执行，满足信息使用者尝试分析的需求，会计司推进了可扩展商业报告语言（XBRL）的分类标准建设，使计算机能够自动识别、处理会计信息。

随着《企业内部控制基本规范》的发布，企业在实施信息化过程中，要考虑如何将各种控制过程嵌入到业务流和信息流中。为了确保和审查内部控制制度的有效执行，必须加强信息化内控的审计点设置，开展对会计信息系统及其内控制度的审计，将企业管理系统和业务执行系统融为一体，对业务处理和信息处理进行集成，使会计信息系统由部门级系统升格为企业级系统，以最终达到安全、可靠、有效地应用。会计信息化除需要建立健全的信息控制系统，保证信息系统的控制及有效执行外，还要通过审计活动审查与评价信息系统的内部控制建设及其执行情况，通过审计活动来发现信息系统本身及其控制环节的不足，以便及时改进与完善。

对于企业来说，来自 OA、ERP、物联网等内部信息化平台的大数据，来自传统互联网、移动互联网、外部物联网等的大数据，将使企业置身于一个不断膨胀的数据海洋。对于企业来说，大数据的革命可以为企业带来智能化的内部控制，也可以让管理者准确把握每一位员工的情感。大数据使企业内控进入一个全新的境界。对于很多金融服务机构来说，爆炸式增长的客户数据是一个亟待开发的资源。数据中所蕴藏的无限信息若以先进的分析技术加以利用，将转化为极具价值的洞察力，能够帮助金融企业执行实时风险管理，成为金融企业的强大保护盾，保证金融企业的正常运营。

与此同时，大数据也推动着商业智能的发展，使之进入消费智能时代。金融企业风险管理能力的重要性日渐彰显。抵押公司、零售银行、投资银行、保险公司、对冲基金和其他机构对风险管理系统和实践的改进已迫在眉睫。要提高风险管理实践，行业监管机构和金融企业管理人员需要了解最为微小的交易中涵盖的实时综合风险信息；投资银行需要知道每次衍生产品交易对总体风险的影响；而零售银行需要对信用卡、贷款、抵押等产品的客户级风险进行综合评估。这些微小信息会引发较大的数据量。金融企业可以利用大数据分析平台，实现以下分析，从而进行风险管理。(1) 自下而上的风险分析，分析 ACH 交易、信贷支付交易，以获取反映压力、违约或积极发展机会。(2) 业务联系和欺诈分析，为业务交易引入信用卡和借记卡数据，以辨别欺诈交易。(3) 跨账户参考分析，分析 ACH 交易的文本材料（工资存款、资产购买），以发现更多营销机会。(4) 事件式营销，将改变生活的事件（换工作、改变婚姻状况、置房等）视为营销机会。(5) 交易对手网络风险分析，了解证券和交易对手间的风险概况和联系。

七、大数据为企业内部监督提供了有力支撑

大数据从字面上看往往使人们仅仅关注数据规模，而忽视了数据之间的联系。在复式记账法下，每一笔凭证都有借贷双方，这就使得会计科目、会计账户、会计报表之间有着密切的钩稽关系。会计电算化的出现避免了手工记账借贷双方不平的风险，但在会计科目的使用规范、会计报表数据的质量校验等方面难有作为。对于中小型企业来说，对会计报表的数据错误进行事后更正比较容易，

但对于存在大量财务报表合并的集团企业，会计核算不规范将给财务人员带来较大的困扰。在大数据时代下，企业的核算规范和报表之间的钩稽关系将作为财务数据的校验规则纳入财务系统，对企业会计核算规范的执行和报表数据质量进行实时控制，这样就能实现企业月结报表合并的顺利执行，真正实现敏捷财务。

当前国外 SAP 公司的企业财务报表合并系统 BCS 已经能够对企业财务报表的钩稽关系进行强制检查，对于不能通过检查的报表，合并将无法继续。下属单位财务人员需要不断地去调整自己的凭证，以满足上报标准，完成月结，经过这样不断地磨合调整，集团整体的核算规范才能得到落实。但这样的方法仍然是一种事后控制，需要耗费大量的人力、精力，且公司人事变动对月结速度影响极大，如果将风险控制在做账环节则更有益于财务管理的提升。在上文提到的原始凭证"数据化"实现之后，我们可以通过对企业原始凭证种类的梳理，按照不同的业务内容对"数据化"原始凭证进行标记，财务系统会对原始凭证进行识别后，限制此类原始凭证可以使用的会计科目，从而进一步降低风险。

对企业内部控制环境、风险评估、控制活动、信息与沟通等组成要素进行监督，建立企业内控有效性或效果的评价机制，对于完善内部控制有着重要的意义。在这种内控的监督过程中，大数据至少可以提供两方面的帮助。其一，大数据有助于适时的内控监督。大数据的显著特点之一是其流数据、非结构化数据的适时性，在大数据技术下，企业可以适时采集来自内部信息化平台、互联网、物联网等渠道的大量数据信息，以此为基础，对内部控制效果的适时评价就成为可能，定期报告式监督的时效缺陷就可以得到弥补。其二，大数据还有助于全面的内控监督。大数据另一个显著特点是总体数据的可得性与可分析性，传统审计中所进行的抽样评估的缺陷，在大数据下可以得到避免。因此，基于这种技术的内部控制评价，将更为客观、全面。

八、大数据增加了企业对财务风险的预警能力

财务预警是以企业的财务会计信息为基础，通过设置并观察一些敏感性财务指标的变化，而对企业可能或将面临的财务危机实现预测预报或实时监控的财务系统。它不是企业财务管理中的一个孤立系统，而是风险控制的一种形式，与整

个企业的命运息息相关，其基本功能包括监测功能、诊断功能、控制功能和预防功能。

目前，财务危机风险预警是一个世界性的问题和难题。从 20 世纪 30 年代开始，比较有影响的财务预警方法已经有十几种，但这些方法在经济危机中能够真正预测企业财务风险的却很少。究其原因，在大多数模型中，财务指标是主要的预测依据。但财务指标往往只是财务发生危机的一种表现形式，甚至还有滞后反应性、不完全性和主观性。更为严重的是在基于财务指标预警模型建立过程中，学者们往往都假设财务数据是真实可靠的，但这种假设忽略了财务预警活动的社会学规律，为财务预警模型与现实应用的脱节埋下了伏笔。许多学者建立了结合非财务指标的模型，但所加入的能够起到作用的非财务指标都是依靠试错方法引入的，即都是在危机发生之后，才能够使指标得以确认以及引入模型，下一次经济危机的类型不同，之前建立的财务预警模型便会无法预测甚至可能发生误导。因此，靠试错引入的非财务指标具有一定的片面性，忽视了这些指标间的相互作用和相互关系，无法顾及这些指标是否对所有企业具有普遍适用性。

大数据信息比以往通过公司公告、调查、谈话等方式获得的信息更为客观和全面，而且这些信息中可以概括企业在社会网络中的嵌入性影响。在社会环境中，企业存在的基础在于相关者的认可，这些相关者包括顾客、投资者、供应链伙伴、政府等。考虑到企业的经营行为，或者企业关联方的动作都会使企业的相关者产生反应，进而影响到网络上的相关信息。因此，我们可以把所有网民看作企业分布在网络上的"传感器"，这些"传感器"有的反映企业的内部运作状态，有的反映企业所处的整体市场环境，有的反映企业相关方的运行状态等。大数据企业财务预警系统不排斥财务报告上的传统指标，相反，传统的财务指标应该属于大数据的一部分。

互联网上网民对企业的相关行为，包含了线下的人们和企业的接触而产生对企业的反应，这些反应由于人们在社会网络中角色的不同，涵盖了诸如顾客对产品的满意度、投资方的态度、政策导向等各种可能的情况。起到企业"传感器"作用的网民，由于在线下和企业有着各种各样的角色关系。这些角色和企业的相互作用会产生不同的反应，从而刺激这些角色对企业产生不同的情绪。群体的情绪通过映射到互联网，才使这些信息能够被保存下来并被我们获取，这些不同的情绪经过网络上交互过程中的聚集、排斥和融合作用，最后会产生群体智慧，这些群体智慧能反映企业的某种状态。

九、商业银行利用大数据评价电子商务风险的案例

随着互联网、移动通信技术的逐步应用，其对人们的生活、生产方式带来了强烈的冲击。电子商务、移动互联网、物联网等信息技术和商业模式的兴起，使社会数据量呈现爆炸式增长。因此，采用大数据技术，可以有效解决信息不对称等问题，合理提高交易效率，降低交易成本，并从金融交易形式和金融体系结构两个层面改造金融业，对风险管控、精细化管理、服务创新等方面具有重要意义。与21世纪初互联网刚刚起步时仅将网上银行作为渠道经营不同，当前的互联网金融具有尊重客户体验、强调交互式营销、主张平台开放等新特点，且在运作模式上更强调互联网技术与金融核心业务的深度整合，风险管理技术与客户价值挖掘技术等进一步融合。

而且，随着大数据分析思维的渐入以及技术的逐步推广，通过个人客户网络行为产生的各种活动数据，可以较好地把握客户的行为习惯以及风险偏好等特征。因此，为了在大数据浪潮中把握趋势，可采用相关技术深入挖掘相关数据，通过对客户消费行为模式以及事件关联性的分析，可以更加精确地掌握客户群体的行为模式，并据此进行零售电子商务风险评分模型设计，使其与客户之间的关系实现开放、交互和无缝接触，满足商业银行风险管理工作的精细化要求和标准，并为打造核心竞争力提供决策依据。

（一）电子商务风险评分模型的开发过程

电子商务风险评分模型的开发过程具体如下。

1. 进行相关业务数据分析和评估

此阶段是对内部电子商务企业数据和环境进行深入研究和分析，并对业务数据进行汇总检查，了解数据是否符合项目要求，并评估数据质量。

2. 基于相关建模方法进行模型设计

此阶段主要定义电子商务客户申请评分卡的目标和开发参数，如电子商务客户定义标准、排除标准，好/坏/不确定客户的定义，建模的观察窗口、表现窗口、抽样计划等。

3. 建模数据准备

此阶段根据详细的数据分析结果以及开发所需的数据，为模型开发进行数据提取和准备，主要进行业务数据及关键变量的推导、合并，生成建模样本中的每个账户的预测变量、汇总变量以及好/坏/不确定/排除标志。

4. 进行指标的细分分析

此阶段主要用来识别最优的群体细分，确定相关的建模备选变量，并在此基础上开发一系列的评分模型，使得整体评分模型体系的预测能力达到最大化。

5. 模型的确定和文档撰写

模型的确定和文档撰写包括最终模型的开发和最终标准的模型文档。在确定了建模的基础方案及各项指标参数后，将采用统计学汇总及业务讨论等方法，对进入模型的每个变量产生一份特征变量分析报告，以评价各变量的表现情况。在此基础上，总结归纳变量的表现，并采用一定的方法，将账户的风险与评分结果建立起函数关系，构建体系性的评分卡模型。

6. 进行模型的验证

此阶段分为建模样本内验证和样本外验证，同时，样本外验证又分为建模时点验证和最新时点验证两部分。验证的工作主要是进行评分卡工具在模型的区分能力、排序能力和稳定性方面的评估工作。

（二）构建特征变量库并进行模型框架设计

此阶段的主要工作如下。

第一，创建申请及企业信息数据集（备选变量库）。根据相关业务特征及风险管理的实践，大致可以从个人特征类变量、网络行为类变量、交易行为类变量、合同类变量、征信类变量等进行相关备选变量的构建和组合。

第二，利用决策树模型，进行客户群组细分。通过上述备选特征变量，利用决策树模型，最终将客户划分为投资进取型、个人消费交易型和小微企业资金需求型客户。其中，投资进取型主要为理财类、贵金属外汇等产品交易类客户，其更多的是利用电子商务平台和网络银行渠道进行投资活动，而对信贷资金的需求较小。个人消费交易型主要为信用卡消费、网上商城消费的个人消费者和汽车贷款、消费分期等个人消费类贷款网上申请客户。小微企业资金需求型主要为 B2B 和 B2C 类的小微企业客户。

第三，进行各客户群组特征变量的分析和筛选。通过对各客户群组特征变量的分析可以看出，不同的客户群体，其高度相关的特征变量具有较大的差异性，例如，对于投资进取型客户，其登录网银账号后的点击栏目与个人消费型客户具有明显的差异，且信用卡利用频率和额度使用率也存在较大差异。因此，可以通过此类方法，寻找出最具有客户特征的变量组。

第四，进行模型框架设计。通过对上述客户群体特征的归纳和总结，同时考虑相关数据的充分性和完整性，目前可针对个人消费交易型以及 B2B 和 B2C 类的小微企业客户等风险评分模型进行构建。

（三）实证研究结果

以 B2C 类个人消费交易型客户风险评分卡模型为例，以某商业银行电子商务业务发展规模较大分行，基于其月末的业务数据构建电子商务零售客户评分卡模型，同时，为合理扩大相关业务数据分析范围，涵盖了与电子商务相关的信用卡业务、小微企业业务、个人消费贷款等线下产品的相关数据。实证结果表明，采用大数据挖掘构建的零售电子商务风险评分卡模型，不仅提高了业务办理的效率，而且可以全面衡量电子商务客户的相关风险。经单笔债项测试，采用电子商务风险评分卡可以在几秒钟内进行风险识别和评判。

第七章 大数据背景下的财务共享发展

第一节 财务共享及财务共享的战略定位

一、财务共享

（一）财务共享的产生背景

财务共享服务的产生主要是由这一服务为企业提供的突出价值而推动的。共享服务为企业提供的服务是多方面的，它不仅体现在财务方面，还在人力资源管理、信息服务、后勤、物料管理、客户服务、法律事务服务等诸多方面为企业提供更加专业化和标准化的优质服务。因此，共享服务给企业带来的益处也是多方面的，简单来说，可体现在以下五个方面。

1. 大幅降低运营的成本

共享服务是从根本上解决降低成本的问题。通过财务共享可以大幅降低成本，它主要体现在资源共享与业务集中的基础之上。比如，以往的财务岗位设置中，有大量的人力资源的浪费。不管业务运营的情况如何，也无论财务人员的工作量是否饱和，每个单位或地区都要设置相同的岗位和人员，从而造成资源大量的浪费。财务共享则将资源和业务集中进行处理，避免重复性设置。在工作量不超负荷的情况下，一个财务人员可以处理几个单位或地区的相同岗位业务，从而节约了人员、时间、沟通、差旅等多方面的成本，实现了在业务量不变的前提下，不仅精简了业务人员、降低了成本，而且提升了效率。

实施财务共享的服务之后，对业务流程和规则都进行了标准化管理，消除了多余的、重复的、非增值的作业，极大地降低了成本。

另外，由于共享服务基本上是以数据化和远程处理的方式进行的，因此大多数共享中心都建立在成本较低的地区，这在运营层面上也大幅降低了成本。

2. 提升服务质量与效率

共享服务的前提是管理和流程的标准化、系统化以及数据化。将原有低效的重复性作业彻底淘汰，替代为简单明了、分工详细的、更具效率的工作模式。具体模式主要有：将传统的会计记账转变为"共享式会计中心"；将人事服务变成"人事管理中心"模式，最大化地降低运营成本；将工作的主要重心放在服务上，一切聚焦于业务发展上。

世界上最大的企业软件供应商甲骨文，用6年时间在全球建立了3个区域化的共享服务中心。如今，甲骨文只需几个工作日就可完成全球65家子公司所有的年末结账与合并结算。这个数字是许多中国上市公司都无法企及的，而甲骨文之所以能够实现如此惊人的效率，主要是共享服务中心的功劳。

3. 促进核心业务的发展

除降低成本、提升效率之外，财务共享服务还为企业提供了强大的后台支持，将协调内部业务与满足外部客户需求的复杂工作变得简单而且可实现。将原来那些烦琐的、重复性强的非核心业务交由共享服务中心运作，既节省了人工，又提升了效率，使企业可以将精锐力量全部专注于核心业务上。共享服务不仅给员工提供了强大的、稳定的支持，而且极大地提升了客户的体验与满意度。

4. 加速企业标准化进程

企业的成长与发展必然伴随着标准化的进程。在建立共享服务中心之前，企业或多或少都存在业务资源分散的问题。许多交叉或衔接业务的操作和流程都各不相同，不可避免地会造成内耗和浪费。而共享服务中心将原来分散在不同业务单位的活动、资源整合到一起，成为系统内统一的整体资源，为企业的业务运用、人力资源管理等都提供了统一的平台，有助于工作效率和服务质量水平的提高。

共享服务加速企业标准化的例子很多，如渣打银行，在建立共享服务中心之前，渣打银行在全球许多国家都设有分公司，其在各个国家的银行系统都采用不同的电脑管理软件，而各种软件之间的不兼容为财务管理带来极大的不便。每家银行都以自身需要为中心，选择各自的应用软件，最终造成总部管理的极大困扰，而且各个分部之间的沟通也存在许多麻烦。于是在建立共享服务中心时，为了使所有的银行前台输入的数据能立即为共享服务中心所用，渣打银行重新对各银行的计算机系统进行了检查和整合，并在设计共享服务中心的技术支持系统时，将其作为整个银行系统技术标准化的第一步。

5. 增强企业规模化扩大

财务共享的推进其实是与人力资源管理、信息管理保持同步进行的，它们彼此之间有着相互制约与促进的关系，可以说是一个有机的整体。因此，当企业将财务管理、人力资源管理、信息管理等职能集中到共享服务中心处理之后，使原本分散、重叠以及闲置的资源进行整合，为促进企业发展新业务创造了新的便利条件。一个共享服务中心可以为所有的业务部门赋能，而且在建立新业务时也不必考虑重新建立，从而节省了经济、时间和精力成本。并且新的业务部门一开始就可以获得成熟完善的财务、人力资源等职能部门的支持，大大提高了效率。

（二）财务共享形成的驱动因素

放眼世界，财务共享已经成为一种趋势，甚至在许多商业发达国家，财务共享已经成为一种常态。特别是一些大型的跨国公司，财务共享给很多企业的管理者带来极大的便利。但是，回顾最初，各个国家的各种企业为何几乎在同一时期都采取了财务共享模式，并很快发展成为一种必然的趋势，这背后的真正原因以及核心驱动又是什么呢？

1. 外部因素

"获得长期竞争优势的唯一方法就是在全球范围充分运用企业的各种能力，从而使得企业整体的运作能够比其各分散部门的独立运作更加有效。"惠而浦首席执行官约翰·惠特曼的这句话几乎道出了全部原因。

随着全球化竞争的普遍加剧，企业在规模扩大以及实现国际化增长的过程中，如何在多个市场保持统一、高效的管理机制是每一家企业都面临的问题。在控制成本与快速发展之间找到平衡已经成为跨地区、跨国企业的重大课题，而财务共享则是一个被实践证实的行之有效的方法。

2. 内部因素

随着全球化的发展，企业的跨国发展已经成为趋势，商业文明可以冲破地域、文化、信仰、民族等各种"围墙"，为不同国家、地区的人们提供服务和便利。然而企业在不断发展壮大的过程中，业务的剧增以及跨地区的管理等都是企业要面临的问题。此时，企业急需一种解决方案，能够快速、高效地将分散在世界各个国家和地区的分部进行标准化的管理，特别是在财务管理方面对财务共享具有迫切的需求。财务共享技术通过简单的、统一的、标准化的处理，使得企业的管理者能够更为直观、便捷地进行管理；同时简化了各个部门之间工作衔接的冗余，极大地提升了效率。财务共享通过对企业内部重复性作业的整合，对流程进行再造，显著地节约了成本、提升了效率，于是各家企业纷纷将财务共享作为企业发展的必要过程。

（三）财务共享的发展

1. 随着技术的发展而发展

财务共享服务从孕育到诞生、从成熟到发展，一路上伴随着财务管理模式的变革，一共经历了分散、集中、共享、外包四个阶段。就目前的发展趋势来看，科学技术的迭代日新月异，而且科技始终是推动社会发展的核心力量，财务共享的发展也将会随着技术与社会的发展而不断取得新的突破。

2. 财务共享服务的持续改进

（1）从优秀到卓越。

财务共享服务的实施，是企业标准化管理和实现规模化的重要条件。当企业的财务管理模式实现了从传统到创新的转变，企业会获得更加有力的发展势能。同时，随着企业的发展，财务共享服务也在持续地进行优化和改进，这又使财务管理模式实现了从优秀到卓越的飞跃。然而这一过程应该像细水长流般永不停歇，需要具有持续推进变革的信念和决心。

企业的发展包括对业务领域的拓展，对组织结构的调整，对战略目标的优化，经过一系列的管理变革，才能建立一个较为有效的财务管理系统。然而必须指出的是，希望通过一次变革就能建立起一个稳定的、完善的财务共享中心是不可能的。因为企业一直处于动态的发展过程中，社会发展也一刻不曾停息，技术突破更是争分夺秒，所有这一切都注定了财务共享服务不可能是一成不变的。实际上，财务共享服务中心的构建是一个持续演进的过程，企业的管理者、经营者和财务主管人员需要具备持续改进的意识以及敏锐的洞察力。财务共享服务自身具有特殊的生命力，它的完善要建立在不断优化的机制之上，一经开始就不会有停歇的时刻。但这个过程并不是革命性的，也不会特别引人注目，而是不间断地实践和尝试，逐渐构建出一个充满活力的共享服务中心。

（2）建立长效的优化体系。

一个健康的、充满活力的财务共享服务中心，应该始终处于动态的发展过程中。财务共享服务中心的发展并非偶发性的波动改进，而是持续地、主动地、不间断地进行，它同时兼具计划性、组织性、系统性和全员性的特点。当然，财务共享服务中心的持续改进工作并非靠个人的力量推动，它需要建立一套长效的支持性优化体系，在不同的维度以及管理的角度对整个组织的运营提供支持和优化措施。

在系统的维度，管理层、执行层都属于系统的一部分，分别代表不同的角度，因此考虑的问题也自然处于不同的维度，这为优化和建设共享中心创造了有利条件。通过一个支持性系统的建立，企业员工和客户能够在一个良好的沟通平台上实现互惠互利，提高工作效率和服务体验。在支持性系统的督促下，可以定期召开系统讨论会，进而建立系统版本的优化机制。针对不同业务部门的需求，还可以建立分层级的培训体系，为员工的持续发展提供合理的支持，从而为企业带来更加有效的、高质量的服务。

在制度的维度，同样需要建立长效的制度优化机制，使组织能够定期评估制度的有效性，发现制度是否已经出现滞后的迹象，并随时更新制度版本等。

在质量的维度，项目人员可定期对上下游质量节点进行评估，发现存在的问题并提出改进方案。项目人员需保持一定的敏感度，随时发现零星出现的问题，以及积极关注系统优化的各种可能性，从而保持积极的态度。

总之，财务共享服务中心的发展需要长期地、持续地改进，它是一种积跬步以至千里的行为，贵在持之以恒。相信持续改进终会带来惊人的效果，保持积极的、开放的、坚定的信念，是确保财务共享服务中心长期、健康、稳定发展的基石。

3. 共享服务在全球的分布

纵观全球，财务共享服务无论是在深度上还是在广度上都得到了广泛而充分的应用，尤其是在一些大型、超大型企业中，财务共享得到普遍的接受和认可。并且，近些年财务共享服务已经逐渐地由发达国家向发展中国家传播开来。就财务共享在中国的推进情况来看，目前仍处于比较初级的阶段。大多数人对财务共享的概念还十分陌生，绝大多数企业还沿用传统的财务处理模式。然而，随着全球化的快速推进，中国本土企业要想顺利地、快速地突破国际市场，并在竞争中获取优势，实施共享服务将会获得强有力的助力。

服务外包模式已经在全球范围内广泛存在，其中财务服务的外包也逐渐成为一种趋势。通过观察发现，财务服务外包是全球业务市场的重要组成部分，在这方面，印度比中国要先行一步。这得益于印度具有大量的廉价人力资源，而且和中国相比，印度还具有相当的语言优势，因此，印度迅速占领了欧美财务外包业务的主要份额。在印度的班加罗尔，随处可见跨国公司建设的财务共享服务中心。

与此同时，东欧也在外包服务领域发展迅速。在国际市场上有一个不成文的习俗，美国更倾向于向印度外包业务，而西欧则更多地转向一些东欧国家，并有人将中东欧比喻为欧洲的班加罗尔。但是近些年美国公司也出现了倾斜，他们也越来越多地将外包服务投向东欧国家。如 IBM、戴尔、摩根士丹利等公司已经开始采取行动。但东欧的外包市场规模较小，仅占全球外包市场的千分之五左右。

4. 共享数据的智能财务体系

随着信息技术的发展，财务共享作为管理会计的"基石"，正面临定位与价值的全面刷新。在大数据、云计算、互联网、人工智能等技术的渗透下，领先企业正在积极探索和建设以数据共享为核心的智能财务体系。财务共享中心连接前、后台部门的运营和数据中台，承载智能共享服务、智能管理会计和智能数据分析等功能，在新技术驱动下，推动企业构建智能财务体系。

这是财务共享发展的高级阶段，覆盖企业绝大部分的业务系统，是企业强大的业务中台和数据中台，为分公司和子公司提供更多的可以随时调用的业务支持。大量的业务交易产生大量的实时数据，使共享中心成为集团级数据中心，共享中心集成核算数据、预算数据、资金数据、资产数据、成本数据、外部标杆数据等，为数据建模和分析提供准确、全面、系统的数据来源，成为企业业务的调整依据和决策依据。

（四）财务共享的必要性

1. 财务共享是大势所趋

共享服务出现于 20 世纪 80 年代的美国，很快又传到了以西欧为主的欧洲国家，有大量的事实证明，共享服务在绝大多数情况下都取得了成功。截至目前，它被广泛地认为是财务职能部门最佳实践的关键要素之一，这是"大势所趋"。任何拥有多个后台办公财务职能部门的组织，都能从财务共享服务中受益。展望未来，财务共享服务能确保企业整合财务处理流程，甚至能让更高价值的活动不断产生商业效益。

2. 助力企业的规模化发展

财务共享从出现到发展至今，已经有几十年的历史，只要全球化发展的趋势不变，大型企业要想走向世界，进行多元的、深入的发展，那么开展财务共享就是一个绕不过去的议题。因为不管何时，企业的发展都离不开降低成本、提升效益两个目标。而财务共享是通过验证的、十分有效地增强公司灵活度和标准化的手段。

在企业扩大规模的发展中，财务共享也会起到助推作用，为企业实现快速增长、开拓新市场以及收购后的管理带来多种便利和可靠的支持。

一些财务管理者选择在公司内部进行转型，或者引入"精益管理""六西格玛"等手段，再结合相关的组织架构进行重新配置；还有一些财务管理者则采取改变业务模式等更加激进的手段。

3. 财务会计转型的需要

传统的财务会计专注于会计核算，随着数据时代的到来，很多财务工作会被越来越智能的技术和软件所替代，这也为财务人员进行转型和升级提供了一股强大的推动力。在发展过程中，公司更加需要的是能够在管理决策层发挥作用的财务人才，而不是简单执行会计职能的普通技术人才，并且随着办公软件的智能化发展，很多基础性工作都已经可以交给计算机来处理，那么原来的基础性财务人员则要么被淘汰，要么奋起突破，实现技能升级的转变。人的发展必须适应时代的趋势，在财务共享已经逐渐成为大势所趋的关头，财务人员也迫切需要向着财务共享的方向努力，并从中找到适合自身发展的位置。在这样的背景下，许多财务人员纷纷从财务会计转型到管理会计，这是当前我国会计领域变革的重大趋势。

（五）财务共享的影响

1. 加速了企业的组织改革

企业必须认识到财务职能部门只有在不断演变的过程中才能为公司的全球业务提供支持。财务是公司内部最为重要的支持部门，牵一发而动全身，甚至在某些时候具有决策权。通过改进财务管理模式，带动企业进行一系列的组织架构改革，目的是确保企业的业务流程、人员管理以及客户服务都能与财务管理更为融洽，避免冗余与内耗，使每一个环节都更为简明。因此，通过财务共享，企业在诸多层面都产生了改进和优化，以确保整体运营更为清晰有效。这无疑显著地推动了企业的标准化进程，为日后进一步的发展创造了条件。

2. 通过改变规则快速取胜

实际上，财务共享服务可以支持公司实现很多目标，从"快速取胜"到"成为改变游戏的人"，从中受益的远远不止财务职能部门。并且，在"改变游戏规则"之后，公司的各个职能部门都更为精简，工作效率速增，从而再次加强了"快速决策""快速取胜"的可能性，成为一个积极的正向循环。

还有一些公司更具野心，试图一步到位地建立一套全方位的共享服务业务，从而让整个公司实现远大目标。

3. 激活其他职能部门的活力

财务共享对整个组织的意义是十分重大的，其影响也是非常广泛的，会随着时间的推移而逐渐显现。最先从财务部门开展的共享服务，也激活了企业其他职能部门的潜力，并且财务共享还起到了在其他部门之间牵线搭桥的作用，从而轻松整合了业务的"前端"和"后端"。这种跨部门的协调方式有助于更快地为企业创造更多的利润。这不仅提升了财务部门的服务绩效，而且使整个公司内部实现了"财务联通"。在一个核心部门的带动下，激活了整个企业的潜在活力，逐渐地建立起全面的共享服务。

4. 对业务外包服务的带动

需要指出的是，财务共享服务作为企业的核心，鼓励和带动了其他职能部门的共享和外包服务，从而对促进企业的发展起到一定的带动作用。财务共享不一定在公司内部开展，也可以外包出去，对于一些企业来说，共享财务外包也许是更有利的选择。但是这里有必要梳理一下共享服务外包和业务流程外包的区别。业务流程外包是指企业将非核心的业务外包给外部供应商。二者的相同之处在于共享服务也存在外包，它们都是将一系列工作交给一群专家，由他们运用创新的、专业化的方法集中精力提供解决方案。但传统的业务流程外包是单纯地将业务外包，而共享服务外包是对原有业务、流程进行优化整合，从而达到降低成本、提高效率和进行标准化服务的目的。

5. 降低了企业发展的成本

财务管理者最重要的使命之一就是提升企业的生产效益，降低成本。以较少的投入换取更多的回报是企业经营的首要目标，然而这并非容易，对于一家庞大的企业而言，这往往是一项极为烦琐、复杂的系统。然而，通过财务共享的实施，极大地推进了企业的标准化流程，使降低成本变得更加简单明了。它不仅大大地提高了财务流程的透明度，而且对过程中如何加强配合及增强杠杆都变得更具可控性。而这一切都得益于财务共享在"流程标准化"这一方向上的改进和优化。

6. 提升了对供应商的鉴别

通过财务共享服务平台的建立，财务管理者发现，公司的供应商产品和服务的优劣可以更为直观地进行比较，并且得到多维度的、全面的数据支持，从而对企业的供应商可以量化鉴别。比如，一些供应商多年来提供的服务都没有改进，而其他人却在逐年提升。由于这种变化是不容易被察觉的，因此企业并不知晓，但是如今反映在后台系统中却是一目了然的。某些供应商是优秀的运作者，另外一些则更注重战略布局，他们的不同特性都在不同程度上影响了企业的发展和决策。这些从后台获得的异常珍贵的信息，不仅帮助企业更加科学合理地选择供应商，而且成为企业未来选择合适的合作伙伴的重要依据。

当然，不同的企业在不同的发展阶段所看重的品质也不尽相同，同时，企业获得的信息也处于发展变化中。通过财务共享服务中心的数据，企业可以根据自身的情况进行选择和取舍。企业在与供应商的合作和互动过程中，实际上带来了多方面的影响，也产生了多种可能性，但只要是积极的、互惠互利的互动，不仅对企业鉴别供应商带来帮助，而且会对供应商的发展产生推动力，从而实现稳定的、共同发展的合作关系。财务管理者不仅要对供应商的能力进行鉴别，而且要提高警惕以防被他们裹挟而影响了自身的发展。但是所有这一切并不是靠人为的主观判断做出决策，而是建立在可靠的数据之上，是财务共享服务中心提供了强大的后台支持。

7. 促进彼此更流畅的沟通

虽然绝大多数的企业管理者强调良好的沟通在企业经营过程中具有重要的作用，但是，良好的沟通本质上并不是基于良好的口才或者过人的情商，实际上，真正有效的沟通是建立在合理的机制以及准确的信息之上的。财务共享为企业开创了一个新天地，即令公司不同部门、不同级别的人都能够站在一个信息公开透明的情境下进行沟通，于是，避免了许多干扰因素，使工作效率提升。

财务工作面临的挑战在于，企业实际上并不那么关心流程，更多的是关心结果。但是财务流程往往会对结果具有决定性的影响。因此，财务共享服务中心的存在，实现了让流程简化、让结果透明这一"双赢"局面。当流程建设得不可指摘时，那么人们只需要关注结果即可。并且，除了财务职能部门，其他部门各个层级的人员都可以平等地"就事论事"，使内部沟通十分畅通和简单。

对于一些跨国的巨无霸型公司而言，公司内部的沟通还涉及地域和文化的干扰。公司的员工来自世界各国，不仅仅是语言的不同，这都有可能会成为沟通的障碍。但是通过标准化、简单化的共享系统，以上的问题都能迎刃而解，对文化差异、性别差异、宗族差异等也能顺利跨越，毕竟无论人员来自什么文化背景，数据是全球通用的语言。这让具有不同文化接受程度的人都能够轻松地表达与沟通，大大地提高了沟通的效率。

在所有的财务发展变革过程中，最困难的一部分工作是对变革的管理。人们对未知的事物充满疑虑，毕竟目前的职能还在运转，而且运转了相当长的一段时间，因此人们对产生的新技术并不十分信服。抗拒改变是很自然的事情，但是流畅无碍的沟通也格外重要，并发挥着不可替代的作用。

8. 改善客户的服务体验

在财务共享的推进过程中，除企业自身的直接受益之外，另外一个显著影响来自客户的反馈。许多服务型企业都明显地改善了企业的服务质量，得到客户更多的认可和支持。企业最在乎的也就是确保每一位客户都得到满意的服务，产生深度的认同和连接，还会为企业带来新的客户。在培生集团看来，"文化契合度"和"爱之深，责之切"是他们服务客户时最在乎的事情。很显然，这是一种合作关系。对于企业来说，发展公司的文化诉求不仅仅体现在业务层面，甚至从财务共享的推进过程中获得有力的支持。由于财务共享带来的系统化和标准化管理，可以在后台对很多业务有更加直观的认识，从而提升业务执行的质量，这直接反馈到客户身上就成为一种极佳的体验。

通常情况下，信任会由于某个客户不切实际的期待而受到影响。同样地，客户也会因为企业提供意想不到的绝佳服务而瞬间产生强烈的好感。聚沙成塔，就是怀着更好地服务客户的信念，并且有了财务共享这一强大、稳定的后台支持，企业能够逐渐地获得更多的来自客户的认可和支持。

二、财务共享战略

财务共享战略即为了配合公司的整体经营而确定的财务共享服务中心未来的工作目标，以及为实现这一目标所需要采取的行动。战略定位是财务共享中心的灵魂，其涉及战略目标选择、战略结构优化等内容。战略定位在整个财务共享服务中占主导地位，对财务业务流程、财务组织人员、财务信息系统等的方向与举措起着决定性的作用，对财务共享服务中心的定位和发展意义巨大。

（一）财务共享的战略定位调整

财务共享中心发展至今已有多年的历史，国内最近一次共享中心建设浪潮是在国资委和财政部的引导下形成的，以国有大中型企业尤其是央企为主，将共享中心的建设推向新的高度。企业在建设共享中心时，不再将追求成本效益因素作为第一要素，而是在加强财务管控、降低运营风险的前提下，进一步完善财务管控体系，其次才是成本效益因素。所以，国有企业建设共享中心时，在对其业务的选择选址，流程标准化、规范化，以及信息系统等方面都有不同于以往的要求。从初步的摸索尝试，到管理软件企业与客户协同推荐，再到企业的自主创新，中国本土企业财务共享服务在历经近十年发展后进入快速增长阶段。"管控服务型"财务共享成为企业建设财务共享中心的核心动机和价值体现，与单纯的服务型财务共享中心在发展背景、价值创造、组织定位等方面均有所差异。

（二）财务共享服务中心的战略目标

1. 国际企业财务共享服务中心的战略目标

通过对国外企业进行调查研究发现，当前国际企业财务共享服务中心的战略目标排在前三位的分别是提高财务流程效率、降低财务成本、提升总体业绩表现。之后，还有提升财务部门能力、提升财务服务质量。与未采用财务共享服务的企业相比，采用财务共享服务的企业更加注重其带来的降低成本的好处。

（1）降低成本，提高效益才是共享的主要原因。

在欧美企业看来，效益是最初的出发点。企业采用财务共享服务，首先，考虑的就是提高自身的效益，能够以较小的投入获得更大的利润。其次，利用标准化流程来提高效益，一是这一流程可以降低财务成本，从而快速提升财务盈利曲线；二是这一流程能够使财务操作更简易化，从而提高财务透明程度。

（2）在效率、管控与统一标准之间获取平衡。

很多专家指出，企业要在效率、管控与统一标准之间寻求一种平衡。

第一，效率。要在行动分配上提升效益以及有效性。

第二，管控。要把握一定的平衡，不仅要控制自身的力度，还不能对公司造成束缚。

第三，统一标准，即企业集团财务要基于合理范畴，实现标准的一致性，确保财务制度的标准化，这样才能保证财务业绩的可比性，以及实现对各个业务单位财务状况的管控。

2. 中国企业财务共享服务中心的战略目标

在战略目标上，中国企业将更多的精力放在实现流程化、标准化作业层面，以应对企业的扩张，通过将财务操作业务与管理业务分离，实现财务的转型，从一定程度而言，可以降低财务运行成本，更好地实现财务共享服务。对于国内企业来说，降低成本并未占据财务共享服务中心的首要驱动地位，而是非核心业务的合规化、标准化，更好地实现管控，提升财务效率。

第二节 财务共享的信息化支撑

一、财务共享系统总体框架

管控服务型财务共享中心是一个建立在 ERP 系统基础之上的业务、财务的数据存储及信息处理中心。企业通过 ERP 将其分布在各个单元的零散的财务及业务数据收集整合在共享中心，进行标准化和规范化处理，从而达到提高业务处理效率、降低流程重复率的效果，帮助企业精简业务。同时，企业根据共享中心存储的数据以及标准化流程，不仅能够加强对下属运营单元的管控，还可以进一步延伸业务，降低运营成本，实现业财一体化，提升业务处理的能力及效率，为企业经营管理及管理决策提供更好的服务。

所谓的业财一体化，是指管控服务型财务共享中心利用其信息化平台，连接了包括项目管理、人力资源、供应链、OA、资产管理、成本管理等系统在内的业务系统，通过制定标准化规则，将业务数据推送到共享中心统一入口。其中，业务部门审批、控制在业务系统中完成；财务审批、支付、收款等在财务共享中心完成。这样做可以减少重复的信息录入，保证工作留痕，增加系统的控制点。通过业务流程和权限管理，每项业务数据被推送到对应业务组处理，并统一形成总账凭证、收支结果、对外披露报表等。

（一）管控服务型财务共享信息化框架

相较于以费控为主的一般财务共享信息系统，管控服务型财务共享的 ERP 系统更加强调业财一体化。其工作流程不再是以报账为起点，而是以业务为驱动，将管控前移，即先有业务后有财务。业务数据推送生成报账单，为财务数据来源提供依据，方便追溯联查，强调横向的一体化管控，其信息化更加注重与业务系统集成，在原有集团财务及 ERP 系统基础上，建立共享平台与业务系统的横向连接，包括由业务系统发起报账流程及从报账系统追溯业务单据，提供全价值链的财务管理服务。

总体来说，业财一体化的运作模式如下：企业通过对制度、流程的梳理，规范了从业务到财务，包括业务中心、成本中心、资金中心、税务中心、财务共享中心在内的标准化的业务作业流程。企业依据真实业务数据反映其实际经营情况，达到业务与财务的高效协同。且业务与财务数出一门，有助于业务部门与财务部门明确权责，规范业务过程，规避运营风险，真正做到了在一个平台上实现业财融合。

除 ERP 系统之外，管控服务型财务共享中心信息系统的建设还有赖于五大平台的运作与实施，即网上报账平台、业务操作平台、运营管理平台、运营支撑平台、资金结算平台。五大平台与企业内部 ERP 系统无缝集成，帮助企业构建完整的管控服务型财务共享信息系统的整体框架，有助于企业精简运营和管理，真正实现财务业务的信息化落地。在五大平台中，运营支撑平台主要对财务共享中心的业务开展和运营进行基础信息管理，包括共享中心的定义、作业规则管理及共享中心服务参数定义等；运营管理平台包括作业管理、质量管理、绩效管理，实现按业务类别自动分配任务，支持对作业任务的质量管理、绩效管理及对员工和组织运营 KPI 指标实时分析的绩效看板等；业务操作平台实现工作池分配任务、业务单据及凭证的审核审批、资金支付、实物及电子档案管理等；网上报账平台将企业报账支付数据完全电子化，利用信息技术再现原始业务活动，为每笔支出建立单独的审计线索；资金结算平台通过参数配置满足不同企业由于共享中心和资金中心的组织定位及分工差异形成的多种共享模式下的结算场景，实现报账、结算、线上支付的一体化管理。利用网上报账平台、业务操作平台以及资金结算三大平台系统，实现完整地从费用申请到生成凭证，再到结算完成的全过程管理。

通过这套完整的信息系统总体框架，企业能够建设信息化的管控型财务共享中心，从而提升企业财务业务的处理效率及质量，改变原有的财务职能定位，创新财务管理模式，充分发挥财务共享服务对基础财务核算业务的监控和指导作用，提升企业财务业务管理水平。

（二）ERP 是管控服务型财务共享的重要支撑

ERP 系统建立在信息技术的基础上，集信息技术与先进管理思想于一身，是建设管控服务型财务共享中心的核心手段。企业 ERP 是以系统化的管理思想为出发点，为企业员工及管理层提供决策手段的管理平台，它实现了企业内部资源和企业外部资源的整合，通过软件和平台把企业的人、财、物、产、供、销及相应的物流、信息流、资金流等紧密地集成起来，实现资源优化和共享。管控服务型财务共享中心的 ERP 系统跳出了传统企业边界，从供应链范围去优化企业资源，优化了现代企业的运行模式，反映了市场对企业合理调配资源的要求，对于改善企业业务流程、提高企业核心竞争力具有显著作用。

现阶段企业的 ERP 系统由许多模块构成，其中主要包括财务核算、资金管理、供应链、生产制造等多个方面。

1. 财务核算

总账处理适应于各行业的企业、行政事业单位的业务处理，可满足大中型企业深化内部管理的需要，完成复杂的财务核算及管理功能，主要包括初始建账、凭证处理、出纳管理、账表查询、正式账簿、月末处理功能等。

2. 资金管理

资金管理主要包括基础数据、账户管理、内部网银、资金结算、内外借贷、票据管理等，可以将资金集中管控思想有机融合在各个业务处理的流程和环节中，实现对整个集团多方面的管理。

3. 供应链

供应链管理是计划、组织和控制从最初原材料到最终产品及其消费的整个业务流程，这些流程连接了从供应商到顾客的所有企业。以浪潮 GS 为例，其供应链管理系统正是基于"客户导向、协同集中"的核心理念，为企业提供一个基于网络的、稳定的、开放的、先进的供应链管理平台。

4. 生产制造

生产制造管理为企业提供全面的生产计划、细致有序的车间管理和快捷简便的成本核算系统，帮助企业理顺生产管理，解除后顾之忧。

虽然 ERP 系统包含多个子系统和多个模块，但其中财务系统处于中心地位。财务系统模块与 ERP 系统的其他模块搭建有相应的接口，将专业的财务知识隐藏到了业务的背后，生产、采购和业务处理都是和现实十分贴切的真实业务。业务人员录入的信息会自动计入财务模块生成会计分录，取代了传统会计核算软件需会计二次输入凭证的烦琐过程，同时把物流、供应链、人力资源等事务和资金流有机地结合起来，形成先进的财务管理信息系统，是一个大规模、高级的集成模块。

财务共享中心的建设离不开 ERP 系统的支撑。管控服务型财务共享系统所提倡的速度、信息、透明等理念正是 ERP 系统的核心优势，共享中心需要以 ERP 系统为基础，从中剥离出会计基础核算、工资核算、收支核算等日常业务来建设自身。在没有财务共享中心之前，ERP 系统直接与外部环境联系，缺乏标准化和规范化的流程处理，容易导致内部工作重复、组织结构混乱等状况。而建立之后，共享中心可以利用其信息化平台，以互联网及云计算平台作为数据传输渠道，重新部署数据库服务器，开发现有系统平台，重新确定组织机构和岗位任务，落实那些能够显著提高财务流程效率、提高资产及资金安全性的转变措施。

在财务服务方面，管控服务型财务共享中心能够优化 ERP 系统中最关键的财务子系统的工作模式，从而体现共享的功能。共享中心可以将 ERP 系统中的财务管理模块抽取出来，进入共享中心核算，各个子系统中与费用相关的业务全部交给其管理，组成一个相对封闭的环境，按照提交—审计—复核—生成凭证的流程报账登账，从而由事后核算向事中控制和数据挖掘及决策职能转移，颠覆了传统财务会计的工作方式，建立了类似流水线的运作过程，借助精细化的专业分工、标准化的流程和发达的信息技术，以"服务"为定位从事财务业务。同时共享中心还可以将 ERP 系统中的报账、应收应付账款、工资、账务处理、报表管理等环节集中起来，建立专门数据库，方便核算和控制，从而提高整个共享服务中心的性能。

(三) 基于 ERP 系统的财务共享中心优势

在 ERP 系统的基础上，企业通过推行财务共享中心建设，使得内部的财务管理活动全方位向业务活动渗透，增强了财务响应和支撑市场的能力。这对于加快推进业务财务一体化，实现数据标准化、流程统一化产生了重大影响。同时基于 ERP 系统的共享中心的建设也促进了财务共享的组织变革，不断提升企业核算的标准化、集约化管理质量，提高财务管理水平，加强对风险的管控能力，实现资源的最优化配置等。

同时，在融合了 ERP 系统的财务共享中心实施后，企业内部财务管理工作逐步摆脱原来低附加值的业务操作。财务人员由日常核算向财务管理转变，逐步由应对数据处理向强化数据预测转变，并更多地参与到市场营销、产品设计、投资计划和管理决策等活动中，直接参与管理决策，逐渐成长为"可信赖的业务顾问"。

此外，管控服务型财务共享中心在 ERP 系统的基础上，还能够整合企业多个分公司（办事处）的人员、技术和流程，重新调整财务部门组织机构、人员的工作岗位，将大量同质、事务性的交易和任务集中于服务中心，实现财务记录和报告的集中化、标准化、流程化处理，从而打破传统的"分级管理、多点布局"财务组织管理模式，实现管控型共享中心的集中控制和统一核算。

二、财务共享云

(一) 财务共享云的价值

我们已经进入以"互联网+""工业 4.0"为代表的数字经济时代，企业要向互联、共享、智能化转型。随着"创新驱动，转型发展"战略目标的指引和管理会计在企业的深化应用，财务管理已经从传统的财务核算向价值创造、精细化、高效多能的专业化财务分工转型。作为多级管控与多元化产业运营的集团企业，迫切需要构建一个以财务为核心支持多级管控的一体化财务云，结合互联网、大数据、移动应用等创新技术，进一步细化管理颗粒度，加强推动企业内外互联互通，消除信息孤岛，更好地实现企业资源有效配置，通过大数据分析进行事前预测，规避企业经营风险，为管理者提供决策支持，将企业管理创新落到实处。

管理变革与技术创新推动了企业数字化转型，数字化转型已经成为企业发展的关键战略，财务转型也是企业数字化转型的重要环节，建设和使用财务共享云将是一个非常有效的途径。

财务共享云是集团企业将财务共享管理模式与云计算、移动互联网、大数据等计算机技术有效融合，实现共享服务、财务管理、资金管理的三效合一。通过建立集中统一的财务共享云中心，支持多终端接入模式，企业能够实现"核算、报账、资金、决策"在集团内部的协同应用，从而提高企业云服务的价值。其价值主要体现在四个方面：第一，实现财务资源的共享，减少人员及软硬件系统的重复设置，降低总体运营成本。第二，强化财务管控力度，强化管理会计建设，通过共享服务实现数据集中，为管理层提供准确、及时和完整的会计信息，深度参与业务运营，提高运营能力。第三，提升企业整合能力，支持企业的业务整合与快速扩张。第四，通过业务标准化、人员专业化，提高财务工作效率，提升财务服务质量等。

现阶段企业高速扩张及内部管控要求提高，推动企业加快建立财务共享云平台，以支撑其快速发展，解决财务服务及财务管控的问题。国内企业在建设共享中心时，不再将追求成本效益因素作为第一要素，而是在加强财务管控、降低运营风险的前提下，进一步完善财务管控体系。管控服务型财务共享云平台将管控与服务并重作为财务共享建设的首要目的，满足了当前集团企业管理精细化、管理会计落地的数字化转型需求，将税务、资金管理、电子发票、会计电子档案全部纳入，助力企业建设管控与服务并重的财务共享中心，更加符合当前企业的管理需求。

通过管控服务型财务共享云平台的建设，企业能够固化和落实基础财务管理制度，统一基础核算、结算业务管理方针与政策，提升企业财务业务的处理效率及质量，充分发挥财务共享云平台对基础财务核算业务的监控和指导作用，提升企业财务管理水平。

(二) 财务共享云的特征

与传统企业管理软件相比，财务共享云更关注对企业 ERP 系统的建设和应用，主要有以下三个特点。

1. 商业模式不同

软件运行于云计算中心，企业按需租用，企业不拥有软件，但数据归属于企业。

2. 资源弹性

借助云数据中心庞大的资源池，企业可根据自己业务增长或者新企业的并入，随时按需动态扩展资源（传统企业硬件扩容需要申请、审批、采购、安装调试、配置、优化，需要的时间可能长达数月）。

3. 专业运维

企业借助云服务商所拥有的硬件、安全、软件等各层面的专业运维团队，可以保障本企业系统更安全、高效地运行。

采用或建设财务共享云意味着企业已经开启了上云之路。不同类型的企业，在上云的选择路径上也各有不同。大型企业首先建立私有云，着重企业内部管理运营的应用，为内部成员单位提供服务，然后连接客户、供应商、员工的应用领域采用公有云与私有云共同形成混合云架构，直至最后全部采用公有云模式。中小型企业对于上云的接受速度比较快，小企业是企业上云的主体，特别是小微企业已经接受了 SaaS 的业务模式，可以直接全面上云。

同时企业在上云过程中也应借鉴各大云服务商多年来的沉淀和积累，结合相关云服务商的经验和帮助，在云战略的总体指导下，顺应市场趋势进行全面云化升级，提供面向集团企业"云+端"的全面云化解决方案，重点围绕企业云建设，提供从云数据中心到平台再到应用的整体解决方案，在传统的集团管控方案基础上，增加 CSP 云应用中间件、电子商务云平台、商务智能分析云等解决方案，全面迎接云时代。

在各大中小型企业纷纷上云这种新常态下，政府引导企业上云是云时代的另一重要特征。现阶段，在各地政府推动下，企业出现大范围上云的现象，倒逼管理软件厂商加速向云应用服务商转型，企业云服务市场也将迎来重新洗牌、品牌重塑的新机遇。

企业上云是大势所趋。云作为企业数字化转型和新旧动能转换的重要手段，开启了企业服务的新革命。企业必须以"互联共享智能"理念为引领，利用云计算、大数据、物联网、移动互联、人工智能等构建本企业的"智慧大脑"，加速推动企业数字化转型，全面推动企业快速上云。

第三节　财务共享的未来展望

一、创新财务共享发展模式

（一）财务共享与智能化

管控服务创新型财务共享是创新技术和信息系统的融合体。在共享服务诞生之初，信息系统还未展现出巨大的协作功能，但如今，信息系统已成为共享服务不可或缺的组成部分，并在几乎所有共享服务中发挥着重要的支撑作用。

财务共享中心作为独立的实体运行后，需要一套完整的信息系统为其提供支撑和保障。很多公司在成立财务共享中心后都陆续建设了自己的信息系统，并将一些成熟的系统付诸实施和应用。一项调查显示，在财务共享服务中应用最为广泛的技术包括工作流技术、ERP、文档影像、数据分析和报告工具、数据仓库、员工自助报销、电子报销、电子支付、客户关系管理、电子账单等。这些信息化技术的应用极大地改善了共享服务中心的工作效率和质量，为企业管理提供了便利。

推进财务共享模式的创新和应用，首先需要持续优化完善信息系统，深入推进信息化应用，提升企业信息化建设和应用水平。遵照建设"实用、好用、管用"的信息系统建设原则和基本理念，积极收集和解决信息系统应用过程中产生的问题，不断完善企业内部业务系统的性能、功能和模式的设计，加大业务系统的推广力度，扩大业务系统的应用和适用范围，加强业务系统与企业实务相结合，提升企业信息传递和使用效率，切实提高企业的总体业务质量和水平。

（二）财务共享与业务创新

业务流程优化创新改革属于业务层面的顶层设计，是财务共享应用中信息化建设的基础，事关未来信息化建设的成败，建立科学合理的流程管理机制，进一步明确流程管理的组织、人员、流程，通过客服反馈机制、现场调研、座谈会、在线问卷调查等形式，及时掌握业务规则与管理实际的差异，尽快协调管理层根据制度对规则的合理性做出判定，对不合理规则，及时对相关制度进行修订完善，确立与企业管理水平相适应的分级授权，防止因集权与分权的矛盾导致业务的效率降低或停滞，从内部控制的角度出发进行全面梳理和优化，提升企业流程管理水平。同时，应制定清晰合理的业务规则，将业务流程与规则有机结合，保证基于规则的业务流程稳步高效推进。

管控服务创新型财务共享中心的流程规划战略需要专注于财务共享中心的战略定位。由于管控服务创新型财务共享中心的特性，在建立之初就已经对战略进行了明确的定位，财务共享中心的流程设计，需与共享中心战略始终保持一致，以共享中心战略为流程设计规划战略，以共享中心目标为流程目标，以流程的最优化效率为核心，来指导流程设计的工作。

流程设计应坚持"考虑同质性、兼顾特殊性"的原则，既能满足相同业务流程的流转，又能使特殊业务也纳入共享中心集中处理。例如，某建筑施工企业的核心业务是工程施工，但除核心业务之外还有房地产开发、设备租赁、物业管理等业务，针对各个板块的业务内容及标准差异较大的情况，应按业务板块管理和设置不同的流程。流程设计时需考虑的因素主要有流程成本、流程效率、流程风险、流程客户满意度、流程责任人等方面。为保证财务共享中心未来流程的高效、稳定、规范运转，管控服务创新型财务共享中心的流程设计工作应尽可能地深入流程的最小单位，从全业务场景出发，为最低层级的子流程结合企业的实际发展需要进行明细设计创新。

财务会计业务需要标准化的内容有很多。例如，会计核算方法统一、会计科目核算口径统一、财务报表口径统一、数据标准化、操作规范标准化和岗位职能标准化等。各单位的业务处理存在差异，通过管控服务创新型财务共享中心统一业务处理标准，财务会计业务处理标准化将提高财务信息质量和处理效率，并真实反映实际业务的经营情况。在初步建立财务共享的框架和运营模式后，应当不断提升共享中心的管理水平，实现共享中心发展与企业管理提升的良性共振。通过共享中心的发展，持续推进管理的标准化和规范化，实现共享中心发展与企业管理提升相谐相生。

业务流程通过对组织人员的工作步骤进行描述，以流程视角，规范工作步骤，标准工作接口。流程的标准化和科学化是财务共享中心得以高效运作的基础，也是实现信息化的前提。同时，业务流程也是制度管理、标准化管理等运营管理制度的根基，它一方面影响着运营管理的实施，另一方面又被运营管理手段所支撑，使得流程可以在管理监控下，保证流程的时效、质量和成本目标。推动企业在业务流程标准化层面的创新，有利于提高企业的运营效率，实现共享中心发展与企业管理的共同提升。

（三）财务共享与体制创新

集团公司财务共享服务中心的体制和业务规则应当是以法律法规和企业规章制度为依据，从有利于理解和执行的角度梳理后再进行条目化处理而形成的，业务规则首先肯定是合法合规的，对于部分特殊业务因为外部环境和自身管理的因素难以落地，不应"一刀切"地弱化，而是应该逐条分析，对于自身管理的因素，应正面解决，维持刚性，对于外部环境因素，无法改变的，可按规定的流程，在受控的前提下变通解决。在建设运营过程中持续反复梳理、审视业务规则，细化规则设置，缩减所有规则项的模糊空间和执行自由度。

在细化业务规则的同时，也应当固化稽核标准，通过固化稽核任务清单的方式明确业务处理标准，并辅以日常业务培训、组长质量抽检、线上业务监察等手段监控稽核质量，建立有效的绩效管理评价机制，加大缺陷业务扣分处罚力度，并纳入员工绩效考核，促使稽核质量逐步提升。

（四）财务共享与人才转型

组织与人员的构成和运作多依赖于其他模块：战略定位决定了组织人员的设计依据；业务流程明确了组织人员如何设计和配备；信息系统平台又对组织目标提供了强有力的支撑和保障；运营管理则肩负着对组织人员绩效、发展、培训的管理责任，使得组织人员始终处于优化提升的过程之中。组织设计不是一张简单的组织结构图，目的是围绕其核心业务建立强有力的组织管理体系，降低组织管理成本，增强组织应对环境变化的灵活性，从而达到提高组织运作效率的目的。管控服务创新型财务共享中心有别于传统的业务部门组织，是一个专业的管控服务提供部门。比起传统组织，管控服务创新型财务共享中心更强调标准化的流程、专业技能与服务的提供。

财务共享中心需要配备优质的会计人员队伍，以保障财务共享中心的顺利运作。会计人员需要专业知识过硬、熟知政策和流程、具备较强的沟通协作能力，还要有较强的责任心才能胜任。培养数据分析人才，依托财务共享平台逐渐积累的企业大数据资产，积极拓展数据分析、决策支持领域的增值服务项目；依托共享中心衍生的"知识中心"，选择高素质人才建立培训团队，积极拓展对内对外培训业务，开展各类财务专业培训，通过"请进来，走出去"的方式，畅通人才交流渠道，打造人才培养与交流中心；争取"产研"合作项目，与专业院校携手建立人才培养基地、大学生实习基地等；积极开发外部市场，承揽外包服务项目，输出共享价值；充分考虑员工在财务共享应用中的重要作用，在培养建设内部师资力量，向员工推广财务共享模式和理念的同时，应当从员工的切身利益出发，充分考虑如员工职业发展等问题，从而提升企业内部人力资源的利用效率，培养熟悉企业业务流程并掌握财务共享模式应用的高级人才，提升企业员工的综合能力。

财务共享中心成立初期，人员来源主要包括两部分：内部抽调和社会招聘。内部抽调可以从纳入财务共享中心的单位现有财务人员进行抽调，此部分人员对于公司原有业务流程比较熟悉，可以更快地成长为财务共享中心的业务骨干。社会招聘可以考虑招聘有过财务共享中心工作经验的财务人员，可以借助此部分人原有的财务共享中心工作经验，更快更稳定地实现共享中心成立之初的过渡期。在管控服务创新型财务共享中心模式下，对财务人员的要求不再像从前那样全面，每位财务共享人员只需完成整个业务处理中的一个或几个环节，如同工业化的流水线，降低了对每条流水线上员工的要求，即使是刚毕业的大学生也能胜任。在大量节省人力资源及人力成本的同时，保证了操作的准确性和可靠性，并且明确了个人责任，有助于员工的绩效考核。

1. 财务新时代的人才转型

近年来，随着"互联网+"的发展和企业数字化转型，大部分企业已经彻底摆脱了传统、烦琐的手工记账方式，逐渐走进了信息化发展殿堂。ERP系统的全面推广很好地使财务系统与采购、销售、人力资源等系统进行了融合与集成，彻底打破了企业内部的信息壁垒，形成了一个共享数据平台。在大数据时代，财务信息焕发出勃勃生机，很多财务信息的收集、处理、分析不再是难题。企业财务信息系统实现集中统一的财务管理平台建设，规范实现企业财务核算一体化管理，在企业的投资决策、全面预算、内部控制、业绩评价等方面发挥着巨大作用。与此同时，云计算、互联网、大数据、数据挖掘等广泛使用对财务工作、财务行业有着极为深刻的影响。

在新财务时代，财务人员对数据的收集、存储是较为简单的一步，而真正掌握分析数据、挖掘数据信息、探寻数据信息中所蕴含的商业价值才是重要工作。在大数据时代发展的全面推动下，企业对财务人员的要求不断提升，财务人员不仅要掌握相关的财务管理专业知识，而且必须在了解企业的战略发展规划后帮助企业做好决策工作，从而实现企业利润的增长。大数据时代的到来和企业财务转型对新时代财务人才的要求也进一步提高。

新财务时代的到来对企业财务人员的数据分析能力提出了较高的要求。它要求企业财务人员应具备战略视角去优化、分析大数据带来的意义。计算机的普及应用，在很大程度上解放了财务人员的双手，代替财务人员完成了数据分析的大部分工作。企业财务部门已经从简单的结构化数据分析转化为大量非结构化数据分析。这些数据分析能有效地帮助企业在经营决策中、市场竞争中、供应链管理中、风险规避中提供数据依据。

新财务时代的最大特点就是数据海量。要求企业财务人员必须具备实时数据分析的能力，能够使企业在短时间内了解行业变化趋势，比竞争对手更了解市场、占领市场。新财务时代为企业发展带来的变化就是随时随刻的数据都是新的、都是变化的。企业将这些非结构化的信息进行收集，帮助企业做出在传统会计形式下无法作出的决策。

管控服务型财务共享中心的建设为财务转型奠定了基础，使得企业的业务财务之间的界限逐渐弱化，业财一体化让财务部门逐渐演变成大数据处理部门，信息系统建设的完善和人工智能的迅速发展，使得一些基层会计人员逐渐被取代。企业要建设财务共享中心，不仅需要 ERP 系统的逐步完善，对财务人员的要求也不断上升。财务共享服务对于企业尤其是集团企业的财务管理是大势所趋，广大财务从业者需要不断磨炼自身职业技能，才能加快转型的步伐，实现职业生涯的长远规划。同时，财务共享中心建设并非是一成不变的，而是一个持续优化的进程。会计政策也在不断与国际通用会计准则接轨。实时掌握新财务共享信息以及会计政策的更新，将会成为财务日常工作质量的基本要求。

随着财务共享本身的作业与智能化的结合越发紧密，共享中心将从一个人力密集型组织转变为一个技术密集型组织。随着规则的不断梳理与完善，并在信息系统中形成可执行的规则后，财务共享中心的作业人员将可被替换，并最终趋于人力的削减。从管理者角度来说，这对整个组织是有益的，但也会对财务共享中心现存员工的转型形成极大挑战。部分能力较强的员工将转至规则梳理的相关岗位，而大量的员工可能因为智能化而离开工作岗位。财务人员只有适应时代发展，加速转型，才有可能避免在新财务时代被淘汰。

大数据时代的到来与不断发展，使企业管理会计逐渐彰显出其重要性。在大数据时代下，企业的财务人员应积极调整思路，逐渐向管理会计的方向转型。对于企业的成本控制与内部控制人员，随着市场经济的不断发展与完善，在微利时代，成本的高低将成为企业获利的关键性因素。在大数据时代，专业的成本分析与控制人员，不仅要具备丰富的、扎实的财务专业知识，而且必须对企业的各项生产工艺流程、生产环节、企业的内控流程等进行了解与高度关注，并在成本控制系统的帮助下，充分挖掘相关成本数据，对成本数据进行合理的分配、归集、构成分析等，从而为企业成本的有效控制奠定基础，为企业的决策提供帮助。

现代企业进行的管理基本是事后管理，越来越多的企业采用 ERP 系统对企业数据进行整合，通过对数据穿透查询，结合企业的预测目标，将企业事后管理逐步变成事前控制。用信息化手段进行事前控制、预测等对企业管理十分重要。在大数据时代，预算作为财务管理的"领头羊"、核心，要求企业实现全员参与预算，财务人员需要站在企业战略规划的高度，对企业的战略规划目标进行层层分解，直至最后的预算分析报告的编制、预算绩效考核，以及预算对未来目标与战略的影响与规划，使预算真正发挥其职能作用。大数据时代需要企业的财务人员向全面预算人员转型。

企业的财务人员必须具备专业的分析技能，能够从海量的数据中挖掘出对企业有价值的信息；同时，还可以在数据分析的过程中更加全面地了解企业的发展现状与存在的问题，及时对企业的财务状况、经营成果进行评价。为改善企业的经营管理效率提供更有价值的分析。大数据时代的企业财务人员应积极向专业的财务分析人员转型。

风险管理主要是企业从战略制定到日常经营过程中对待风险的一系列信念与态度，目的是确定可能影响企业的潜在事项，并进行管理，为实现企业的目标提供合理的保证。实践证明，内部控制的有效实施有赖于风险管理，战略型财务人员需将企业的风险影响控制在可接受的范围内，来促进企业的可持续发展。在大数据时代，企业的财务人员应向风险管理人员转型。

大数据、大共享理念的延伸与拓展要求财务共享的产生，并在未来成为主要的工作环境，并借此形成数据中心，为未来的决策与发展奠定基础。财务共享中心的人员是财务人员在大数据时代转型的另一个方向。在财务共享中心中，有设计好的专业的标准与流程。例如，应收应付款项、费用报销、明细账的管理、总账及各种财务报销、资金的管理、税务的合理筹划等。这一职能对财务人员的要求并不高，只要具有一定的财务基础知识、英语基础知识、计算机基础知识，并经过一定的培训即可转型上岗。这对于那些处于初级阶段的财务人员是一个较好的工作选择。在经过一段时间的熟悉与熟练以后，可以向更高级的技术型财务人员、战略型财务人员转型。

2. 财务共享服务人才培养

财务共享中心所需人才呈现规模大、专业性强等特点，导致其已经成为各企业发展财务共享中心的一大障碍。财务共享的发展推动了人才转型，对于财务共享中心的人才培养、支持方面的探索显得尤为重要。

财务共享服务是一个不断发展和持续优化的过程。未来的发展趋势包括财务共享服务的智能化、财务共享服务中心建设的智能化、财务共享服务的一体化，以及财务共享中心的全球化等。在这些新形势下，对财务人才的知识和能力要求也发生了改变，需要建设财务共享课程体系，培养新型会计人才。总之，财务共享培养体系建设任重而道远。对于培养体系的建设，要本着求真务实、与时俱进的原则进行规划，依托"互联网+"的时代背景，将知识的传授转化为学生综合能力的培养，并贯穿在课堂教学中，为培养符合社会所需的会计人才做出应有的贡献。

二、共享服务中心的发展方向

如果说，共享服务中心过去是由信息技术的发展所驱动，那么未来随着大数据、云计算、移动互联、人工智能、物联网技术的不断发展，共享服务中心将由"技术"驱动升级到"智慧"驱动。这里的"智慧"不仅包括共享中心开始逐渐应用机器人流程自动化以及人工智能，更是指在共享服务中心里的"人"的智慧。与大数据的结合对财务共享服务中心而言意味着一次化蝶质变。当财务共享服务中心具备了数据管理基础和技术手段后，绩效分析、预算分析、盈利分析、风险预警等内容都将成为可能，从而为企业获取更多的商业信息，创造商业价值。与云服务模式相配合的财务管理模式，基于云服务的全球统一财务共享服务平台，将实现灵活高效地配置服务资源。

大共享是财务共享中心的未来模式，不仅涵盖财务，人力资源、采购、市场管理、信息技术等都将纳入共享中心管理范畴。事实上，随着中国经济进入"新常态"，供给侧结构性改革不断深入，财务共享理念将从导入期进入业务应用的爆发期，众多企业将财务共享作为财务转型的重要抓手，把财务共享作为"互联网+行动"在企业的切入口。

在国家大力推动管理会计的政策背景下，建设以业财融合为基础的财务共享服务中心，通过业财融合、规则前置，强化集中管控效果，确保政策和制度的有效执行，推动企业在激烈的市场竞争中构建核心竞争力、保持领先优势、提升企业经营效益和发展质量，具有管理上的必要性及实践上的可行性。在满足基础服务的前提下，积极开展决策支持、风险控制等方面的价值拓展，可以有效抵消人工智能等带来的冲击，提升共享中心在企业管理中的价值，拓展共享中心的发展空间，是财务共享服务中心持续发展的重要方向。如今，管控服务型财务共享模式已经盛行，财务共享的未来发展也将面临四大趋势：财务共享服务的智能化、财务共享中心建设的虚拟化、财务共享服务的一体化，以及财务共享服务的全球化。

当前财务共享中心在全国的发展已成燎原之势，从 CIMA、ACCA、德勤、安永等机构的调查报告中可知，中国一半以上的大型企业已开始使用财务共享服务，从几所国家会计学院火爆的培训班中了解到：各种规模的企业，甚至行政事业单位，都在筹划和启动财务共享中心建设项目。

在财务共享服务的应用深度和广度方面，中国的企业已呈现出代际的差异，先进和后进的差距不仅体现在业务流程、核心技术、信息系统、组织架构等设计方面，更重要的是发展战略、管理理念、经营模式等方面的不同。

三、财务共享的发展趋势

近年来，一些领先企业的新变化引起了广泛关注，如中兴通讯将共享中心更名为中兴财务云；国内主要厂商纷纷发布云共享产品；阳光保险提出财务共享的众包模式；中化国际在共享中心启用财务机器人等，这些典型活动都预示着财务共享服务未来的发展趋势，财务共享进入新时代。

（一）在财务共享和新 IT 技术驱动下，企业财务出现很多新的特征

首先，参与者发生了变化，在传统的内部会计基础上出现了财务机器人和财务外包。其次，更加注重业财融合，实现业财一体化，管控与服务并重，推动管理会计落地。再次，财务的职能发生了变化：从关注结果到重视过程，从规范制度到注重发现，从聚焦内部到统筹内外，从书写历史到创造未来。最后，财务信息化的端更加丰富了，在传统的 PC 端的基础上，出现了更加丰富的移动应用。

随着外部环境不断发生变化，逐渐催生内部管理提升的需求，将推动财务共享服务中心向更高层次发展：共享中心的组织形态将由实向虚、由集中向分散过渡，主业将由基础服务向增值服务转移，服务对象将由集团内部向外部客户拓展，经营定位将由成本中心向利润中心演进。共享中心对管理工具的重塑和管理体制的优化，将使其内涵外延价值不断得到拓展，从而推动企业管理职能、管理重心、管理体制发生变革，实现企业管理转型升级。随着外界发展环境需求的变化，对于财务共享中心的要求也在不断地发生变化，对其进行不断的优化以适应发展环境是极其重要的，目的在于提升业务处理的自动化和智能化，在适应发展环境的同时为企业创造更多的价值。

（二）流程优化与标准化和新兴技术的使用是共享服务中心主要的优化方向

共享服务中心未来需要持续对流程进行优化和标准化，信息技术的使用、业务处理自动化提高与智能化的提升是主要的优化方向之一。

随着企业信息化进程的快速推进，共享服务中心越来越注重财务人员信息化能力的培养，对兼具财会背景和信息化知识的复合型人才的需求越来越大。因此加强员工培养与人才建设、降本增效、扩展业务和服务范围也是企业共享服务中心主要的优化方向。财务共享中心未来需要培养复合型人才，除具备娴熟的财务专业技能、丰富的业务知识、高效的工作能力之外，更需要注重改革创新的能力、协调合作解决复杂问题的能力以及快速学习掌握新技术的能力。

共享服务的职能范围不仅仅局限于财务领域，人力资源、信息技术、客户服务联络中心和法务等也能通过流程再造进行共享，因此应当拓宽共享服务中心的

职能范围，使其发展成为多职能中心；随着财务共享服务中心向更高层次发展，将逐渐从传统的成本中心定位转向利润中心，对外输出商业化服务，应当对共享服务的业务范围进行扩展，由区域共享转向全球共享；同时应当对共享业务进行创新式延展，推动"共享+"系列业务创新，实现共享价值不断提升。

（三）财务共享应当与相关科学对接

为更好地推行财务共享应用，推动财务共享的发展，财务共享还应当与相关科学对接。业财融合、成本管理属于管理会计的范畴。企事业单位的经营是从业务开始的，通常涉及产供销和投融资等投入，投入是计成本的，控制成本才有绩效，财务共享使这一特征更加清晰，内容更加丰富，应用更加广泛，真正做到了产供销、投融资等全过程的成本管理。管理会计应当围绕财务共享、业财融合、全过程成本管理等，改进传统的管理会计知识结构，形成基于财务共享的管理会计知识结构体系，这不仅是理论的创新，更是实践的需要。

财务管理是研究资金流的学科。银企互联、资金管控属于财务管理的范畴。财务共享后，银企互联、线上收付、网上报销、集中收付、即收即付，零存款成为现实，采购付款决定于销售收款，投资决定于融资，传统的出纳、银行预留印鉴的管理已经不存在了，资金管控的方式发生了根本性变革，需要研究形成基于财务共享的财务管理。

财务会计是确定企业价值的，对会计要素的确认、计量、记录、报告是财务会计的本质特征。财务共享导致了记账凭证和账簿的消失，对准则职业判断提出了新的要求，对公允价值的确认提供了技术支撑。财务会计应当以报告自动生成为基础，研究从原始凭证传输到报告自动生成的控制流程，划分能够标准化的会计准则业务和不能标准化的业务，以及公允价值的有效应用等，研究基于财务共享的财务会计知识结构体系。

除此之外，需要根据财务共享在企事业单位相关专业领域的应用，研究建立基于财务共享的政府审计、内部审计、社会审计的知识结构体系。理论是实践的基石，实践是理论的佐证，从管理会计、财务管理、财务会计、审计等基础理论出发，将理论创新与财务共享实务创新有机结合，从而推动财务共享的发展，以适应新时代新环境的新需求。

第八章　大数据时代下的职业技术院校
会计人才培养

第一节　大数据时代下会计教学改革的新思维

一、大数据时代会计教学改革的运行机制

（一）大数据时代背景下会计教学运行机制

1. 教学目标的改革

网络会计环境下，会计人才不仅要懂得会计理论知识、会计核算业务以及财务管理知识，还必须知道如何应用会计软件来实际操作这些业务及如何优化企业的网络会计环境来实施网络会计。唯有这样，学生才能实际胜任会计工作岗位。这时的会计人才显然是既要懂会计知识，又要懂计算机应用，还要懂企业管理的复合型人才，职业教育现行的教学目标定位没有重视网络会计方面的需要。已经开始对毕业生的就业前景产生了负面影响。近两年，会计专业的毕业生，由于会计电算化方面的技术达不到一定的水平，在北京、广东、上海一带失去了更多更好的就业机会。可以肯定，如果这个问题不加以解决，今后的毕业生的就业就会更艰难。所以，我们的教学目标要改革，要兼顾学生会计业务能力和会计软件的实施及操作能力的培养。树立复合型人才教育目标，用前瞻性的眼光突出和加强网络会计的地位。

2. 教学理念的改革

网络会计的出现使会计学科体系扩充了新的内容，加入了会计软件、电子商务等方面的内容，而且这些课程之间具有纵向上的层次递进关系，在横向上又具有内容方面的关联和关系。其中，电算化类课程的部分内容更新还比较快。

在新的形势下，会计专业教学理念要转变，要用更宽的视野和发展的眼光来看待专业教学，使专业的包容性更宽，而不应为了迎合市场上的某种需要去设置过细的方向，在会计专业中再设置"注册会计师""会计电算化""会计学"等方向。因为，就会计专业来说，它是定位于培养基础性专业人才的，显然，会计理论基础知识、会计业务技能、电算化技术应用能力都是必需的，没有必要在这些方面厚此薄彼。如果确实要对学生在会计学理论方面或会计电算化方面进行进一步的专门培养，那是研究生阶段的事情，到研究生阶段再去设计一些较细的方向。同时，由于学生从在校学习到毕业后在单位从事会计工作有一个时间差，这样学生所学知识能为日后所用是十分重要的。一般来说，学校教学内容是相对静态的，在一个时期内变动较少，而会计工作实务却是相对动态的，随着国家的会计制度或有关政策的变化，会计核算方法也会发生变化，随着会计电算化技术的不断发展，会计核算手段也会不断推陈出新。因此，会计教学要有前瞻观念，在市场经济条件下，有关会计制度和会计准则方面的变化趋势问题要在教学中加以体现，对已经出现但尚未在企业广泛推广的较先进的会计软件要加以介绍，以保持教学内容能符合会计实务的实际和发展趋势。

3. 教学方式的改革

封闭式教学使学校和社会之间有"一墙之隔"，不利于学生接触实际，不利于理论联系实际。今天的职业教育不仅要向学生传授书本知识，还要注重培养学生获取知识的能力、动手能力和创新能力，而这就需要在教学中向学生提供较为丰富的教学形式，包括情景教学、案例教学和专题讨论等，而这样一系列的教学方式需要的素材资源是十分丰富的。一般来说，学校内部不可能提供这些素材的全部，学校提供的教学条件是有限的，因此，向校外寻求教育资源补充是很有必要的。实行开放式教学有利于利用校外各种教育资源。组织学生"走出去"学习，可以利用校外企业的网络会计设施实行现场模拟教学，以弥补学校实验设施不足而无法进行的一些实验。学生通过在校外接触企业会计实际，可以尝试解决一些学校教学中没有触及的实际问题。通过请校外有关专家进行专题讲学，可以弥补校内教师某些教学方法的不足，有利于学生拓宽视野、定期接触到学科方面新的动态。同时，实践教学也要进一步加强。这里要抓好两个方面：一是要多上一些实验课，除课时安排实验课外，还应增加一些开放的实验课，为那些需要进一步加强练习的学生和有兴趣、有潜力在电算化技术方面进一步探讨的学生提供更多的实验机会。二是对现行的实习环节做些改革，目前学校大多只安排在毕业前实习，以准备毕业论文，由于这个时期学生大多忙于工作或考研，可能没有太多的心思用于实习，所以实习效果并不太好。面对新的情况，学校可考虑增加学年实习，以便学生在学习中途有机会接触实际，从而更好地领会和消化阶段性学习内容，也可安排学生在假期进行一些专题实习。

4. 课程体系的改革

当前，职业教育会计专业课程体系设置是按必修课和选修课两个方面来进行的，从其布局来看，这种课程体系设置是和传统会计下的专业教学要求相适应的。它具有一定的重理论、轻实践，重讲授、轻操作，重实务介绍、轻手段培训的倾向。从另一个侧面看，涉及电算化手段内容的课程仅2~3门，由于电算化教学内容涉及软件设计原理、会计软件应用、电子商务、网络会计环境建设、数据库知识等多方面内容，要将这些内容压缩在1~2门课程中，显然是达不到应有教学效果的。因此，现行课程体系有待进一步改革，一是要增加网络财务方面的课程，正常来说，应该有4~5门课程，其中还应该设有主干课程，以突出其主要地位，尤其是网络会计实施方面的内容要增设，这在目前的教学中基本上属于空白点。二是在课程体系中应适当增加实验课程，以利于学生在会计和会计软件应用，帮助学生向企业会计员的角色转换。当前，在毕业生就业市场上，有不少招聘单位都要求所招人员有一定的工作经验。所以，在加强理论知识的同时要提高学生的实践能力。

（二）基于 MOOC（慕课）的实践教学运行机制

1. 设计理念

按照会计专业实践教学过程实践性、开放性和职业性的要求，根据职业岗位层次、职业能力要求分门别类设置网络模块。此外，在调查现有 MOOC 基础上，分类已有在线课程，以现有实践教学体系为支撑，配套网络实践环境、软件，构建基于 MOOC 的实践教学平台。

2. 功能设计

在线教学平台是实施基于 MOOC 的会计专业实践教学基础，应满足学生实践的要求，可用性的需求，并提高其学习持续性，功能设计应简捷易用，教学资源应呈现多元化，其基本功能应包括基于数据库的大规模学期教学管理、学生注册、课程链接及课程上线、兼容浏览器。运营一定期间后，还应逐步实现手机、平板计算机等终端的访问接口，提供在线课程的即时测试，建立课程论坛，进行课后测试和平时作业，记录课程资源利用情况，提供在线问题研讨厅，配以实时在线辅导答疑，并提供成绩综合评定系统，为校内导师和企业教师提供综合评价平台。

3. 实施与保障

为了调动学生的兴趣和参与性，其核心是教师。在线教学平台的众多教学活动设计与组织机制，例如，设置教学情境，组织教学内容，构建独立的、可以为学生自主预习提供结构完整的短视频、阅读材料，课中的反馈与答疑，设计课程实践情境、完善评价方式等，都需要保障团队来进行，这对保障团队提出了要求。

会计专业实践教学体系的顺利实施需要专兼职教师团队，除校内专职教师外，团队中还需要网络技术专家、视频录制与制作专家和会计行业专家。网络的设计和视频的录制与制作可以外包由专业公司来完成。但优秀会计人力资源，则需要不断的校企合作逐渐开发，进而保持稳定。

4. 实践课程评价机制

会计专业融合了导学、实践教学及学习环境一体化的网络平台，能够充分调动现行资源，如企业案例资料、各类财务软件、教学平台等，建立学生课内和课外与教师沟通交流的有效媒介。除在线模拟课程的学与自身工作项目的做之外，还需建立起实践导师导学、定期见面答疑和常态化网络答疑机制，改变在线课程以往的"视频+答疑"的简单学习与评价模式，形成学生自评、小组评分及计算机客观评分、实践指导教师评分等结合的实践评价机制。会计专业实践教学按照岗位课程的内容，将职业工作内容项目化，配套的课程评价机制则以项目评价为主。评价过程中做到既要检测学生对实践课程相关知识的理解、掌握程度，又要考查学生岗位技能的运用及模拟项目的完成情况，并附带评价学生通过课程的学习，在综合分析能力、表达能力、团队合作、道德素养等方面达到的水平，进而全面提高学生岗位适应能力。

成绩评定以过程考核方式为主导。在实践课程学习过程中，对各岗位工作内容设置具体工作任务，完成阶段性工作任务，并根据提交的任务单，填写项目评价表。采用学生自评、小组评价，结合阶段性的课程配套软件成果统计的计算机评分；采用多元化的过程评价方法，教师指导过程参与各个成绩构成，起到有效的督促和指导作用；并且在岗位任务结束时给予总结性评分，综合性评定成绩。具体操作中，学生自评采用定期评价，让学生参照由课程标准提供的任务单元和工作任务评价标准，对自己的完成及成果情况评定成绩。学生自评容易出现"估分过高"的情况，因而在总成绩中所占比重不宜过大。小组评价体现了学生自我的监督机制，根据项目情况组成的模拟公司小组，每个小组成员承担一定的工作任务，小组内部建立相互监督和制约机制，发挥学生的自我管理，确定项目组长，由组长监督和考察，并定期评定本组成绩，同时，汇总学生自评成绩以计算机软件为主要操作媒介的实践项目，将软件自动评分作为成绩构成内容计入小组评分表。阶段性工作任务结束时，由教师进行检查和统一指导，并将阶段性评分评语记录于过程考核表单及小组评分表中，实践项目总体结束后，汇总各评分要素，最终确定综合成绩。

"多元"评价方式能够潜移默化地提升学生语言表达能力，增强学生自主管理、自主学习意识，提升学生自信心；引导学生不断进行自我反思，增强集体责任感，并加强学生间团结协作。学业成绩的多方综合评定方式，显得更加人性化，做到了公平、公正、全面。

二、大数据时代会计教学改革的主体分析

（一）大数据时代会计师资队伍的建设

1. 会计专业教师课堂内部角色特性的重新定义

随着新课改方针的大面积覆盖落实，职业院校内部的会计专业开始大力提倡

项目教学法，希望师生之间合作，渲染课堂积极探究互动等愉悦氛围，使得学生能够在课后不断借助网络、图书馆渠道收集广泛课题信息，同时主动渗透到对应岗位领域中积累实践经验，至此不断完善自身经济分析实力。通过上述现象观察，教师全程角色地位几乎发生着本质性的变化结果，涉及以往知识"填鸭式"硬性灌输行为弊端得以适度遏制，并且其懂得向教学情境多元化设计、学生自主学习意识激发和会计专业技能科学评估等方向过渡扭转，规避学生今后就业竞技过程中滋生任何不必要的限制因素。

2. 教师会计专业思维创新和团队协作意识的全面激活

具体就是遵循会计行业专家科学指示，自主将会计一体化教学岗位实践工作内容，视为自我专业技能和职业道德素质重整的关键性机遇条件，积极推广宣传和系统化落实项目教学理论。毕竟，借由上述渠道开发延展出的教学项目内容独特性显著，作为新时代专业化会计课程讲解教师，应该敢于跨越不同学科束缚，在团队合作单元中完善自身各项学科知识、技能结构机理，这样才能尽量在合理的时间范围内，将今后的工作任务过渡转化为项目教学策略并进行细致化灌输。

3. 不断提升会计专业教师团队整体现代化教学理念的培训研习效率

为了快速辅助会计专业教师进行岗位意识转变，相关职业院校领导可以考虑定期邀请会计分析专家前来开展专题报告工作，确保校本培训工作内容的大范围延展结果；再就是鼓励相关专业教师明确掌握会计专业课程改革的现实意义，愿意投身到不同规模职教学会、教研分析活动之中，或是参观教学改革成就突出的校园，及时更新自身教学规范理念，避免和时代发展诉求脱离危机。

4. 有机加大校园、企业的经济辅助支撑、人才供应等事务协作交流力度

为了尽量确保会计专业教学课程能够同步迎合企业、学生诉求，职业院校领导联合以下细节因素进行综合调试。首先，定期组织教师深入会计事务所等单位进行实践体验，快速汲取各类创新知识养分并完善自身动手操作能力，为后期与学生精确探讨会计行业发展趋势奠定和谐的适应基础。其次，邀请金融机构专家参与到校内经济类专业建设事宜之中，针对既有师资团队素质和技能优势进行挖

掘引导；同时成立行业专家指导委员会，督促相关指导教师通过课堂收集的问题进行汇报咨询，听取其意见并进行校本教材内容革新并确定阶段化教学改造指标。最后，及时跟踪验证财会专业毕业群体就业发展实况，结合学校既有会计专业课程设计形式进行对比验证，为今后后续毕业生职业生涯发展前景稳固提供丰富样式的预测疏导线索。

5. 借助校内各类科研项目成就带动会计专业教师教学质量协调控制力度

职业院校内部会计类专业课程系统化灌输落实的显著特征，就是集中一切技术、经济手段稳定学生实践操作能力完善成果。结合以往实证经验进行综合校验解析，在校内建立起合理规模的科研项目和财会专业实训基地，稳定不同实验设备更新力度，能够为学生今后经济类职业发展前景细致绽放，提供更为广阔的支撑动力。所以说，有关院校应该尽心竭力建立和完善一体化教室，配备各种会计模拟教学工具及设备；同时开放沿用不同类型高水平的现代化的财经实习教室，并全部进行教学联网，专门用于系统的财会电算化培训和学校的电算化教学。

（二）师生进入移动自主学习角色

随着现代信息技术的迅猛发展，网络技术在教育中的应用日益广泛和深入，特别是互联网与校园网的接轨，为学校教育提供了丰富的资源，使网络教学真正成为现实，为有效实施素质教育搭建了平台，有力推进了新课程改革。现代信息技术的发展为创新人才培养提出了挑战的同时提供了机遇，中华人民共和国教育部《基础教育课程改革纲要（试行）》明确提出，要"大力推进现代信息技术在教育过程中的普遍应用，促进现代信息技术与学科课程的整合"。而运用现代信息技术教学具有"多信息、高密度、快节奏、大容量"的特点，其所提供的数字化学习环境，是一种非常有前途的个性化教育组织形式，可以超越时间和空间的限制，使教学变得灵活、多变和有效。处在教育第一线的我们，必须加强对现代化教育技术前沿问题的研究，努力探究如何运用现代信息技术，尤其是在课堂上将基于现代信息技术条件下的多媒体、计算机网络与学科课程整合，创新教学模式、教学方法，更好地激发学生的学习兴趣，调动积极性，使课堂教学活动多样化、趣味化、生动活泼、轻松愉快，提高教学效率。

课堂教学改革是实施新课标的重要基点。现代社会要求青年一代要具有较强适应社会的能力，并从多种渠道获得稳定与不稳定、静止与变化的各种知识。传统的教学模式是教师在课堂上讲课，学生在下面接受知识；而新型课堂教学模式是学生在教师指导下，通过积极参与教学实践活动，自主完成知识的学习。课堂变成了师生之间和学生之间互动的场所。面对常规的每一节课，面对基础不一的每一个学生，面对每一个新的知识点和每一个学生不同的需求，打造"翻转教学模式"下以学生为中心的高效课堂教学就显得十分重要。

1. 学生角色

学生进入移动自主学堂后会看到自己未完成的任务，其中包括教师发布的考试、作业和学习资源；自己制定的学习任务，如查看学习资源和错题练习等；系统根据学习曲线算法在适当的时间给学生布置相应的学习任务，如学生长时间没有复习和练习某个知识点时，系统会将相应的学习资源和练习推送给学生进行复习和练习。学生可以查看自己最近一段时间的学习记录，及时了解自己的学习情况。学习记录中包括最近学习了哪些资源以及学习每一种资源所用的时间、测试情况的反馈，包括每一个知识点测试题目的数量、正确率等信息。平时考试、做作业会产生错题，利用好这些错题可以有效提高学习效率。移动自主课堂考试、作业功能可以根据学生的学习记录自动剔除学生已经牢牢掌握的试题，从而缩短学习时间，提高学习效率。学生可自主在题库中通过随机（由系统根据算法进行预筛选）或指定筛选条件等多种方式抽取试题学习，以及根据学生的特点推送与学生掌握不好的知识点相关的试题供学生进行练习（缩短学习时间）。同时，系统根据高分学生的学习记录，推送这部分学生的学习资源和练习题供当前登录的学生进行练习，并根据练习题的测试情况调整推送参数，以探索最适合该学生的学习模式。针对每个学生的不同学习特点，系统对学习资源进行有效分类。

2. 教师角色

教师可利用平板计算机或其他方式出题，同时指定试题的属性，如关联的知识点、体现的能力和难度系数等。对于试题的难度系数，系统可以根据学生答题的情况计算出来，自动将错误率较高的题目推送给教师并给出建议，如题目太难、讲解不够等，从而优化题库。为了提高教学效率及资源利用率，系统可以统计每个资源的使用情况，包括学习次数和时间等，并针对使用过于频繁或者过少的资源推送通知。教师可以通过考试系统发布随堂练习，及时查看学生学习掌握程度，以便当堂解决学生在本节课学习中存在的问题。考试系统根据历史数据，对试题库中的试题进行预筛选，剔除正确率非常高、近期出现频率过高的试题，同时将错误率过高、近期很少出现的试题前置显示，为教师提供更多的建议，从而提高出题质量，实现因材施教。在体现个性化教学方面，系统中的学生学习情况查询功能可以使教师了解学生的整体情况，包括错误率较高的知识点和题目。同时，将查询到的数据与相应学生学习资源的时间投入情况进行对比，以协助教师分析学生失分的原因。还可以针对指定学生，了解其最近的学习档案和考试、练习情况，包括其薄弱知识点、资源学习的盲区等，以便针对个体给出个性化的学习建议。

（三）营造师生及生生互动的学习空间

移动自主学堂采用先学、精讲、后测、再学，并有教师参与的教学模式。在移动自主学堂中，教师根据学科类型、知识点特点、学生特点、教学目标与教学内容等，可采用灵活多样的教学方式，并且系统可自动记录学生行为和教师行为数据。学生之间可以针对某知识点进行竞争学习，教师和学生之间可针对某知识点发起话题讨论等，在课堂教学中实现师生、生生互动。更重要的是，这样可采集到用于学生分析和管理的真实数据。

信息化环境下移动课堂教学模式探究以"移动自主学堂"为核心，我们还设计了"四课型"渐进式自主学习方式。其基本模式是：先学、精讲、后测、再学，即教师提前通过学生学习支持服务系统向每个学生发送资源包，包括导学案、课件、测试题及有关学习资源（包括微视频等）；学生参考资源包，依据课本进行预习和自学，并记录问题或疑问；学生通过平板计算机或其他媒介展示反馈学习成果，或通过学生学习支持服务系统进行前测，通过测试展示学习成果或问题。对重难点内容由学生或教师进行点拨，在充分质疑交流的基础上进行归纳总结（教师与学生互动）。最后通过学习平台进行练习评价课，系统自动统计测试成绩并进行分析，之后由学生、教师或系统进行讲评、评价。

三、大数据时代会计教学的人才培养探索

(一)　网络经济时代的网络会计的应用

随着经济全球化和信息化进程的加快以及计算机技术、互联网和通信技术的发展，信息处理的速度越来越快，传统工业经济模式下的手工操作及简单的电算化操作难以适应网络时代的需要。会计作为经济信息系统的一个重要子系统，对经济事项的处理和会计信息的传递必须网络化。这样，会计信息的输入、加工、处理和传递才能更加便捷，共享会计信息将达到前所未有的程度，而与国际惯例相协调的会计信息及网络信息，无疑会增强我国参与国际竞争的能力。

(二)　网络经济时代会计人才需求

随着我国经济全球化网络化的发展，会计人员原有的知识水平、知识结构已经落后于网络经济发展的步伐。在网络环境下，会计人员不仅要能进行计算机操作，还要能解决工作中出现的各种问题，所以应积极培养能掌握现代信息技术和现代会计知识及管理理论与实务的复合型人才。提高会计人员的素质，是促进网络经济持续、快速、健康发展的基本前提之一。

(三)　网络经济时代会计人员应具备的素质

1. 网络经济时代会计人员的管理

网络经济时代下会计的职能由核算型转变为管理型，这要求会计人员具有相应的管理能力。一是决策支持能力：能够提供管理建议，进行预测分析、报告，当好决策者的参谋。二是资本运营能力：不断更新、扩展知识面，拓宽企业生存空间。三是公关能力：处理好与银行、财税、审计、工商等部门之间的关系。四是综合分析、思考能力：能够结合市场经济变化，运用市场经济规律，对财务信息数据进行合理分析，提供决策依据。

2. 网络经济时代会计人员的计算机知识

网络会计人员除了必须懂得一些常规的计算机操作知识，还应该学会一门编程语言并掌握其设计方法。同时，能够结合财会岗位的工作特点，进行有关财务软件的简单维护，并熟练掌握常用软件（如 Office、Excel 等）的使用方法。

3. 网络经济时代会计人员的网络安全知识

网络安全问题一直是网络会计面临的最主要的问题之一。会计人员应努力学习网络安全知识，在对网上会计信息进行有效过滤的同时，注意保护本企业的会计信息，防止非法访问和恶意攻击。

4. 网络经济时代会计人员外语的应用

网络经济时代，要求会计人员具备较高的外语听、说、读、写能力。传统的商品交易将发展成以电子媒介为基础的电子商务，网上交易将成为时代发展的趋势。企业的财会人员很可能因此被赋予了除算账、管账等传统职能之外的许多边缘职能，如重要合同条款的审定、网上支付款项等。或许这些交易的对象是从未谋面的异国商业伙伴，根据通常的习惯，作为沟通和交流的语言一般都是英语。在经济发展全球化的今天，商品交易日益国际化，充斥着大量外语的商业信函、重要合同文本、往来凭证等，支付手段也存在于国际交往之间，英语等外语的掌握已成为衡量一名财会管理者合格与否的标准之一。

5. 网络经济时代会计人员国际化的会计眼光

网络经济时代的到来，同样要求会计人员要有适应国际竞争的新观念。应该拥有全球化的视野和开放的眼光，要站在全球角度考虑问题，而不能局限于本地区、本部门。会计人员要将国际竞争机制和新型的会计规则引入国内，依据法制办理，适应国际办事效率，国内交往中那些不守时、不守约、不守信用的做法，在国际上是行不通的，必须尽快改变；要强化质量意识，适应国际质量要求，提高服务思想，适应国际服务水平。会计人员要以更广阔的视野、更博大的胸襟和更开放的姿态，大步地融入世界经济发展的大潮。

第二节　大数据时代下会计教学改革中的人才培养

一、会计信息化的含义

会计信息化简单讲就是将会计专业的工作内容与现代化信息技术相结合，通过信息技术对会计的工作数据进行获取、加工、传输和应用处理，将会计工作信息化，为企业的日常经营管理、内部管控决策和经济运行提供有效的信息管理。会计信息化是当今社会发展的必然产物，由于近年来信息化社会发展不断向广深发展，信息技术越来越成熟，任何工作都开始与信息化技术相融合，会计也不例外，这也是未来会计的发展方向。会计信息化对于我国企业的发展将带来巨大的现实作用，因此也对财务管理提出了新的要求。

二、会计信息化的优势

（一）提高工作效率

会计信息化的发展可以使会计核算系统更加规范和正规化，免除了手工录入会计信息和会计核算环节，只需要将数据人工录入计算机，很多信息便可以自动形成会计需要的信息，从而使会计的工作时间缩短，大幅提升了会计的工作效率。

（二）提高了会计信息的准确性和可靠性

会计信息化相比于传统的会计而言，信息更加全面准确，录入一次便可以长期使用，不会受到公司倒闭的影响，其可靠性可以保证。同时避免了纸质版手工录入时部分信息缺失或者部分信息不准确的忧虑，减少了人为舞弊等现象的发生。

（三）实现在线业务办理，降低企业财务风险

会计信息化的实现将使企业的会计部门与税务、银行、社保、公积金等部门

建立网络联系，工作来往也从现实接触变为部分网上执行，这样的来往账目信息将会实现留底存根，既方便了会计工作，也降低了公司在财务方面承担的风险。

三、会计信息化对会计人才提出的新要求

新形势下，企业的会计人才急缺的是复合型的人才，只有复合型会计人才才能够在激烈的市场竞争中帮助企业制胜，才能为企业的发展带来更好的发展动力。

（一）熟练掌握会计电算化

会计电算化是会计行业的一次具有深远意义的变革，这一变革不仅将会计从繁重的财务信息工作中解放出来，还对会计工作的效率提升和准确度起到了巨大的作用。然而在信息化发展的今天，会计电算化也在发展，对人才的要求也在提高，不仅要求会计人才迅速掌握各种会计软件的使用，还要求企业的会计人员对互联网有所了解，提高会计在企业决策方面的作用。

（二）拥有深厚的知识背景

当前社会是一个信息化时代，无论从事什么行业，都必须有深厚的知识背景和专业体系。就会计人才而言，在这样的社会大背景下，会计人才在掌握会计专业知识的基础上，还要拓展国际会计和商务惯例，对所从事行业的行业信息、社会信息有所积累，以方便做出更为符合企业需求的会计数据分析，为企业提供更为科学的会计资料。

（三）创新能力、数据分析能力

在以上两点要求的基础上，会计信息化对当前会计人才还提出了创新能力和数据分析能力的要求，因为当前的会计业务，并不是简单的记账、查账功能，会计工作已经逐渐地开始向企业的经营战略决策方向发展。在未来，会计的主要职责不是记账、查账，而是企业财务的分析，这就要求财务人才应该具有财务分析能力与创新能力。

四、会计人才培养新目标

会计信息化对会计人才的要求随着信息技术的发展而不断增强，会计信息化要求从业人员必须兼具信息技术和会计专业知识，成为复合型人才。

（一）以培养会计人员的综合能力为核心

当前我国会计的教育仍然停留在培养会计专业人才上，然而现在社会对会计的要求是会计人员必须具备以会计专业为基础的综合能力。会计信息化要求会计从业人员对会计知识有着更具深度与广度的了解，包括会计专业知识和信息技术等方面的知识，同时对于企业管理方面也要有所涉猎，对行业知识以及社会背景知识都要有所涉猎，最重要的是对国际会计和商务惯例进行深入的研究和分析。只有这样，才能够在现代企业的信息化会计管理中担任更关键的职位。

（二）"会计+信息化"专业要求

会计信息化的专业要求非常高，所以对人才的要求也比较高，一般必须具有会计和信息化双重职能的会计人才方能胜任。由于信息化环境下的会计工作需要在业务量减少的基础上，对业务的处理更加多样化，对财务的判断、分析、控制的要求更高，所以信息化环境下的业务从业人员必须具有数据输入、分析、输出等能力，为公司的经营决策提供更加可靠的参谋数据。在业务基础上，对于沟通、数据处理分析、市场预测等方面都要有更高的要求。

（三）差异化人才培养战略

从我国会计教育的实际情况出发，分阶段、多层次地确立会计人才培养目标。

区分专科、本科、硕士、博士等不同的阶段，对专科生应注重实际操作技能的培养；本科教育应注重学生综合能力及社会适应力的培养；对研究型院校学生应发挥其科研实力雄厚、综合能力强的优势，注重培养研究能力和创新能力；对于教学型大学，应根据国家和本地实际，培养出高素质、动手能力强的应用型人才，不同层次的职业院校应根据其教学资源有针对性地确立会计人才培养目标，以满足社会不同层次对会计人才的需求，体现不同学校的办学特色。

五、大数据时代下会计专业人才培养措施

会计专业人才培养主要是对复合型会计人才的培养，这是企事业单位在未来的发展中必须遵从的。各大职业学校都需要为社会输出高质量的技术应用型人才。在我国，会计教育具有职业性、岗位性、针对性和实用性等特色，其最终的目的是为企业培养高素质会计人才，培养学生的软件操作能力、职业能力以及数据分析能力。在当前会计信息化趋势下，对会计人才的培养主要是对财务分析能力和财务创新能力的培养，从核算型会计逐渐转变为决策型会计。在互联网背景下，会计人才培养还要从以下三个方面入手。

（一）培养互联网思维

1. 会计信息化教育要多元化

传统的会计专业以基础知识教育为基础，但是在大数据时代，也要增加网课、微课、翻转课堂等教学形式，丰富学生的教学模式，拓宽学生的学习渠道，丰富学生的学习内容，借以增强学习效果。新教学手段的运用可以有效培养学生的独立学习、思考和解决问题的能力，对于学生未来的职业发展和人生发展都具有非常重要的作用。互联网背景下的职业院校教育需要以提升学生综合素质为核心，从而满足新时代对会计人才的需求。

2. 培养学生的互联网思维

会计信息化时代的到来对会计专业的学生提出了更高的要求，不仅对专业知识有要求，也对学生软件适应和运营能力、数据收集和分析能力提出了更高的要求。一般而言，数据信息化时代，财务学习的重点在于将理论与现实技术相结合，构建全新的学习模式，并将教育逐渐社会化，加强学生的毕业后教育和财务信息化教育。

（二）企业层面：加强培训、调整人才结构

1. 注重企业财务人员的培训，并建立多种培训方式

第一，培训要循序渐进，根据各企业对会计人才的要求，对会计人才的培训要循序渐进，首先要从会计专业知识入手，然后加强互联网技术、财务软件使用、平台管理与应用的培训。

第二，企业内部开展各种形式的培训，可以以网络为基础进行网络培训、微课培训等，也可以邀请著名的会计专家举办讲座培训，在平时的培训过程中，多注意人才的培养和储备。

第三，企业内部开展各种比赛交流活动，以促进会计信息化知识的消化与应用，活动开展形式可以是技能大赛，也可以是论文评比，总之目的只有一个，那就是提高大家的学习兴趣，使知识掌握得更扎实。同时，企业还可以通过各种物质上和精神上的奖励促使财务人员工作干劲十足，学习劲头十足。

2. 优化财务会计人员结构，实现财务会计的扁平化管理

第一，企业要制定相关的财务人员岗位职责和岗位待遇方案，该方案对财务人员的具体职责、薪酬待遇都要有明确规定，优化财务人员队伍，另外还要对财务人员建立起相应的奖惩措施，以便能够更好地管理和制约财务人员，使财务人员认真工作。

第二，加强财务人员的人才储备，通过对职业院校和社会上的优秀财务人员进行考查和引进，并加以重点培养，来促进企业的发展。

第三，实行轮岗制度，它能使每个财务工作者都熟悉工作流程，万一发生突发事件，不至于使财务工作形成断流；同时，轮岗制度可以有效培养新人和重点培养对象，为企业财务工作积蓄力量。另外，轮岗还可以有效地提升会计人员的素质，培养出一些业务能力强、数据分析能力强，对企业发展有重要作用的人员。

3. 加强校企合作的模式，使学校的人才能够迅速为我所用

第一，与学校订立用人意向，使学校为企业培养专业化的、高素质的、对口

的会计人才，这对于企业和学校来讲是双赢的，不但为企业解决了人才问题，同时为学生解决了就业问题。

第二，制订企业财务人员的学校再培养计划。学校一直都是知识的传播基地，如果企业的财务人员能够定期到学校进行再培养，不定期参加财务课程讲座，必然能够有效提高素质，促进企业的发展。

第三，组织财务人员骨干培训班。财务人员的骨干培训班是企业为自身发展培养财务人才的必经之路，也是企业发展的最终归宿。

第四，通过学校培养一批中高级会计职称人才，为企业的会计发展做出贡献。

（三）个人层面：加强信息技术学习

1. 具备网络技术业务处理能力

随着我国会计信息化的不断发展，会计从业人员必须从自身找原因，迅速提升自身的业务处理能力，这是一名工作人员的立身之本。会计从业人员不仅要对会计的基本知识和基础知识烂熟于胸，更要对互联网技术、会计软件的使用和管理，以及网络平台的运行与维护都能熟练运用，向复合型人才靠拢。

2. 提升自我信息判断能力

会计信息化的发展必然会引起会计职务的变革，随着会计信息化的发展，会计的工作已经逐渐转变，由财务信息的处理和提供，逐渐转向了对财务数据分析和参与企业决策。财务信息的录入不再是最重要的，而对企业发展的决策前预测和在企业决策执行过程中的成本控制变得尤为重要。所以，对于会计从业人员来讲，具备一定的行业判断能力、市场分析能力和敏锐度都有更高的要求。

3. 要有保障会计信息安全的能力

随着互联网、移动设备、云计算和社交媒体等新技术、新载体的大量运用，会计信息系统将面临被外部攻击的风险。所以，会计从业人员必须强化保障会计信息安全的能力，有效防范会计数据被窃取、篡改、损坏、丢失、泄露等风险。

六、大数据时代下会计人才胜任能力评价指标体系的建立

（一）胜任能力概述

1. 胜任能力的含义

"胜任能力"一词，英文名为 competency，指的是可以胜任某种工作或者活动，而且比他人优秀的一种能力和素质，或者说，胜任能力强调员工高于一般的优秀素质水平。胜任能力是美国管理学家麦克利兰提出的。国内学者把这个词翻译成关键胜任能力、核心能力、胜任特征，也可以简单地称作素质。

人力资源管理理论与实践和现代管理学非常重视的就是胜任能力。如何界定人力资源个体胜任能力，可以得出招聘和任职的依据，可以顺利地找到优秀的人才，同时有利于员工招聘任职之后进行正确培训、高效使用和进一步的开发。

据斯宾塞的分析，胜任能力分为六个层面，有表层的、显现的因素，也有"作用更大的、隐藏在深层的内容"，这一思想被称为"冰山理论"。

2. 胜任能力的内容

据斯宾塞的研究，最常见的、具有一定普遍意义的胜任能力涵盖以下六大类别、20 个项目。

（1）个人特征。

包括自信、自我控制、灵活性和组织承诺。

（2）影响特征。

包括个人影响力、权限意识和公关能力。

（3）服务特征。

包括人际洞察力和客户服务意识。

（4）管理特征。

包括指挥、团队协助、培养下属和团队领导。

（5）成就特征。

包括成就欲、主动性以及关注秩序和质量。

（6）认知特征。

包括技术专长、综合分析能力、判断推理能力和信息寻求。

也有的学者注重胜任能力中与工作绩效有直接因果关系的一系列因素，如认知能力、人际关系技能、与工作风格有关的因素等。认知能力主要指一个人分析和思考问题的能力，它包括问题解决能力、发现问题的能力、决策能力、项目管理能力、管理时间能力等。与工作习惯有关的因素主要关系到一个人在特定情境下采取何种行动。人际关系能力是与人打交道的种种技能，如处理与上司、同事、客户等的关系。

（二）经济全球化大背景下会计人才胜任能力评价指标体系的建立

1. 经济全球化大背景下会计人才胜任能力评价指标设立原则

（1）可行性原则。

指标的确定必须有理论依据、合理科学的指标，而且必须结合实际情况，直观可量化、操作起来切实可行，用这样的指标来进行评价，得出的结果才是正确的、合理的。

（2）科学性原则。

如果要求指标得出的结果更接近客观事实，那么设计评价指标时必须坚持科学性原则，这样得出的结果才是真实可靠的，评价的结果才是可信的。如果想要准确和全面地评价一个对象，那么必须有一系列具有内在联系、能够立体地对评价对象进行评价的指标体系。因此，坚持评价指标的科学性原则，基本上体现在指标的数量和层次上。

（3）可操作性原则。

如果评价体系指标设计得粗陋简略和烦琐复杂，就违背了科学性与可操作性原则，直接后果就是结果太简单有失精确或者过程太复杂无法计算。因此，在科学合理的前提下，设计指标的时候应尽量做到简单，而且要充分考虑实际情况，可以在具体操作中进行简单的操作，让设计出来的指标具有实际意义。

（4）目的性原则。

每一个因素或指标都是借助层次分析法把总目标逐级分层得到分目标，因此在设计指标时，要保证每一个指标都能和上一级目标结合，并且能够全面体现这一目标。同一层次的不同指标可以互相补充，这些指标放在一起可以完整地展示他们上一级的目标。

（5）分类原则。

我们把会计人才分为初级、中级和高等会计人员，初级会计主要处理基础的财务工作，在企事业单位中一般担任会计和会计助理等职位；中级会计人员是指可以担任企事业单位主要财务负责人工作或者可以处理相关领域的财务工作，主要涵盖小公司财务部门的负责人或者大公司集团会计总负责人助理等职位；高等会计人员是指掌握丰富的会计实践经历和较强的职业能力，可以独立领导和组织处理本单位财务会计工作，当成公司的管理层，在企事业单位中主要担任高等财务分析师、高等会计师、首席财务师。基于不同层次的人才，承担不同的工作，对他们的胜任能力要求也是不同的。

2. 经济全球化大背景下会计人才胜任能力评价指标设立

（1）初级会计人才胜任能力评价指标设立。

①知识。

互联网形势下，初级会计人员必备的知识分为与互联网相关知识、基本知识、相关的专业知识，因此我们把信息技术知识与相关专业知识和专业知识标为二级指标。在专业知识层面，我们把会计管理、财务会计标为三级指标。信息技术知识层面，把常用软件工具的运用和商务相关信息技术知识标为三级指标。相关专业知识层面，把法律和税务标成三级指标。

②能力。

现在，初级会计人员需具备的能力涵盖与工作相关的表达沟通能力以及业务能力。其中，业务能力涵盖判断能力和操作能力，表达与沟通能力涵盖口头表达能力以及协调沟通能力。因此，可以把业务能力与表达沟通能力标成二级指标，判断能力、操作能力、表达能力以及协调沟通能力标成三级指标。

③技能。

互联网大背景情况下，初级会计人员必须具备的技能涵盖相关技能和专业技能。专业技能涵盖纳税事项、日常经济业务核算与财务报告，相关技能涵盖财务软件的运用和操作计算机常用的工具软件。因此，可以把专业技能与相关技能当成二级指标，二级指标下具体相应的技能就是三级指标。

④素质。

经济全球化大背景下，初级会计人员应该掌握的素质基本上就是道德素质，我们把道德素质当成二级指标，然后把诚实守信、自律精神、客观公正和爱岗敬业当成三级指标。

（2）中级会计人才胜任能力评价指标设立。

①知识。

经济全球化背景下，可以将中级会计人员必须具备的专业知识和专业相关知识当成一级指标。专业知识又涵盖了财务管理、审计和高等财务会计，这三项当成三级指标。专业相关知识又涵盖税收策划以及相关法律知识，这些项也当成三级指标。以上为经济全球化背景下中级会计人才一级指标知识的各级评价指标。

②能力。

经济全球化大背景下，中级会计人员应该掌握组织协调能力、业务能力、分析与解决问题能力，可以将这三种能力当成二级指标，业务能力涵盖以专业的角度对经济业务进行判断的能力、对所需财务信息的捕获能力；分析与解决问题能力为对所遇到的问题从专业的角度进行分析以及利用专业知识进行解决的能力；组织协调能力涵盖协调沟通能力与组织、管理能力，我们把上面几项当成三级指标。

③技能。

经济全球化大背景下，会计人员应该掌握以下能力：相关技能以及专业技能。专业技能与相关技能是二级指标，专业技能涵盖资金的筹集、投资、资金的分配以及财务分析能力，相关技能涵盖操作运用公司管理软件与会计软件，我们把以上几项当作三级指标。

④素质。

经济全球化大背景下，中级会计人员有必要掌握的素质涵盖业务素质和道德素质，因此我们把业务素质与道德素质当成二级指标，在业务素质中涵盖会计职能的转变以及全新的会计理念。道德素质主要涵盖提高技能、参与决策管理、服务意识、坚持准则，以上就是三级指标。

（3）高等会计人才胜任能力评价指标设立。

①知识。

经济全球化大背景下，高等会计人员应该熟悉的知识分为专业知识和相关专业知识。这里面的专业知识内容涵盖了基础财会专业知识和高级财务知识，相关专业知识涵盖了管理经济金融知识、公司相关知识和法律相关知识。专业知识与专业相关知识就是二级指标，下设的内容就是三级指标。

②能力。

经济全球化大背景下，高等会计人员应该具备的能力划分为分析决策能力、组织领导能力、业务能力、沟通协调能力，这些能力就是二级指标，把里面涵盖的详细内容当成三级指标。以上是经济全球化大背景下高等会计人才一级指标能力的各级评价指标。

③素质。

经济全球化大背景下，高等会计人员必须有的素质涵盖视野素质、职业道德和职业素质，这些素质就是二级指标，把它们涵盖的项目当成三级指标。

3. 经济全球化大背景下会计人才胜任能力评价指标内容

（1）初级会计人才胜任能力评价指标内容。

①知识。

一般来说，在经济全球化大背景下基础会计人员应该熟知的知识划分为信息技术知识、专业知识与相关专业知识。

信息技术知识是目前会计人员必须具备的，这样才能顺利完成会计工作，由于现代公司之间的交易和相关经济业务基本上都是借助互联网在计算机上完成的，借助计算机软件也能对公司会计信息进行计算，会计人员必须了解这些方面的知识才可以处理财务工作。这些知识一般涵盖商务相关信息技术知识和常用软件工具的操作。商务相关信息技术知识涵盖电子汇兑、信息安全、电子商务系统和电子数据交换等；常用软件工具涵盖 PPT、Excel、Word 等。在经济全球化大背景下这些知识是十分重要的，熟练学习了信息技术相关知识就可以借助信息化的工具操作会计工作。

专业知识是会计人员必须具备的基础，是担任工作的前提，基本涵盖财务会计和会计管理等。在经济全球化大背景下，要做到全面系统的监督与核算公司发生的各项经济业务，能够给涵盖公司投资人、债权人等在内的与公司利益密切联系的人提供公司的经营状况与获利能力。

相关专业知识是指与会计工作相关的知识，一般涵盖税务、法律等相关知识，尽管这些知识不是会计专业的基础知识，但是由于在经济全球化大背景下，公司与外部金融、法律机构之间的关系越来越紧密，这使会计工作和这些相关知识也变得越来越紧密，在会计工作中变得日益重要，因此必须掌握相关知识。

②能力。

完成一项工作，不单靠专业能力，同时应该具备与完成工作相关的能力，由于专业能力与专业密不可分，这是保证工作完成应该掌握的基本的职业能力。基础会计人员最起码应该掌握本职业的业务能力，还应该掌握沟通表达能力，才能胜任其本职工作。

会计信息化专业是在信息化的背景下产生的一个学科，专业性很强，会计人员如果进行会计信息化的相关工作，首先应该掌握相应的职业能力。以会计信息化人才为例，入门级会计信息化人员着重锻炼实务技能和职业判断力。实务技能重点在于培养会计人员顺利完成简单的财务工作的能力。判断能力是在大量复杂的业务信息场景中，由于社会环境的千变万化，影响会计业务的因素与日俱增，不同因素的影响程度存在很大的差异，因此要求会计人员在从事会计业务时必须使用专业知识进行谨慎、全面的思索，保证能够准确公示公司会计信息，保证会计信息的真实性。

③技能。

技能是保证本职工作顺利完成的基本方式。知识是技能产生的基础，技能体现了对知识的运用，不同的知识结构下技能结构也是不尽相同的。会计人员应该掌握的技能必须和本人具备的知识相匹配，因此，会计人员必须具备专业技能与相关技能。

专业技能涵盖税务报告和日常业务会计核算。要求会计人员可以熟练地对公司日常发生的相关会计业务进行正确的计算，涵盖熟练地在计算机会计软件上进行凭证的填制和审核、账簿的查询，进行成本的归结计算，填写期末会计报表，清查月末财产以及准确地借助税务系统软件申报电子纳税。

相关技能涵盖会计软件的使用和计算机常用工具软件的操作。在经济全球化大背景下，公司一般运用 ERP 软件或者相应的公司管理软件，这要求会计人员可以顺利操作相关软件，而且具备一般性故障纠错方法及排除方法，并熟悉计算机的软硬件相关基础。经济全球化大背景下，给会计人员对公司发生相关业务的数据进行系统性对比和分析提出了新的要求，会计人员必须能够灵活地操作 PPT和 Word 等日常办公软件进行相关数据的归类、分析比对，同时阐述相应的结果。

④素质。

在职业道德素质方面，经济全球化大背景下要求会计人员的职业道德素质要适当提高。

爱岗敬业。在开放的互联网背景下，以网络为根基的会计信息化虽然让我们的生活变得先进和便利，但是安全性面临巨大的挑战。如何保障会计信息不被泄露、篡改、窃取，如何安全地传递信息，免受病毒和黑客等的入侵，这是摆在会计人员面前的课题，他们不仅应该掌握业务技能和信息技术，还要做到认真负责，有高度的责任感和敬业意识。

诚实守信。高速发展的信息技术与会计结合，市场竞争变得越来越混乱，关系变得错综复杂。在市场经济中，商业信息的背后往往是巨大的利益，在工作的时候，会计人员会知道很多公司的机密，这些秘密涉及社会各个层次和方面的人的利益，对不同的人也会带来不同程度的影响。所以，会计人员应诚实守信，保守商业秘密，将其作为必备的责任。

自律精神。在传统的会计环境下，会计信息均记录在纸质介质上，不容易被篡改，而在经济全球化大背景下，信息需要在计算机中录入和处理，如果提前植入软件或运用超级用户法等方式进行舞弊，不会有任何纰漏，这对会计人员的自律精神提出了巨大挑战。

客观公正。互联网让会计人员承担更高的责任，会计人员不仅要为税务机构、金融机构等提供财务信息，而且要为公司利益相关者服务，因此会计人员必须客观公正，为各方会计信息使用者提供客观、准确的信息。

（2）中级会计人才胜任能力评价指标内容。

①知识。

在经济全球化大背景下，中级会计人员的知识结构也涵盖专业知识和专业相关知识。

中级会计人员不仅要熟知基本的财务专业知识，同时应该具备高等财务会计知识，因为在经济全球化大背景下，公司会出现基础财务会计中不予涵盖或公司偶尔经历的特殊经济业务，这需要中级会计人才利用高等财务会计相关知识进行核算和监督，向与公司利益相关者提供有价值的会计信息或者有用的决策。同时，中级会计人才还需掌握财务管理知识，因为中级会计人才需要能够在既定的整体目标下，借助综合各种信息渠道所获得的信息，灵活地做到对财物的运用、分配及管理。除此之外，中级会计人员仍需具备审计相关知识，做到进行基本的对凭证和账簿的复核审查，对经济活动过程的记录、计算和反映进行监督，对财产的清查，确保会计资料的真实准确，为企业的管理和决策提供真实有用的资料和信息，并且在财务人员权限分工中做到不相容职务相分离，从制度上加强对经济活动过程的记录、计算和反映的监督。

中级会计人员在积极参与公司经营决策时，借助综合分析各项财务信息，在合法性、目的性、筹划性基础上，借助税收筹划，实现纳税人的税收利益最大化，让公司生产经营决策、可支配收入增加，让公司正确进行投资、获得延期纳税的好处，公司减少或避免税务处罚取得最大化的税收利益等。

与此同时，在会计信息化条件下，随着社会经济和财政政策制度的不断变化，相关法律知识、会计政策以及税收政策处于不断变动之中，中级会计人员应随时掌握相关法律知识、会计政策以及税收制度的增减和修改更新，随时掌握最新政策变动和经济形势。

②能力。

在经济全球化大背景下，中级会计人员胜任岗位工作所需的能力涵盖获得信息的能力、职业判断能力、分析与解决问题能力、组织协调能力。

③技能。

技能指专业技能。在经济全球化大背景下，借助对会计核算结果进行专业处理后，对公司的偿还能力、经营能力、获利能力、发展前景和现金流量等方面进行分析，从而预测公司未来资金状况，分析公司的筹资、投资以及资金的分配活动，并制订相应的计划，为公司的经营管理提供分析支持。

随着经济全球化大背景下会计管理决策职能的扩大，要求中级会计人员在初级会计人员所掌握的专业相关技能的基础上熟练使用公司管理软件和会计软件，还应熟悉公司业务流程，对公司业务有宏观的把握，有利于财务管理的进行。

④素质。

在经济全球化大背景下，中级会计人员胜任本职工作所需具备的素质涵盖业务素质和道德素质。

在经济全球化大背景下，社会经济发展日新月异，会计人员的会计观念也要跟随时代的步伐，树立新的会计理念。首先，会计人员要树立新的信息观念，经济全球化大背景下信息的传递和获得更加快捷便利，越来越多的会计工作采用实时处理、在线管理，只有具有信息观念才能与此业务处理模式相适应。其次，会计人员要树立新的时间观念，互联网的不断发展要求会计工作从对事后的关注转变为面向未来的时间观念。最后，会计人员要树立信息质量观念，在经济全球化大背景下，社会各单位部门之间利用互联网实现信息的实时共享，大量的信息会不断地涌现，且这些信息都是处于变化之中的，只有借助对信息进行有力的辨识、过滤和加工，才能够得到有价值的信息，为公司经营管理提供数据支持，实现预期目标。

在道德素质方面，经济全球化大背景下中级会计人员应做到坚持准则、提高技能、参与管理决策、具有服务意识。

①坚持准则。要求会计人员在业务操作过程中，严格按照相关会计法律法规办事，不对经济进行违规处理。随着社会的发展，不断有新的经济形势、经济业务的出现，准则也在不断地进行修改和完善，会计人员应不断掌握准则的动态，坚持准则，更好地为社会服务。

②提高技能。要求会计人员提高职业技能和执业能力，以胜任本职工作。在经济全球化大背景下，会计人员不仅要熟练掌握会计的基本技能和相关知识，还要掌握信息技术知识，熟练计算机操作技能、软件操作、网络技术等。同时，会

计人员应具有不断学习的精神，信息技术的快速发展和会计理论的不断创新要求会计人员不断提高自己的业务技能。

③参与管理决策。到目前为止，会计信息系统已经从核算型转变为管理型，涵盖了供产销、人、财、物以及决策分析等公司经营管理活动的各个领域，并与管理信息系统中的其他子系统有机融合，其内容已经超越了传统的核算，这就要求会计人员熟练运用会计信息系统，为决策者提供有价值的信息，积极参与公司的管理活动。

④具有服务意识。在经济全球化大背景下，会计信息的作用越来越突出，社会经济主体和社会公众对信息的获得和交流速度有了更高的要求，会计人员应有强烈的服务意识，为他们提供快捷、有效的信息和服务。

（3）高等会计人才胜任能力评价指标内容。

①知识。

我们把在经济全球化大背景下高等会计人才胜任本职岗位所需知识分为专业知识和管理相关知识。

专业知识。高等会计人才除需要掌握财务会计与报告、会计管理、税收、审计、财务管理等财会基础专业知识外，还需掌握财务战略、审计内控、风险管理、并购重组、财务控制等高等财务知识，高等财务知识是高等会计人员区别于其他会计人员特有的知识，在经济全球化大背景下，公司外部经济、业务环境复杂多变，高等会计人才需结合公司自身财务业务情况制定相应的财务战略。在市场经济条件下，风险无处不在。加之在经济全球化大背景下，公司内外部环境处于不断变动中，造成风险的因素多种多样，对风险的影响也各不相同，所以高等会计人才需要加强对风险的管控。在经济全球化大背景下，公司之间的竞争日趋激烈，公司之间的并购重组时有发生，高等会计人才需掌握并购重组的相关知识，以利于公司对别的公司进行并购重组或者对别的公司进行反并购重组，以保持公司的竞争优势。

管理相关知识。在经济全球化大背景下，随着公司管理的现代化和信息化，高等会计人才作为公司的管理人员，需要掌握与现代公司管理和决策的相关知识，以匹配其管理职能，这些知识涵盖战略管理、公司治理、决策模型、管理学、目标管理法、价值管理、价值工程等。在经济全球化大背景下，公司处于不断变化的市场和金融环境中，为了让公司积极应对外部环境的变化，高等会计人才还应对社会宏观经济、金融市场有一定的掌握，这就需要掌握经济学、金融学、财政学、宏观经济学、资本市场等经济金融知识。在经济全球化大背景下，因为经济环境的不断变化，会计制度与政策等不断地随着经济环境的变化做出相应的调整，同时公司与其他社会组织关系复杂多变，高等会计人才应掌握公司法等与公司相关的法律知识和会计及与其相关的经济法律、法规规章和制度等。

②能力。

当下环境，我们把高等会计人员应该掌握的能力分为分析决策能力、业务能力、组织领导能力以及沟通协调能力。

分析决策能力。在大数据时代下，会计人才在管理决策中的角色权重加大，对高等会计人员来讲，首先应该具备的是分析决策能力，它要求高等会计人员运用各种信息，建立数学模型，使用推理演绎、抽象思维、批判性分析等手段对财务和决策进行分析。同时，它要求高等会计人员对信息进行分析之后，独立思考，判断机会和风险，然后借助战略性方法和建立决策模型来进行决策分析，最后参与决策的制定。

业务能力。如今，高等会计人员需要根据公司具体业务情况把握市场经济的形势，在遵守会计准则的情况下，掌握会计的职业判断力，如如何对经济业务进行精准计算，采用什么表现手段，具体方法是什么，如何控制成本、核算成本等。会计人员需要对以上情况进行判断和决策，高等会计人员需要一定的判断力来应对不断出现的新事物。如今，现代公司的制度日趋完备，高等会计人员必须提升在公司内部组织和实施控制的水平，内部控制是现代公司管理的重中之重，同时是高等会计人才的主要职责。现代公司一般借助内部控制的手段来进行深化改革、完善公司治理和运作机制，保持公司健康稳定发展。如今，公司内外环境日新月异，我们可以借助各种各样的途径和方法去获得信息，而且具有快速准确的特点，高等会计人员要熟悉公司自身财务信息，结合公司内外因素来分析判断，给公司的经营管理出谋划策。面对这种情况，高等会计需要利用相关财务信息分析公司的财务状况以及对公司各项经营活动进行细致、深入、全面的分析和判断，提出公司发展中的问题和不足，从专业的角度找出相应的解决办法，密切关注公司外部信息，针对公司发展战略和未来发展方向为公司决策者提供宝贵的意见和建议。

组织领导能力。身为公司的管理层，高等财务人员要锻炼领导能力，激励和发展员工潜能，做到组织和分解工作，可以设定目标、引导和影响员工效率等。公司管理人员还要有团队建设能力，为了快速完成工作，高等财务人员要做到管理资源、组织有战斗力的会计团队、规划和控制财务目标、控制交易流程、简化财务流程、建立高效会计核算系统、领导团队实施财务战略、实现财务功能远景。

沟通协调能力。高等会计人员是管理者，在公司内部应该及时与公司管理层和公司内部员工进行有效的沟通，同时高等财务人员经常代表公司与社会其他组织展开沟通，因为沟通渠道的方便快捷，公司内部上下级之间、各部门之间、公司内外的沟通越来越频繁，所以高等财务人员要掌握与不同层次、不同背景的人书面和口头沟通的能力、演讲及谈判能力和说服他人的技巧。高等财务人员在与公司外部组织沟通过程中需要对外建立广泛的人际关系，在工作中会与股东沟通公司发展战略，在公司内部与公司员工交流推广业绩战略，以及与其他高层管理人员、业务部门交流形成业务伙伴关系，与财务部门内部人员沟通了解财务情况等。在进行这些沟通的同时，高等会计人员也要掌握协调与合作的能力，进行有效的沟通。所以，只有具备良好的沟通与协调技能、维护相关关系的能力才能做好相关工作。

③素质。

视野素质、职业素质、职业道德是大数据时代下高等会计人员应该掌握的基本素质。

视野素质。身为公司管理者，高等会计人才必须具备宏观方面的视野素质。具体来说涵盖以下三点。

政策视野。身处社会经济之中，公司会受到国家经济政策的影响，在大数据时代下，社会经济发展迅速，国家经济政策随时会做出调整，所以高等会计人才也要密切关注会计政策变化，关注社会经济变化。

风险视野。即风险意识，在大数据时代下，机遇和风险并存，高等会计人员要合理使用各种金融工具以及管理手段规避风险、防范风险。

行业视野。公司之间的竞争十分激烈，为保持公司的活力，高等会计人员需要熟知公司的经营发展方向、生产和经营模式以及在行业中处于什么样的地位，而且能够正确评估公司所在行业的机会和风险。

无论在什么状态下，会计人才都要以职业道德为职业活动中必须遵守的行为准则。在职业道德水平方面，高等会计人员要比初级和中级会计人员高得多，因为高等会计人才所在的层次很高，面对的诱惑压力也大得多。但是，因为公司内部的压力越来越小，所以高等会计人才要在遵循职业道德规范的同时具备自律精神，涵盖以下四个方面。

第一，自律精神。公司的高层管理者，在面对诱惑和内部监督时，要正确行使自己的职权，做到遵纪守法。尤其是在大数据时代下，信息对公司以及利益相关者特别重要，虽然容易获取海量信息，但是重要机密信息的泄露变得不容易被察觉，所以高等会计人员要加强自律。

第二，遵守法律法规。在大数据时代下，面对纷繁复杂的经济业务，公司之间的关系变得错综复杂，在处理经济业务时，高等会计人员应该以法律为准绳，坚决拥护公司会计准则、证券交易法、公司法、会计法、税收法等相关法规以及相关的经济法律和规章制度。

第三，社会责任。在大数据时代下，信息渠道越来越快捷化和透明化，大众可以看到公司的重要决策信息，与公司财务决策相关的内容，涉及投资者、管理者等在内的很多人，高等会计人员要加强社会责任感，关注社会公众的利益。

第四，诚实守信。会计和信息技术的紧密结合，让市场竞争变得越来越激烈，关系也变得纷繁冗杂。在大环境下，秘密意味着利益，而且秘密与社会各个阶层的利益都很密切，造成的影响也不尽相同。高等会计人员身为公司高层，对公司很多重大的商业机密都有所见闻，高层管理人员知道的商业秘密往往关系到更多人的利益，所以高等会计人员不能泄露机密、杜绝利用职务之便牟取非法利益。

第三节 大数据时代下职业技术院校会计学生职业能力培养

一、合理设置会计专业课程体系

企业应与职业院校建立长期的合作机制，及时将企业对职业会计专业学生的要求反馈给学校，便于学校调整自己的教学。此外，学校要合理设置会计专业课程体系。课程体系应能较好地培养学生各项职业能力，以适应会计岗位的需求。

（一）课程和学习领域相结合

对于培养专业能力的课程体系，则要基于实际工作过程来设计。工作过程是企业为了完成某一项工作任务并取得一定成果而进行的一套完整的工作程序。基于实际工作过程设计课程，首先要将工作任务具体化，然后根据具体的工作任务设置相应的学习领域，每一个学习领域就相当于一门课程。

以学习领域课程为核心的课程体系，打破了原有的由学科组成的课程体系，但并没有完全抛弃学科体系，而是将学科体系按照工作过程进行重新整合。会计专业的教师在这种情况下要解决以下两个问题。

第一，教材问题。目前市面上还没有学习领域课程的现成教材，要想实施好学习领域课程，会计专业的教师必须着手设计教材或整合现有教材。

第二，学生考取任职资格的问题。职业会计专业学生在毕业时，按照企业要求，要取得会计从业资格和初级会计师资格，这两个任职资格的考试仍是以书面考试为主，重在理论记忆，与基于工作过程的课程体系有矛盾之处。教师可将考试的知识点先穿插于学习领域课程体系中讲授，再根据国家规定的考试时间安排，在考试前夕，针对考试科目带领学生系统地复习相关课程。

（二）"1+1.5+0.5"模式

对于课程实施的时间安排，为了使学生对会计工作过程有系统的认识，我们可将与职业价值观和基本能力相关课程安排在第一学年集中学习，而专业能力培养的学习领域课程则在第二学年至第三学年集中不间断学习，其中第二学年和第三学年第一学期用来在学校学习，第三学年第二学期用来进行校外实习。关键能力的课程可作为选修课程由学生依个人兴趣选修，并将各课程穿插在每个学年，这样就构建了"1+1.5+0.5"的学习模式。

同时，科学的课程体系应重视实践教学，要将课程实训与毕业实习有机结合成一个完整的实践体系，且实践课时应不少于总课时的40%，减少教师课堂知识的灌输，增强学生实践能力。

二、建立健全科学的实践教学体系

（一）两项保障

1. 采取有效措施，提高师资水平

教师是教学的实践者，高水平的师资是提高教学质量的根本保证。

首先，教师要树立终身学习的意识。会计实践会随着社会经济不断发展变化，教师只有不断学习，才能向学生传授新知识，使学生适应会计岗位需求。职业院校要创造有利于教师学习的条件，比如选派教师进修，鼓励青年教师获得更高学历等，以提高教师的专业水平。

其次，为了培养出满足社会需求的技术应用人才，职业会计专业需要一支高素质的"双师"教师队伍。什么是"双师"？对于教师本身来说，"双师"要求教师既要有较高的专业知识还要有较强的实践能力，实际的表现就是既要具有讲师及以上的职称，还要具有会计师、注册会计师、注册审计师等技术职称。对于学校的师资队伍来说，"双师"结构要求学校既要有专职教师，又要有兼职教师；既要有来自学校的教师，又要有来自企业的技术人员。

2. 稳固校外实训单位，完善校内实训条件

实训是对学生进行职业能力实际训练的简称，是在学校能够控制的状态下，按照职业人才培养的要求，对学生职业能力进行单项、综合训练以及职业岗位实践训练的教学过程，是应用性的实践教学。实训不同于实验和实习，既有实验的

"能控"特色,又有实习的"职业"特色,通过实训能够有效地培养学生各项职业能力。

学校可以和企业签订合作协议,与企业建立稳定的合作关系,还可以按照企业要求采用订单式培养,走工学结合的道路,实现校企合作,互利双赢。但毕竟会计专业的学生全部去企业实训不现实,学校更多的是要在校内实训室上下功夫,要克服校内实训的种种不足,完善校内实训的实训条件。

第一,营造仿真的工作情景。购置凭证、账簿、报表,陈列会计专用器具,桌椅按业务程序摆放,在墙壁上悬挂会计人员工作规范等文字或图示。

第二,教师在实训前准备好所需资料,可以在资料中加入一些不合法、不合理的凭证等资料,培养学生发现问题的能力及职业道德;增加财务管理的筹资和财务分析、税种的申报及缴纳等业务内容,提高学生综合知识的应用能力;在实训过程中还可以让学生彼此交换核算资料,互相审计,培养学生的会计监督能力。

第三,实训教材要全面、系统,如以会计机构健全、业务处理规范、核算资料完整的某一家企业作为原型编写实训教材,并且要根据会计专业的人才培养方案和目标加工整理,根据国家政策制度的变动做出相应的调整,教材中的会计资料最好是连续三个月或者半年的,以便学生做好月度、季度、年度的结账工作。

(二)三层递进

1. 学习前认知实践

在学生学习专业课之前,组织学生参观企业和会计机构,了解生产经营过程和组织情况,感性认知会计资料,使学生热爱所学的会计专业。

2. 学习中实训调查

(1)单领域实训。

根据课程体系中专业课程的每一学习领域分别随课分散实训,实训与理论结合,边讲边练。比如,在出纳实务学习领域中,可根据学习进度,分别对点钞技巧、银行存款日记账的登记等进行实训,在该领域全部学完之后,对该领域的全部技能再次综合实训,使学生对该领域的技能有系统的认识和把握。

（2）综合领域实训。

当学生在各学习领域完成学习后，可组织学生对全部学习领域按照会计实际工作流程做综合领域实训。在实训时，可运用会计岗位模拟方式，通过模拟企业业务，让学生分岗位操作企业核算全过程，使实训过程尽可能接近实际工作，让学生熟悉各岗位之间的程序、凭证业务传递及内部控制关系。在此阶段，学生成为教学活动的主体，教师则起调控引导的作用。

（3）社会调查。

让学生利用假期做与会计相关的社会调查，并在调查结束后，根据调查的目的、情况，结合自己的感触撰写调查报告。通过调查，不但可以让学生了解会计现状，还可以锻炼学生的沟通、观察及写作能力。

3. 毕业实习

毕业实习是学生直接参与到实际工作中进行会计实务工作的实践教学形式，也是提升学生专业技能和其他能力的最有效的教学形式。在实习期间，企业相关人员可充当教师的角色，指导、督促学生实习，保障实习的效果。在实习结束后，学生要根据实习情况撰写实习报告，并由学校给出成绩。

三、改善教学方法

在会计专业的教学方法上，必须改变传统的灌输式的教学模式，改变以教材为中心，教师主动、学生被动的状况，将学生视为学习活动的主体，尊重学生的个体差异，用启发式教学代替灌输式教学，采用多种灵活的教学方法构建互动式课堂。

（一）理论教学：案例教学法

案例教学法与讲课过程中的举例是不同的，举例是为了证明某一观点的正确性，最终还是为了传授理论，而案例教学是在讲课前引入实践，从实践中发现问题，总结规律，提炼理论，最终用理论指导实践。案例教学法能够增强学生对实际业务的感性认识，培养学生发现问题、解决问题的能力。

在使用案例教学法时应注意，由于案例教学法起源于哈佛商学院，在培养层次与社会背景上与我国都有很大差别，这些差别使两国教学起点不同，我们在使用案例教学法时不能像哈佛商学院一样直接通过案例讲授课程，而是要有扎实的理论知识做准备，因此，不能忽视理论教学的基础作用。再者，案例教学法中使用的案例都必须是实际工作中存在的、具有一定的代表性的、能够针对某些问题的案例，教师在设计案例时，为了能对学生进行启发式教学，可以在实际发生的案例中加入一些情节和问题，引发学生的思考和讨论。

（二）实践教学：情景教学法与项目教学法

情景教学法是教师通过构建教学内容需要的情景，让师生在此情景中完成教学活动的教学方法，这种教学方法较多地被用在外语和文学课程的教学中。

项目教学法是通过项目形式进行教学。学生在教师的指导下，自己处理某一个项目，在这个过程中了解并掌握每一个环节的基本要求。此教学法注重的是学习的过程而不是结果。学生在实践过程中，理解和掌握课程要求的知识和技能，体验创新的艰辛与乐趣，培养分析问题和解决问题的能力。项目教学法有助于提高学生兴趣，调动学生学习的积极性，因此，项目教学法是一种典型的以学生为中心的教学方法。

从情景教学法和项目教学法中取其精华，则可以用在职业会计专业的实践课程教学中，比如，在进行校内实训时，可运用情景教学法构建仿真的工作情景，建立机构，让学生分饰角色，达到熟悉各岗位工作任务的目的。在综合领域实训时，运用项目教学法，在单领域实训的基础上，由教师组织，学生按会计岗位和业务流程完成会计业务工作。

四、建立完善的考核评价体系，注重能力考核

职业教育要突出培养学生的职业能力，因此，职业会计专业的考核评价也应以学生职业能力的考核为重点，通过改革考试的形式、内容及成绩评定方法建立完善灵活的考核评价体系。

第一，要注重对过程的评价。过程评价可由作业完成情况、笔记记录、课堂表现、小组评议等内容组成，其中小组评议主要是对组员在参与教师布置的任务

时表现出的参与性、积极性和团队精神等进行评价，这也是互动评价的一种形式。注重对过程的评价有助于调动学生学习的积极性，培养学生知识获取的能力，以及团队合作精神。

第二，改革期末考试形式。期末考试要打破闭卷或开卷考试的局限，加入口试、技能测试等，将需要考核的内容按照其特点选用不同的考核形式。比如，对于基础的内容，需要学生毫无差错记忆的，适合选用闭卷考试的形式；对于需要学生灵活掌握的内容，可以采用开卷考试的形式；对于具有较强操作性的内容则选用技能测试的形式；对于以语言表达力为主的内容用口试形式即可。

期末考试的形式还可以用多种形式组合的方式进行，比如用闭卷考试加技能测试的形式组合来考评学生对会计学习领域的掌握。

第三，扩大考试空间。要突破传统的教室内考试的形式，将考试空间延伸到机房、校内实训室甚至企业内部。

第四，将学生职业资格的考试情况纳入考核评价体系中，鼓励学生在学习过程中取得相应的职业资格。

五、培养专业创业型人才

财会专业的专业知识和操作技能，是创业所必须具备的知识和技能，在创业实践中具有广泛的实用性和可操作性。如资金筹措、资金营运、项目投资决策评价、成本核算与控制、存货盘存、财务分析、税收筹划、纳税申报等，这些知识均是经营企业核心的财会内容。可以说，掌握了财会专业知识，创业就成功了一半。相对地，通过创业教育活动，学生能有效地运用其会计核算、财务管理、税务等方面的专业知识技能，既能提高对专业学习重要性的认识，又能促进专业能力的提高，达到以创业教育促专业教育的目的。可见，实现财会专业教育与创业教育的融合，不仅是缓解目前财会专业学生就业压力的权宜之计，还能培养财会专业学生的综合素质以及适应社会发展的创新意识与创业能力。然而，目前大多数学校只注重学生业务处理能力的培养，财会专业学生的创业教育一直未受到足够的重视。

我国职业院校财会专业要适应经济及社会发展要求，在专业建设的过程中，应把强化创业能力作为特色，以强化学生创业能力为教学工作思路，完善原有的教育教学培养模式，整合完善财会专业的课程体系，科学合理地设置创业实践教学体系，为学生专业技能、职业综合能力的提高和创业素养的提升提供有力保障。

作为面向全体财会专业学生的创业入门教育，创业教育应融入人才培养全过程。其培养目标为：面向区域经济发展和市场需求，结合学院的行业办学优势与区域优势，培养具有扎实财会专业知识和技能，具备一定创业精神和创业素养的创业型专业人才，并在此基础上，对具有创业意向且具备一定创业条件和创业基础的学生，重点培养其创业管理实践能力，帮助其进行创业孵化，培养自主创业者。创业型专业人才是针对广大学生的大众化培养目标，自主创业者培养目标是以有创业渠道或强烈创业愿望者为培养主体的更高层次的培养目标，两层次目标体现了尊重学生个性特点及因材施教的教育理念。

（一） 形成创业教育与财会专业教育相结合的课程体系

课程的实施是人才培养目标实现的基础，要实现人才培养目标，首先需要进行课程体系改革，需要将创业教育渗透到财会专业课程和相关课程中，对原有的教学计划进行必要的整合和优化，使各课程之间相互配合，形成创业教育的有机组成部分。

1. 融入专业课程授课

融入专业课程授课是指在专业课程的具体教学过程中结合各课程的特点，在挖掘本课程应有的创业性教育内容的同时，融入有关创业教育的理念和创新的教学内容，在传授专业知识的同时，积极进行创业意识、创业精神和创业能力的培养，而并不另外开设相关创业教育课程。如创业教育元素中企业的含义、企业的类型、企业申办基本程序等在经济法课程中体现；成本管理与控制在成本核算和财务管理课程中体现；税收筹划、纳税申报、税款计算在税收相关课程中体现等，所以对于这些创业教育元素不需要另外开设该类创业课程，而是在传授专业知识时，对这些创业教育元素进行强化，并通过开展一系列的创业模拟、角色扮演等活动，将书本知识还原为现实生活，以学生为中心、以活动为载体、以能力为本位，增强其切身体会，达到身临其境的效果，从而激发学生的创业意识，增加创业知识，提高创业能力。如在财务会计"短期借款核算"课堂教学过程中，教师先通过理论教学让学生熟悉、掌握该部分知识，然后根据实际借款业务处理流程，将学生分为六组，分别扮演借款单位业务经办人、出纳、会计、财务经理、单位负责人以及银行相关工作人员，进行对应模拟角色具体操作工作步骤。教师通过让学生在模拟情境中填写借款申请书、借款合同、借款借据、进账单等原始单据、审核盖章、填制记账凭证与登记账簿的过程，不仅加强了财会专业学生借款业务的核算能力和实际操作能力，还掌握了银行借款的操作流程，为以后的创业打下坚实的基础。又如在财务管理"筹资成本"的课堂教学过程中，教师可以事先编制一份筹资策划书，根据岗位需要将学生分为 3 组，分别扮演公司的企业负责人、财务经理、会计。企业负责人审核企业筹资策划书中的筹资原则、筹资用途等项目；财务经理负责审核筹资渠道与方式、筹资数量的预测等项目；会计人员运用个别资本成本与加权平均资本成本的计算结果进行筹资方案可行性的评议。通过这些项目化情境的模拟操作，学生能够对企业经营所考虑的要素有更生动立体的认知。另外，由于学生尚未接触过实际工作，对于具体的工作情境比较陌生，因此，教师在向学生讲解财务知识时，尽量要做到生动易懂，可将某一工作情境做成 Flash 动画，演示给学生，让学生直观地了解到该情境的财务知识。

2. 开设选修课独立授课

对于财会专业课程教学中未涉及的创业教育元素，如模块四中发现并分析创业机会（创业机会的内涵与来源、识别创业机会、把握创业机会），模块六中的员工管理、营销管理、风险管理，模块七中商业计划书的准备（信息与帮助的来源、设计商业计划书、解释商业计划书）等，可以开设创业机会分析、市场营销、商业计划、创业风险、人力资源管理等选修课程，与前面的专业必修课程相互配合，使学生从知识准备的角度掌握创办企业的全过程。在教学方法上通常可以采取小组讨论式教学方法、以实际训练为主的教学方法、以探究活动为主的教学方法、参与式教学等比较贴近学生认知水平与知识的呈现方式的教学方法。

3. 开设专题讲座授课

对于模块一、模块二，其内容主要是创业意识的培养、创业心理的指导，其目标是使学生了解创业者应具备的个性特点和心理素质，以激发创业激情。教师很难科学合理地确定课堂教学内容和组织学生专项实训，所以可通过开设相关内容的专题讲座来完成。如可以开设创业成败案例分析专题讲座，通过分析创业的成功案例，对学生进行榜样示范教育，以与时俱进的创业理念、丰富生动的实际事例，点燃学生心中的创业火花；通过剖析创业失败典型案例，使学生了解创业过程中所经历的风险和艰辛，懂得如何在经营中规避风险，这对培养学生的创业意识和创业能力，具有直观、快速、深刻的效果；开设形势与政策讲座让学生了解当前国际国内政治经济形势和重大时事及其对经济环境的影响，并分析如何根据不同政治经济形势识别、把握创业机会；开设心理健康方面的讲座让学生掌握一定人际交往的技巧和方法，了解挫折应对的策略和方式，提高挫折承受力，能进行一定的心理调适等。

（二）设置体现创业教育特色的实践教学体系

实践教学是课堂教学的延伸，是教学效果深化的手段。通过实践教学，可以力求找到将学生实践能力和专业技能的培养与创业相结合的方法，积极为学生提供体验创业的平台，从而更好地促进学生创业能力的提升。

1. 开展专业调研与市场研究

职业院校可以组织学生到不同类型的企业现场观摩学习，参观企业的采购部门、生产车间、销售部门，由企业相关人员介绍该企业采购流程、生产流程、销售流程，各个流程产生的原始凭证以及相应的内部控制措施；参观企业的财务部门，由会计人员介绍本部门的人员分工，每个岗位所涉及的工作内容；翻阅或由企业会计人员展示原始凭证、记账凭证、账簿以及报表，并简单说明这些资料所记载的内容和用途。通过让学生与企业的亲密接触，增强学生的感性认知能力，便于学生了解企业的真实状况，为下一步的学习打下扎实的基础。另外，可以针对学生所学的专业知识，组织学生进行社会调研、市场调查等活动，使他们在实践中了解市场，了解社会，加强其感性认识，深化其理性认识，这样不仅能培养学生市场开拓的能力，而且还可以使其更多地了解现实的经济状况、经济环境，从而激发就业、创业灵感，更理性地设定自己的就业去向及创业目标。

2. 开办创业论坛、扶持创业社团

在校园文化中注入学生创业因子对广大学生的影响是潜移默化的，职业院校可以经常举办形式多样的旨在提高学生创业意识和创业能力的校园文化活动；可以举办各种形式的创业论坛，围绕相关专业，进行学术报告、研讨、辩论、创业交流，搭建培养学生创业能力的活动平台；可以扶持学生创业社团，在社团"自我管理、自我教育、自我服务"的基础上，学校从组织、制度、观念等方面对社团给予必要的引导，控制其负面影响，发挥其积极影响，有意识地把创业教育引入社团活动之中，在活动中促进学生创业意识的增长和创业实践能力的提高。

3. 开展创业大赛

创业大赛要求参赛者组成优势互补的竞赛小组，提出具有市场前景的产品或服务，并围绕这一产品或服务开展调研论证，以获得风险投资为目的，完成一份具体、完整、深入的《创业计划书》，并进行展示、讲解、模拟实施。创业大赛具体包括学生组队、选项目、培训、市场调查、完成《创业计划书》、创业的模拟实施、答辩、评委会的点评等阶段，涵盖理论知识和实践，是专业学生创业实训的一项有效方式。其中，《创业计划书》主要内容包括：执行总结、产业背景、市场调查与分析、公司战略与营销策略、经营管理、管理团队、融资与资金运营计划、财务分析与预测、关键风险与问题等。创业大赛不仅能反映出学员对商机的把握和分析能力，还能考查学生对财务知识等方面的掌握情况，进而增长学生的专业、创业知识，提高专业、创业能力。

4. 创建模拟企业

建立校内模拟企业，以训练学生的各种专业技能和创业能力。教师应以真实的企业为蓝本设置一个模拟企业的综合情境，开设市场开发部、采购部、销售部、财务部等部门，设置"总经理""部门经理""财务经理""会计""出纳"等角色让学生担任。教师引导学生开展企业的经济业务，进行开办企业、筹集资金、采购材料、组织生产、成本核算、产品销售、利润分配和申报纳税等业务处理。学生在企业商务运作的环境下，按照公司实际的职能开展工作，将学到的职业工作岗位技能应用到公司的具体业务中，深入体会经济业务发生的各个环节及其详细情况，进行会计核算和管理。通过这样的教学活动不仅能激发学生的兴趣，使学生的专业理论知识得以巩固，有利于学生实际操作技能和应变能力的锻炼和提高，而且可以加深学生对不同岗位职责的认识和掌握，加强学生职业经验的训练。模拟公司的建立，突出了学生应用能力培养，同时可以为学生实习提供一个稳定的实习基地。

5. 创建大学生创业园

要创建职业大学生创业园，通过整合政府、社会等资源，挖掘自身服务潜力，建立较为完备的创业服务体系，为学生创办企业提供办公场地、物业管理、工商注册、财税、法律咨询、创业资金、人才推荐、市场开发、招商引资等全方位、多层次的服务。学生可以通过模拟和全真两种途径尝试创业，在模拟环境下进行创业，即由学生申请，学校仿真发给工商、税务执照，按照企业方式运作，在校内开业，学生毕业前将企业转让给新的在校学生继续经营；在全真环境下进行创业，学生必须按照国家工商、税务管理有关规定进行注册登记，学校配备有实际工作经验的教师专门负责指导，所创办企业在经营活动中完全按照市场化运作，依法纳税，优胜劣汰。创业园不但可以成为学生创业实践的主要场所，而且能够在一定程度上实现项目孵化器的功能，成为催生职业学生创业成果和造就符合时代要求，具有创新精神、创造意识和创业能力的复合型人才的摇篮。

此外，要加强信息化建设，成立创业教育网络服务中心，建立财会专业大学生创业网，为学生创业提供交流心得和资源共享的平台。

（三）构建有利于学生创业能力培养的评价体系

改变传统的教育评价体系，构建有利于学生创业能力培养的评价体系。一是评价方式应打破单一的考卷制，注重过程评价，把学生参与创业活动情况作为考核学生成绩和能力的一个重要指标；二是对创业学生要淡化科目成绩，突出创业的重要位置，可以设立创业方面的奖项，如创业奖、创业贡献奖等，以提高学生对创业的积极性；三是可以实行弹性学分制，针对修满规定创业类课程学分的学生可以颁发一个本校创业结业证书，以提高学生对创业类课程的兴趣；四是建立创业跟踪体系，学校要建立在校和离校学生创业信息跟踪系统，收集反馈信息，建立数据库，把未来创业成功率和创业质量作为评价创业教育的重要指标。

　　职业院校是专业人才培养的摇篮，专业人才培养通过制定、执行具体的培养方案来实现，包括人才培养目标定位、课程体系完善、实践教学体系设置、评价体系构建等。要达到创新创业教育与财会专业教育较好的融合，必须做到上述人才培养方案方方面面的融合、协调及保障，将创业教育完全融入专业教育中，只有这样，才能达到创业教育和专业教育的最佳效果。

第九章　大数据时代职业技术院校会计教学的实践与创新

第一节　大数据时代职业技术院校会计教学的形式、资源与方法

一、大数据时代下的职业会计教学形式

（一）培养能力驱动型人才是互联网教学形式改革的重点问题

1. 能力素质是高素质人才培养的核心

所谓高素质会计人才，是指智商、情商和灵商"三商并举"的优秀人才。智商是成功的前提，在意识上善于汲取"知识"、感悟"常识"，并能融会贯通，运用于实践，实现跨领域思考。情商一般包括自我觉察、自我表达、自我激励、自我控制等方面，具有一定的可塑性，环境和教育对一个人的情商有很重要的影响。灵商代表有正确的价值观与职业观，懂得包容，擅长沟通，既灵活应变，又能分辨是非，辨别真伪。情商决定智商的发挥，灵商的健康和完善是情商的源泉。

人才培养应包括知识、能力、素质这三个基本要素，我国职业教育经历了从重视知识传授到关注能力提高再到强调素质教育的过程，现在逐渐形成构建有知识、强能力、高素质三位一体的新型培养模式，这也是对教育本质的深刻认识。知识是人类认识世界与改造世界的智慧结晶，也是能力和素质的基础；能力是人们胜任某项任务的主观条件，是对知识的内化、转化、迁移、融合、拓展、创新水平和程度的高度概括，是知识和素质的外在表现；素质是指在自然禀赋的基础

上，通过后天环境的影响以及主体参与教育活动和社会实践而形成的比较稳定的、符合群体化要求的素养和品质，素质的基本要素是知识和能力。我们认为，未来人才素质差别，不仅表现在专业知识上，更表现在人才的专业能力和职业能力上，其中创新能力居于重要地位。会计专业学生不仅要有宽厚的基础理论知识、扎实的专业技术知识，更要有较强的多层次的综合能力，这是衡量职业会计教育能否培养高素质人才的重要尺度。高素质需要强能力，强能力才能有知识，因此，能力素质是高素质人才培养的核心。评价一名合格的会计人才，不仅要看他拥有多少会计知识，更要看他是否具备解决相关会计、财务、管理问题的综合能力。会计教育的目的在于帮助学生掌握这种能力，而不仅是教导、传承会计知识。职业会计教育应该培养社会需要的高素质会计人才，并在培养学生的专业能力、职业素质方面有所作为，变知识驱动型目标培养模式为能力驱动型目标培养模式。

2. 应用型人才的培养形式

（1）信息能力。

信息能力是指个体有目的地收集、鉴别、存储、利用信息过程中所具有的一种复合型技能，是信息时代人们赖以生存、学习、工作的必备条件，也是会计人才素质结构中最基本的能力要素，主要包括信息意识、信息技术、信息品质等方面的能力。

会计工作的重要性不仅在于反映经济形象、描述经济行为，更重要的是能在纷繁复杂的信息世界中，通过有效的方式，高效地查阅、提炼、组织有用的信息，解决问题。据有关资料统计，现代企业在管理上所需的信息有70%来自会计部门。

（2）表达能力。

表达能力是指个体有目的地运用语言、文字、图表准确阐明观点和意见、抒发情感的技能。表达能力的高低直接影响到每一个人的生产生活质量。表达能力成为会计专业学生必须具备的重要能力和基本素质，主要包括语言表达、文字表达、图表表达等方面的能力。准确的表达能力是培育有效沟通能力的前提。

（3）沟通能力。

沟通能力是指个体在事实、情感、价值取向等方面有效地与人交流以求思想一致和信息通畅的社会能力，主要包括组织、授权、冲突处理、激励下属等方面的能力。沟通是不同主体之间信息的正确传递，沟通能力的培养和教育可以使一个人吸收与转化外界信息，理解和调节他人情绪，与他人合作，妥善处理内外关系。良好的沟通能够促进与他人和谐相处，创造性地解决好人际关系问题，是事业成功的重要条件。

会计是国际通用的商业语言，企业利益主体的多元化使会计工作处于内外错综复杂的关系中，只有在良好沟通下，才能提供准确、及时、有用的会计信息。

会计工作岗位既分工明确，又相互联系，从凭证填制到账簿登记，从成本核算到财产清查，直至会计报表的编制，各环节紧密相连、互相承接，需要各会计岗位人员通力配合、团结协作、共同完成，才能发挥会计信息的沟通效能。

（4）职业能力。

职业能力是指具体从事某一职业所具备的能力，也是在真实工作环境下按照既定标准实现其职责的能力，主要由专业能力、关键能力（包括方法能力和社会能力）、职业价值观和态度三项能力构成。职业能力是指学生所掌握的通用的、可迁移的，适用于不同职业领域的关键能力，是以一种能干的、有效率的和恰当的态度履行高标准工作的才能体现。我们认为，职业能力是个体为胜任特定的专业岗位，将知识、技能和态度迁移与整合而形成的，能顺利完成职业任务所必备的专门技能，表象外显的是专业知识、技能，潜在内隐的有职业动机、偏好、态度、行为等要件，主要包括职业规划能力、职业判断能力、职业品质等内容。

会计具有很强的操作性，会计核算、财务报告编制以及内部控制制度设计等都需要有丰富的业务经验。在进行具体实务处理时有关会计处理程序的选取、会计估计的变更、会计信息化的运作、网络化传输等，都要有相当娴熟的职业技能。

（5）创新能力。

创新能力是指由一定的知识、方法、思维、人格等共同构成并相互作用，能够产出和获得一定新技术、新经验或新思想的复杂能力，这种能力的发展有一个由低到高的过程，主要包括应用创新能力、集成创新和再创新能力以及原始创新能力等方面。创新能力是高素质会计人才培养的价值追求目标，其形成与教育方式、方法密切相关。

（二）大数据时代会计教学模式的改革

互联网技术的发展为会计教学模式的深层次改革提供了平台和技术支撑，会计教育工作者要解决的问题是如何让互联网技术和会计的教学模式进行深度的融合，探索出大数据时代适用于应用型本科院校会计教学的新模式，在大数据时代下实现会计教学模式深层次的改革必须实现以下六个方面的转变。

1. 教学主体学生化

传统的会计教学理念是以教师为中心，教师集制片、导演、演员于一身，学生是观众，在这种教学模式下，学生的地位是被动的，课堂气氛是沉闷的，压抑了学生的创造性思维，学生分析问题、解决问题的能力低下。尽管大多数教师能将计算机多媒体技术应用于会计教学，使会计教学的手段改变，但新的问题也随之出现，最典型的表现是由于教师课堂板书量的减少，课堂上讲述的内容以演示文稿的方式呈现，使课堂教学的知识和兴趣点转移。

大数据时代下，会计教学模式的改革首先要转变的就是教学主体的转变。利用互联网技术可以让学生成为会计教学活动中的主体，教师是制片和导演，学生要从原来的观众转为演员，实现教学主体学生化，让基于知识传授的课堂教学方式转变为基于问题解决的课堂，即我们通常所说的翻转课堂的教学模式。具体的做法是，将会计教学中知识性的内容以微课的形式通过互联网课程平台发布，学生利用课余时间通过自己观看视频进行自主学习。每个学生可以根据自己对知识的掌握情况把握学习进度，没有学会可以反复学习，实现自主学习和个性化学习。课堂教学不再讲述知识性的内容，而是提出新的问题，让学生利用获得的知识去解决问题，通过解决问题的过程完成知识点的内化和提升。课堂教学的重点是帮助学生解决学习中遇到的困难和问题，教给学生解决问题的方法和思路，教师成为学习的引导者。以问题为导向的课堂教学模式可能促使学生去做更多的阅读和学习，这样才能解决问题。课堂教学主体的转变可以激发学生学习的兴趣，培养学生分析问题和解决问题的能力。

2. 课程资源的多样化

在传统教学方式下，会计专业的教学资源主要是教材和习题。这些传统的教学资源是无法满足翻转课堂这种教学模式的，以学生为教学主体的翻转课堂教学模式不是用视频和网络资源代替书本，而是这些资源的融合，使会计的课堂教学模式呈现出立体化，线上课堂和线下课堂做到优势互补。要实现课堂的有效翻转必须做好课程资源的建设，课程资源建设是会计教学模式改革的基石，可以通过一些途径完成一系列现有资源的整合。国内的多数视频学习网站都有会计专业相关教学视频的免费资源，教师要充分利用这些教学资源，对这些资源进行甄别，筛选出适合教学对象的课程资源，推荐给学生在线下观看，并设计好学生要完成的任务以及需要思考的问题。同时，还要自行开发课程资源。由于每个学校办学特色不同，现成的课程资源并不能完全满足教学需要，因此还必须组织课程的主讲教师针对自己教学对象的特点，开发建设有针对性的课程资源。对传统纸质教材和习题资源进行修改，使之符合新的会计教学模式的需求。在这种教学模式下，课程的资源将呈现出多样化的趋势，纸质的教材、习题，微课视频，动态开放的 MOOC 资源都将成为课程资源，离开课程资源建设，翻转课堂模式就没有实施的基础。

3. 教学控制全程化

传统的课堂教学，教师能控制的只有课堂的 45 分钟，课后学生做什么，教师没有办法控制和实施有效的管理。有人也会提出疑问，辛辛苦苦开发的课程资源通过互联网课程平台发布后，学生不看怎么办？如果学生不能自觉地在线下完成自主学习，翻转课堂的教学模式就无法实现，相当于导演让演员回家背台词，演员根本没背，戏就拍不下去。不能有效地解决这个问题，翻转课堂就是空谈。那么如何解决这个问题呢？可以利用互联网的云技术，创建云班级，云班级以教师在云端创建的班群和班课空间为基础，为学生提供移动设备上的课程订阅、消息推送、作业、课件、视频和资料服务。云班级为教师和学生提供基于移动交互式数字教材的教学互动支持、教师在数字教材中标注阅读要求和学习要点，学生在数字教材学习时可以查看教师的批注，也可以在同学间分享笔记。教师可以查询学生的学习进度和学习记录，学生本学期学习进度和学习成效都能在手机的 App 里一目了然。到了期末，谁能得高分，谁会被判不及格，就都有了依据。学期末教师可以得到每位学生的学习评估报告，实现对每位学生的学习进度跟踪和学习成效评价，也激发了学生利用手机进行自主学习的兴趣。云班级最大的优势在于可以发布丰富的教学资源。这些资源可以自行设计开发，也可以共享网络中的资源。它并不只是一个类似简单的手机 App，通过对数字资源的不断开发，未来云班级将是一个取之不尽用之不竭的资源库和实现教学全过程管理的有效工具。有了这样一个互联网平台，学生的手机将成为学习的工具，而不再只是聊天、玩游戏的设备，教师手中的手机也将成为教学管理、课程建设的有力工具，这些智能化的电子设备才能实现其真正的价值。

4. 学习情境混合化

在大数据时代，学习情境将呈现出混合化趋势。学习的空间既有线上的课堂学习，又有线下的自主学习。随着互联网技术的深入发展和智能化电子产品的广泛应用，学生的学习方式变得移动化和碎片化，只要有网络，学生就可以利用智能手机在任何时间、任何地点进行学习，提高时间的使用效率，学习的方式更加自由和多元化，文字的课本、发布的视频、网络上的资源都可以利用。在同一个课堂上，有的学生可能在相互讨论，有的学生可能自己看视频，有的学生可能在静静地看教材上相关习题的讲解，用何种方式获取知识完全取决于学生自己的喜好。但无论采取什么方式，要达到的目标是一致的。这种学习情境的改变满足了学生个性化学习的需要，对激发学生的创造力，培养学生的创新思维将大有裨益。

5. 考核评价多元化

目前，会计专业大部分课程仍采用传统考核方式，即课程的"平时成绩+期末闭卷成绩"的考核形式，考核的内容主要是课堂和教材的知识无法对学生职业能力进行评价。这种评价的方式的实质是结论性评价，通俗讲叫"一考定终身"。其最大的弊端是考试时间有限，考试范围固定，以考核知识为主，无法对学生能力进行评价，导致学生平时不用功，期末考试前进行突击复习。学生考前死记考试范围，评卷教师在评判成绩时容易加入较多个人情感，难以真实反馈教师授课水平和学生掌握知识的程度。这种考核评价机制无法适应本科应用型人才培养目标的要求。根据会计专业课程的特点，借助互联网的课程平台，建立一个科学合理的考核评价体系是会计教学模式改革的当务之急。课程考核评价的方式应该从结论性考核向过程性考核转变，评价主体从以教师为主的单一主体向多元化主体转变，可以是计算机考试系统的在线评价，可以是教师的评价，也可以是学生之间的相互评价。考核评价的范围包括对整个课程教学中学生的学习态度、学习表现、能力发展等多个方面的评价，把学习过程和学习成果都纳入考核范围。考核评价不是为了难倒、考倒学生，而是找出每个学生在学习过程中在哪些方面做得比较好，哪些方面还存在何种问题，学生应该如何解决。对学生的学习过程给出指导。学生不会因为自己还有不满意的习题而苦恼，因为可以在后面的学习中通过个人努力进行弥补。这种考核方式能够调动学生的主动性、积极性，使学习过程变得更加有趣、更加个性化，有利于促进学生能力的发展，也有利于更加全面地评价学生的综合能力。

6. 教学模式现代化

互联网技术和移动互联网技术的推广不仅是信息技术的革命，更是会计教学模式改革的引线。促进会计教学模式的深化改革，在会计教学模式改革的探索与实践中还要注意以下问题，才能避免会计教学模式的改革走进误区。

（1）要实现对"翻转课堂"的有效管理。

在会计教学模式的改革实践中，不能把翻转课堂简单地理解为让学生在课前通过观看微课视频自己学习，课堂上教师进行答疑解惑。如果只是简单地观看视频，那么，翻转课堂就和传统教学中的课前预习没有什么区别。在翻转课堂中，教师要成为学习的引导者，不再是"授之以鱼"，而是"授之以渔"，必须更加注重学生学习能力的培养。所以对翻转课堂做好课前、课中和课后的整理就显得非常必要。

课前精心设计学习任务单，及时发布课程资源，任务单中要明确学生线下学习应完成的具体任务，完成任务后要解决什么样的问题，学习中遇到困难应该如何解决，完成任务后会得到什么奖励，不完成任务会有什么样的处罚，这样学生线下学习才能目的明确。同时，还要注意课程资源的发布必须及时，让学生有足够的时间完成任务，课中要设计有针对性的案例，对学生自主学习获得的知识进行内化，线上课堂的案例或问题的设计必须有针对性和可行性。在教师的指导下，利用学生自己的知识积累能够解决该问题，目的是促进学生在解决问题的过程中实现对所学知识的内化，让学生能够通过这些问题和案例建立起自己的知识结构。

课后要设计综合性案例，实现知识迁移。学生获得知识的目的是提高自己独立解决问题的能力，综合性案例的设计就是为了培养学生独立分析问题、解决问题的能力，满足切实的需要。利用大数据分析的结果，辅助公司决策，以提高自身的竞争力。客户分群、客户行为分析、客户关系管理、市场营销、广告投放等企业核心业务越来越依赖于对大数据的有效分析。如何从海量业务数据中挖掘存在价值的信息和知识，从而指导商业运营与决策、提高企业运营效率和盈利能力，这也成为每个企业都将面临的重要挑战。由于会计专业与社会需求紧密结合，会计专业的人才培养具有明显的应用型导向，强调学生的实践和应用能力，为了适应市场对人才需求的变化，培养大学生知识迁移的能力。

（2）要实现对知识体系的建构。

在会计教学模式改革中，为了提高学生的注意力，将学生课前自学的内容，以微课的形式在课程平台中发布，它的优点是解决学生注意力不能长时间集中的问题，但是也出现了学生获得的知识是碎片化的、零散的。如何把这些零散的碎片化的知识点串联起来，将这些零散的知识点进行复原，按照会计学科的知识结构，构建完整的知识体系，是教师在课堂教学中要完成的首要内容。可以使用思维导图或知识结构图来实现会计学科知识体系的还原。

大数据时代下，会计教学模式的改革是一项长期的系统工程，在具体的实施过程中可能会遇到新的问题，需要广大的会计教育工作者，不断探索、不断总结，找到适合会计教学的新方式。

二、大数据时代下的职业会计教学资源

（一）会计学科网络教学资源的建设

当前，信息化建设正在朝着"数字化校园"的目标迈进。实现数字化校园，网络建设是基础，资源建设是核心，因此，网络教学资源建设已成为当前职业院校信息化建设的重要内容和任务之一。近年来，很多职业院校都组织开发了网络

课程和学科网站等教学资源，并在现代化教学中推广应用，成为网络教学资源建设的主要内容和载体。网络教学资源建设将常规教学资源与网络信息技术进行有机的整合，以达到激发学生自主学习兴趣和教师辅助教学的双重目的，这是实现教育信息化的重要手段。

会计学科网络教学资源是指基于网络的会计专业教学材料，即基于互联网运行的会计学科信息化教学资源。作为一门热门学科，尤其是实践性和应用性特征明显的学科，会计与计算机和网络的关系十分密切。20世纪50年代开始的计算机在会计中的应用带来了会计数据处理技术的革命，成为会计发展史上的一个重要里程碑。随着计算机和网络技术的迅速发展，计算机和网络在会计工作中的应用范围也在不断扩大，作用也在不断提升。时至今日，计算机应用于会计领域已从最初的单个功能模块发展到集会计核算、会计管理以及预测与决策等功能于一体的综合性软件系统，并实现了网络化管理。与会计学科的发展动态和教育信息化发展趋势相适应，会计学科专业教学中的网络资源使用也十分普遍。会计专业精品课程、网络课程、会计学科专业网站等，极大丰富了会计学科的教学资源，增强了学生的学习自主性，提升了教学效果。然而，毋庸置疑，当前会计学科网络教学资源建设也还存在一些问题，需要加以关注和解决。

1. 会计学科网络教学资源建设的意义和作用

首先，网络教学资源的使用使会计学科专业教学形式和内容得以丰富。网络教学资源的首要特征是丰富性。会计网络教学资源将大量教学资源以网络的形式展现，改变了传统"纸质教案+多媒体课件"的教学资源匮乏的状况，使学习者可以更多地浏览、观看、下载各种专业教学课件、视频和图文资料，教学形式多样化。另外，网络教学资源及时地将最新的信息以最便捷的途径呈现在使用者面前，使会计专业学生迅速获得最新、最前沿的专业信息资源，使会计专业课堂内容不再局限于已出版的教材上，而是将教师和学生的目光转向对界内最新知识和技能的了解和学习，教学内容大大丰富且更具有前瞻性。

其次，会计学科网络教学资源建设和使用使学生学习的自主性得以增强。职业教育的改革目标之一是培养学生自主性学习习惯，即促使学生从"应付学习任务"向"怀有愉快期望主动学习"转变。网络是当前学生最感兴趣的媒介，通过网络教学资源的使用激发学生探究专业知识的欲望，通过网上讨论培养学生思考的习惯，通过形式多样的互动式教学使教师和学生都摆脱了传统的"填鸭式"课堂教学模式，强化了师生之间的互动，刺激了双方的主观能动性，使学生学习的自主性得以增强。

最后，会计专业网络教学资源的使用使学生的专业技能得以增强。会计是一门应用性很强的学科，单纯的课堂学习仅从理论上解决了专业知识的讲授，对学生实践知识的运用却未能很好地予以指导。网络教学资源的建设可以有针对性地强化学生对会计知识的实践应用，通过"实践指导"模块的丰富和讨论模拟企业实际会计工作环境，增强学生的专业技能。

2. 会计学科网络教学资源的建设策略

以目标为导向构建会计学科网络教学资源体系，整合现有资源，逐步建设和完善。当前的会计学科网络教学资源比较分散，大多处于教师自建、自管、自用的状态，缺乏整体规划。因此，网络教学资源建设的首要任务是确定教学目标，以目标为导向构建会计学科网络教学资源体系。将已有的精品课程、网络课程、学科网站等进行理顺和整合，专业主干课重复部分考虑调整和删减，而对于之前缺乏的专业选修课内容逐步进行增加和完善。同时，设置每位教师可根据自身特点和学生特征进行调整的特色模块，保障网络资源的共用和可循环再用以精品课程为基础丰富网络教学内容，增加多种素材充实"动态"资源，随着职业教育系列实施的"质量工程"改革项目的启动，精品课程建设已达到一定的程度和水平。精品课程是集优质师资、高水平教材、先进教学理念和良好教学效果于一体的专业主干课程，最能体现会计学专业核心知识。会计学科网络教学资源建设应以现有的精品课程资源为基础，充实和丰富网络资源的教学内容。同时，为了补充精品课程资源的"静"多"动"少的不足，在会计学科网络教学整体资源库中，增加更多的专业课程的文本、图形、视频等素材，设置"讨论与互动"模块，充实动态资源。

提高教师信息水平，变"拿来主义"为"拿来思想"。在信息化高速发展的当今社会，会计学科专业教师的信息化水平不仅直接决定了网络教学资源的建设水准，同时会影响到网络教学资源的使用效果。因此，有必要通过培训、进修和其他方式的学习，提升专业教师的信息化水平，从而提高网络教学资源建设水准。另外，在网络资源使用过程中，引导教师以现有网络提供教学资源为依据进行特色调整和开发，摒弃"拿来主义"，秉持"拿来思想"，以网络资源为手段提升教学水平和教学能力。

增加互动和在线任务等教学环节设计，注重对学生学习过程的监控。为了发挥学生学习的自主性，建议在会计学科网络资源体系构建中添加形式多样的学生自主学习内容，运用"启发式"和"以问题或案例为切入点"的教学思想和教学方式，设计各种类型的学习任务并控制学生的学习过程。如通过发布通知、在线完成作业、在线期中考试、案例讨论、跟帖参与讨论等，对学生的学习进行必要的督促。同时，对于重点知识内容的学习还可以提出更高要求，如没有完成必要的学习任务就不能进行下一阶段的学习或不能完成学习过程等要求，以保证对学生自主学习的监督和控制。

(二) 基于互联网的会计专业教学资源库建设

基于互联网的会计专业教学资源库，以区域经济发展转型及企业需求为依据，以技术更新为热点，打破行业、企业与职业教育的壁垒，形成职业教学与企业用人匹配、校企双主体育人的工学结合平台。基于互联网的会计专业教学资源库具有开放性、共享性、可扩展性、高可靠性，可以满足地区经济转型、产业升级对新技术和人力资源的需求，形成产业集聚，促进地区经济发展；可以满足学生、教师、社会人员对会计知识的需求，共享会计专业优质资源，缩小地区间会计职业教育水平及人才质量的差距。会计具有一定的共通性，基于互联网的会计专业教学资源库的建设必须涵盖共通的会计准则，在此基础上加入与本地区产业结构密切相关的如物流会计、旅游会计、农业会计、成本会计及管理会计等知识体系及实操案例，支持本地区产业转型升级，促进本地区经济发展。

1. 会计专业建设标准库

当前是国家经济转型的重要时期，逐步完成从传统制造业和服务业向先进制造业和现代服务业的升级。培养优秀技能型会计人才是职业教育的目标之一，需要调研区域经济、行业发展和企业需求，制定相应的会计专业人才培养目标及方案、课程建设标准等。

2. 会计职业信息库

会计职业的市场需求面广，电商企业、物流行业、生态农业、"互联网+制造业"、商业、餐饮业、旅游业、咨询服务业、金融行业等都需要会计人员。但不同行业对会计人员专业知识侧重点的要求不同，对会计职业资格的要求也不同。此外，会计从业人员还要了解与自身权益相关的知识和法律条例。会计职业信息库要包含不同行业、企业信息，相关产品的流程介绍、服务内容、会计岗位描述等。

3. 会计专业课程资源库

根据企业需求，参考技能型人才的发展规律和会计职业生涯发展需求，以会计从业能力—初级会计师能力—中级会计师能力—高级会计师能力为基准线，设置会计专业课程，如会计从业能力核心课程"会计基础""出纳实务"，初级会计师能力核心课程"财务会计实务""纳税实务""会计电算化"，中级会计师能力核心课程"中级会计实务""成本计算""财务管理"，高级会计师能力核心课程"审计""财务报表分析""高级会计实务""管理会计"，特色行业会计课程"物流会计""旅游会计""农业会计""金融会计"等，建立会计专业课程资源库。会计专业课程资源库包括精品课程、课件、名师讲课等视频（中华会计网校教学视频等），核心课程电子教材，企业会计制度准则等。

4. 学习资源库

学习资源库为学习者提供自主学习素材，主要包括文本资料、图片信息、音频或视频文件、虚拟实训内容、职业资格技能训练，来自企业、行业一线的实际案例库，帮助学习者实现学习迁移。

5. 测评资源库

测评资源库主要包括专业知识题库、知识运用测试、职业判断测试、技能操作测试、毕业设计等。测试分别在学习开始前和结束后进行。企业可以根据测评结果选择所需的人才。会计课程组建系统具有学前评估监测系统，学习者利用它进行学前分析，教师通过后台评估监测系统准确了解学习者的学习情况，根据学情排列课程。会计虚拟教学系统和实训平台是将会计职业场景、岗位设置、岗位任务和操作角色结合起来的。3D 虚拟实训系统，具有仿真性、任务操作性和过程判断性，按照工作流程布置典型操作性任务，实现融职业认知、职业判断、业务处理、实务操作、评价反馈和教学管理于一体的实训教学功能。会计资源管理服务器系统是一种基于互联网的双向资源共享，类似于 MOOC 的教学模式。基于互联网，利用 Web 技术完成专业门户和课程门户定制，用户打开页面进行学习，并通过成果评价得到反馈信息。基于互联网的会计教学资源库最终实现知识共享、资源开放，面向社会服务于全民学习、终身学习。在会计专业教学资源库建设过程中，要建立长效机制。在论证、立项、建设、评估、验收及维护等环节明确资源库的专业性、实用性要求。具有计算机基础的会计专业人员是教学资源库建设的重要保证。要提高会计专业教学资源库的利用率，就要加快素材的开发与更新，融入现代教育技术，改变会计职业教育的管理方式、教学方式、学习方式及会计专业的建设方式。还要重点服务会计行业，重点建设工商登记服务案例（工商登记、公司变更、工商年检）、财税业务服务案例（代理记账、纳税申报、信息化实施与维护）、审计服务案例（验资、审计）、咨询服务案例（财务咨询、管理咨询、税务筹划）等。

三、大数据时代下的职业会计教学方法

（一）大数据时代的会计教学方法改革的设想

1. 树立教学理念

教师在教学过程中应该树立"以学生为本"的观念，一切教学活动都应该以调动学生积极性和主动性为立足点，帮助学生学习和探究会计知识。总之，教师在教学过程中应该尊重学生的主体地位，提高学生的主动性和创造性，使学生积极参与到会计学习中来。

2. 改革课程设置

在大数据时代的大背景下，教师应该根据会计发展的新领域和会计结构的新

变化来设置相应课程。多媒体教学作为一种新型的教学模式出现在当今教育体系中，学生在课堂上可以通过互联网掌握和理解更多的会计知识，也可以通过互联网了解更多的会计实例，让学生逐渐提高会计的实际操作能力，加强对基础会计的模拟实践，积累学习经验，这样有助于学生对会计工作的环境和过程有一个直观的认识。同时，改革课程设置可以使学生通过现代信息技术提高自身的积极性和创造性，活跃课堂气氛，从而提高会计教学的整体水平。

（二）大数据时代的会计教学方法的利用手段

1. 案例教学

案例教学是对传统教学模式的补充，学生在学习会计理论知识的同时，通过剖析案例，将学到的理论知识运用到实际生活中，以提高会计分析能力。随着教育体系的不断完善，为适应教学改革的需要，案例教学也应该逐渐被重视起来。

大数据时代，会计教学方法是会计教育改革的重要组成部分。在新时期，各类教学手法是对教学改革的启发和总结，案例教学法的主要教学目的是提高学生对知识理论理智性的理解及应用能力，提高和培养学生的评论性、分析性、推理性的思维和概括能力、辩论能力以及说服力方面的能力和自信心。案例教学法能够增加学生的认知经验、共享经验，能够促进学生扩大社会认知面以及激发学生解决一些社会问题的愿望和相关能力。此外，案例教学也利于培养和发展学生的自学能力和自主性思维习惯。

所有教学方法的目的都是让学生学到知识，传统教学方式的讲课方法一般是通过演绎推理来传授知识。其逻辑起点是较正式地阐明概念结构和理论，然后用例子和问题来论证，教师授课辅之以阅读、音像、练习和习题等有效方法传递具体事实、原则、系统技术。在会计教学中，授课的意义受到极大的限制。因为对于资历较浅，尚处于成长期的会计专业学生来说，事实、原则和技术只是他们应该掌握的知识的次要部分。许多学生在复杂多变的环境中工作，必须在不具备可靠的完备信息的前提下，做出判断并采取行动。如果只会查阅有关原则、理论和事实的记录而不能做出判断，就不能出色地完成学业和工作。事实上，学生的知识水平在很大程度上并不能决定成败，决定成败的是到底怎样思考、怎样判断和怎样行动。在提升思维能力方面，更积极的教学法，尤其是案例教学必以学生为中心、教师及时发问的授课型教学法更加有效。

案例教学通过对具体事件的分析来促进学习，最突出的优点是学生在学习过程中扮演了更为积极主动的角色。这种方式是从归纳的角度而不是从演绎的角度展开某一专题的学习，学习过程中让学生高度投入事先安排好的一系列精巧设计的案例讨论之中，从而达到教学目的。

案例一般描述的是现实的财务管理经验或某种假想的情形，是案例学习的基本要素。财务管理案例表现为多种形式，大多数都用归纳方法进行教学，或是情况诊断，或是决策研究，或是两者结合。诊断的案例又叫评价案例，描述了会计从业人员的成功与失败，学生可以了解系统特征与决策结果之间的因果联系。描写管理成功的案例，可称作"解剖学"式案例；描述失败的案例可看作"病理学"案例。把一系列案例组织起来教学，能帮助学生理解什么时候特定的管理抉择和管理风格是有效的。

另外一种通行的管理案例是决策案例。能使学生身临其境地像管理决策者一样进行思考。这类案例经常提到的问题是应该做什么？与现实决策相似的是，这些案例提供的决策相关信息也不完备和不完全可靠，因而不能单单通过系统规范的分析技术来得到答案。许多案例把诊断和决策联系起来，要求学生不但要分析情况，还要给出行动方案。

案例教学的另一基本要素是要采用苏格拉底式的循循善诱的教学风格，给学生分析问题的机会和分析案例的责任感，并对其观点进行评论案例教学。教师的角色是促进讨论而不是写正确答案，即使学生有正确答案，也不应轻易表态。

2. 互联网教学

大数据时代教学是声音、文字、图像的结合，它避免了传统教学的弊端，互联网教学是利用现代信息技术，将多媒体运用到教学领域的一种教学方法。在整个教学过程中，学生可以学到书本外的知识，也可以使学生发挥自身个性，提高学习效率。教师利用互联网教学可以缩短教学时间，提高教学质量。因此，互联网教学可以提高现代化教学的效率，教师和学生都能从互联网教学中受益匪浅。随着多媒体技术的不断发展，在大数据时代，通过会计教学改革，可以为社会培养出大批会计实用型人才。教师应该与时俱进，推进互联网会计教学改革，适应当前经济体制和教育体系的改革需要，为我国新时代会计领域培养更多的优秀人才。

（三）大数据时代会计教学方法的其他变革

1. 交互式会计教学情景设计探索

会计教学情景是大数据时代会计教学的新方法，但是，会计情景模拟实验教学仅有物质情景是不够的，还需要表演情境、语言情境等情景设计，让学生产生心灵共振。这就需要广泛借助社会力量将会计生活化、情景化、剧本化，让学生扮演各种会计角色，尝试会计职业发展轨迹和会计人生的酸甜苦辣。

（1）会计业务融入情景剧本。

会计情景实验教学实施的关键在于布置高仿真的工作场景，并设计合理的会计教学情景。这就需要将会计业务生活化，将具体会计业务的处理嵌入情景剧本中，采用会计职业含义更加丰富的"学习情境"搭建教学单元，提升学生的职业能力，并结合实践，探索出一本理论联系实际，提高学生动手、动脑能力的教学剧本。显然，互联网技术将是会计剧本设计最重要的手段之一，可以实现区域内企事业单位联网共享设计复杂的业务内容，让企业更好地承担社会责任和享受"免费"午餐，即让企业主动将财务难题、会计疑问作为情景共享出来，并得到区域"会计云平台"的支持。这样既可以实现模拟生动的情景，也能充分发挥学生创新能力和应用能力，从而实现校企合作共赢的目标。当然，根据会计职业的特点，还需要渗入职业道德教育的内容，让学生领会到会计职业道德的真谛。

（2）角色与人物的情景构思。

会计情景剧本是一个生动、引人入胜的会计业务的缩影，可以是会计人才培养的蓝本。当然，有了剧本，就需要演员去扮演角色和体会任务，并组织实施实验教学情景。这就需要互联网的互动思维，让每个学生演对手戏，因为企业会计业务是交易型业务，每笔经济业务的发生涉及多方，这就需要学生站在各自的会计主体去体验会计业务的处理。同时，"互联网+"可以让人物生动化，这里的虚拟人物可以聘用企事业单位的在职会计人员来串演一部分角色，让职业感悟能力通过"会计云平台"去培养学生的职业应用能力。

2. "互联网+"与会计游戏

会计情景实验教学具有多功能的特点，是一项极其复杂的教学任务。"互联网+"给其带来巨大的发展空间，可以使枯燥的会计教学变得像玩一场会计游戏一样。会计情景实验教学可以借助互联网技术使"单体教学"变成"立体教学"，让会计虚拟情景平台具备智能功能，为教学提供诸多方便。在会计游戏中充分让学生体验到会计职业成长的过程，记录每一次会计人生的经历，而这些信息也将会为人才培养提供更多的定量分析的大数据，促进个性化人才的培养。

3. 问题探究式教学

问题探究式教学是指教师或教师引导学生提出问题，在教师的组织和指导下，通过学生比较独立的探究和研究活动，探求问题的答案而获得知识的方法。这种方法为教师在大数据时代发挥教学中的引导、指导作用提供了很大帮助。教师可以利用网上论坛中的热点问题引出教学相关问题，组织学生利用互联网、网络资源库等工具进行答案的搜索，并利用各种互动工具进行学生间、教师与学生间的线上线下讨论、互动、指导，最终探求正确答案并获得理论知识。问题探究式教学使得学生自主学习能力更强，学习主动性增强，学生在这个过程中学到了如何去获取知识、应用知识和解决问题的方法。

4. 项目教学

项目教学是指在教师的指导下，将一个实用性强、相对独立的项目提供给学生自己完成。学生通过信息的收集，对项目进行评估、设计、实施、评价，最终完成项目并获得知识、能力。在互联网大会计时代下我们的会计技术将得到快速发展，会计的职能将发生转化，从传统的提供、处理会计信息转向会计信息的使用、分析、参与决策，事前预测、事中控制的职能逐渐显现。这就要求我们学习、掌握互联网应用技术，应用大数据、云计算等新手段，借助信息新工具，更高效地履行会计的预测、计划、决策、控制、分析、监督等职能。而项目教学将会更好地帮助我们适应互联网所带来的信息技术新挑战。项目教学将以企业具体项目对学生布置相应的任务，让他们借助信息工具，完成项目要求。通过项目教学，学生学习更有目的性、主动性、积极性，学习的内容与实际企业更加接近，随着各个项目的完成，学生不仅成就感更强烈，而且完成了相关理论内容的学习。

5. 利用信息化教学资源教学

信息化教学资源是指经过数字化处理，可以在多媒体计算机上或网络环境下运行的课件、学习工具、教学网站等。利用信息化教学资源进行教学顺应了大数据时代的需求，为教师的教学和学生的学习提供了有力的保障，这种教学方法有着其他教学方法无法比拟的优势，为培养大数据时代的会计人才发挥着重要的作用。教师可以利用课件、图表、动画等演示工具为学生提供更加形象、生动的音频、视频教学内容；可以利用邮箱、QQ、论坛等交流工具与学生进行互动、交流；可以利用练习、测试软件、实训平台等辅导工具让学生在练习和测验中巩固、熟悉所学的知识；可以利用移动学习软件等评价工具对学生成绩进行更全面、综合的评价。

6. 尝试跨专业教学

跨专业教学是指在教师的指导下，不同专业的学生在一个模拟的工作环境中，通过信息的搜索、传递、处理、分析，最终完成不同岗位工作任务并获得知识、能力的教学方法。互联网为会计跨专业教学提供了技术支撑。跨专业教学把会计问题放在一个更为宏观的各专业教学的视野下加以审视，解决了学生的思维整合问题。通过跨专业教学，可以发展学生的整合思维能力，可以消除教师只关心自己本专业教学的心理，可以解决学生体验知识的需求。

在大数据时代，我们的会计教学方法终将发生变革。教师在会计教学中可以选择问题探究式教学、项目教学、利用信息化教学资源教学、尝试跨专业教学等方法，这些方法可以进行优化组合和综合运用。无论选择哪种方法，我们都要充分考虑教学内容的特点和学生的特点，充分关注学生的参与度，充分发挥学生的主动性，逐步实现教师的"主导地位"转向"指导地位"，学生的"被动学习"转向"主动学习"。

第二节　大数据时代会计课堂与课外活动教学实施策略

一、大数据时代会计课堂活动教学实施策略

一般而言，所谓"传统"会计教学方法，是指按照学科线索和知识体系的内在逻辑关系，即从基础会计知识到专业（工业、流通业、金融保险业、服务业、事业单位、其他）会计知识，循序渐进，由易到难渐次展开学习。这种教学方法自有其合理性，那就是逻辑严密，知识线索清晰，按部就班，逐渐掌握较为复杂且系统的会计知识，同时，为巩固知识，辅以适当的技能训练（如学习凭证取得与填制方法、登账及更改错账方法、编制报表的方法等）。但是，在传统教学方法中，会计专业知识的掌握才是最根本的任务，技能训练其实只是为之服务的，处于相对次要的地位。

（一）现代会计专业课堂教学方法

严格来讲，就课堂教学而言，并无"传统"与"现代"之分，彼此间很难说泾渭分明，而是你中有我，我中有你。所谓"现代"，其实是对"传统"的改进，或者侧重点有所不同，即更加贴近企业会计实践活动要求和会计专业岗位能力需求而已。因而，现代会计专业教学方法更加注重"工作过程"和"业务线索"，而知识的系统性、逻辑性、连贯性则处于相对次要的地位。由此，技能训练显得尤为重要。一切学习，最终都是围绕会计工作"过程""线索""环节"展开的，"学"的目的是"做"，"做"的效果好坏，成为验证"学"的标准。技能训练效果即真正学会"做账"，这是教学最为核心的工作任务。"教"完全为"学"服务，是为"学"提供指引、示范和帮助的一项工作。教师是学生的协作者、服务者，共同组成教学活动的"双主体"。师生关系不再是主客体关系或"主辅"关系，而是"双主体间关系"。

（二）大数据场景教学法的应用

1. 大数据场景教学法概述

大数据场景教学法也是在大数据时代下会计课堂教学中经常使用的方法。大数据场景教学法，是以真实会计工作场景为核心，提倡"以用为本，学以致用"，利用项目导向的角色模拟方式，以网络为学习载体，规范并系统地培养专业技术人才，从实际工作内容出发，确定各阶段培养目标、项目实战内容和培训课程内容。具体而言，是以会计工作经验为指导，强化会计业务处理技能训练，辅以实际企业会计业务测试项目，使用角色模拟方式，通过逐步深入的"六步教学法"，即提出问题、分析问题、解决问题、总结出一般规律和知识，并不断地扩展知识和技能，解决更高级的类似问题，展开整个教学过程。这种教学方法极具现实性、可操作性、可复盘性，打破了学科专业藩篱，以工作过程为导向，以项目为引领，以任务驱动特征，以能力培养为主线，知识学习只为技能提高做准备和铺垫，因而在会计教学中有广阔的应用前景，可极大提高会计专业教学质量和会计专业人才职业岗位能力。

2. 大数据场景教学在以工作任务为导向的课程体系中的应用步骤

（1）设置工作场景。

针对企业会计实际工作流程和工作场景，结合已经实际投入使用的软件项目，进行项目分析和任务分解，重现企业会计工作任务环境。

（2）安排会计工作主导性项目。

所有知识点和技能都是通过一个或者几个项目来组织的，学生通过可扩展的项目案例来逐步学习知识和技能；所有的会计专业实践都是项目中的一个实际任务，通过实践，学员可具备完成一种任务的能力。

（3）进行角色模拟。

学员在实际动手操作的课程和项目实训过程中，使用真实的企业项目、真实的企业工作流程和工具，模拟项目组中各种角色（会计、出纳、主管等），协同完成项目和任务，体验和掌握各种角色的工作技能和工作经验。

（4）实施任务分解。

在为完成整个项目而必须掌握的概念和知识环节的讲解上，将整个项目划分为多个子任务，再分析每个任务需要的知识、技能、素质要求，并通过完成任务的形式来组织学习内容、设计课程体系。

（5）分享项目经验。

通过对企业会计实际工作场景的模拟和实际测试项目的训练，积累实际的项目经验，熟悉项目测试过程中常见的技术、流程、人员协作问题，并掌握相关的解决方法。

3. 大数据场景教学法应用效果

在大数据场景教学法下，知识和技能的传授和自学都严格遵循从具体到抽象、从特殊到一般的规律，将在提升学生职业素质等多个方面产生明显效果。

（1）全面提升学生职业素质。

通过互联网条件下的上机操作、项目实践、课堂研讨、在线学习，以及职业素质训练，学员能够从任务目标设定、个人时间管理、团队协作和沟通、冲突和情绪处理等方面，得到会计工作岗位所需职业素质训练。

（2）培养学生团队协作能力。

在授课过程中，学员将被划分为几个团队，每个团队将根据课程内容和教师安排，通过技术研讨、实际操作等手段，合作完成一个任务和项目。

（3）提高学生动手能力。

为使学员知识面和思路有所扩展，鼓励学员自己动手，通过实际操作课程中的实验和进行项目演练，培养学员举一反三的能力，从而帮助学员掌握重点会计业务处理技术的应用，为日后完成更大的项目积累经验。

（4）提高学生学习能力。

通过项目训练、上机操作、在线学习和讨论，使学员养成自学习惯，并掌握自学的有效方法和工具。

二、大数据时代会计课外活动教学实施策略

大数据时代，会计教学不仅能够在课堂上展开，在课外时间，完全可以通过计算机、平板电脑、手机等工具进行线上学习。现阶段，互联网会计教学的开展形式主要为微课。

（一）会计微课程概念

微课程是一种包括介绍、关键概念和结论的短小视频课程。微课程可以通过移动通信设备，观看一个话题介绍、一个快速回顾或者巩固课程学习内容。微课程首先由美国新墨西哥州圣胡安学院（San Juan College）开发，其后被推广到职业教学体系中。所谓的会计微课程就是围绕会计课程中的某个知识点或者环节而记录的视频或者其他形式的多媒体微内容。

（二）会计微课程的特点

1. 移动化学习

开放式课程计划（OOPS）是一种在线或移动学习模式，它强调的是学习者自主学习行为，更多的是以人为进度，数字化学习资源可以重复使用、大幅节约有限的师资资源，但它对学习者自律性要求较高。

OOPS 最早源于麻省理工学院开放式课程计划。比如麻省理工学院下的史隆管理学院（Sloan School of Management）开放了与会计有关的课程计划：财务会计、财务与管理会计、财务与管理会计导论，包括相应的课程大纲、教材、教学用书、作业习题、考试题和答案、延伸阅读书目清单，以及课程的影音档案等。目前，犹他州立大学、剑桥大学、早稻田大学等名校都有该计划。

微课程和国内外的开放式课程都是借助于网络平台提供免费的网上课程，但是其载体有区别。微课程特别适宜与智能手机、平板电脑等移动设备相结合使用，而早期的开放式课程和国家精品课程则是强调运用计算机进行的一种在线学习模式。

2. 碎片化学习

后期的开放式课程包括萨尔曼·可汗成立的非营利性的可汗学院网站，将教学视频放在 YouTube 网站上供网友进行在线学习。在可汗学院金融学中有资产负债表和权益两个问题的介绍。巴黎高等商学院《会计和管理控制常见问题》的公开课也是通过教学视频讲述资产负债表、利润表和现金流量表等问题。

微课程和后期的开放式教学计划都是通过教学视频传播课程内容，其中可汗学院的教学视频可以看见授课教师的板书，将问题推导过程清晰地展现在观看者眼前，他们能够了解问题的来龙去脉。巴黎高等商学院的教学视频和国内教学视频一样，把教授上课的过程拍摄下来，可以一览名师名家授课风采和师生之间的教学互动。不同的是可汗学院的教学视频时间一般在 10—20 分钟，巴黎高等商学院的会计课程只有 10 多分钟，而国内会计课程教学视频与教学时间一致，45分钟讲授一堂课的内容。

（三）我国会计学微课程对策

1. 多元化微课程

会计课程是理论性和实务性都很强的课程，会计理论是一个完整的体系，并不是所有的内容都适宜于分拆以讲课式微课程展示。会计课程中还有大量的实践教学环节，如会计认知实习、ERP 模拟实习等更适宜于微课程教学的内容，通过操作性示范形式，利用语言、动作、书写、操作等直观的教学方法把课程内容展示出来，能够更好地对学生进行指导。

2. 合理定位微课程

会计微课程是对传统会计课程的一个补充，两者之间应该有一个合理的分工。传统会计课程强调理论，会计微课程突出实践；传统会计课程突出前沿，会计微课程突出不容易变化的、可重复的部分；传统会计课程讲授复杂的会计问题，会计微课程讲授最基本的会计问题，这样两者就可以互为补充，相得益彰。

第三节　大数据时代下职业技术院校会计实践教学的拓展与创新

一、基于"互联网+会计工厂"背景下职业会计专业实践教学体系构建

职业技术院校会计专业因为是一种有着很强实践性的专业，所以一直都存在着很多的问题，如专业的对口率低下，很难培养出可以适应公司企业需求的实用型人才。怎样才能经过技术的进步来缓解如今产业与产业之间的矛盾和人才的供给与需求之间的矛盾？这是一个企业必须认真思考的问题。"互联网+"技术与会计专业教学之间的结合使会计专业实践教育的系统发生了很大的变化，比如，现在已经出现的财务机器人为主的科学技术为老式的会计专业带来了改天换地的变革。职业技术院校会计专业的实践教学经由虚拟的仿照现实的教学设备与财务实践真账练习等培养实用型人才的方法，培训了许多适应时代步伐与满足社会需要的会计方面专业人才，这也让学生们可以有更好的机会实习，从而给会计专业的学生提供实习方面基础与"互联网+"的自动化与智能化的解决方法，进而找到可以解决很久以来大学生就业遇到的很多"真账"的问题。

（一）"互联网+"会计工厂实践教育系统内在意义和要点

1. "互联网+"会计工厂的内在意义："互联网+会计工厂"

这指的是在互联网环境中适当地利用"互联网+"的方式来解决会计专业实践过程中信息不对等的劣处，把企业的会计实际要求当作目的，把"互联网+"和企业财务管理的现实需求融合起来，再把科学技术信息和企业深处的需要结合起来，从而建立起一个职业技术院校会计专业的实践教育的系统，形成与学生专业实践和企业要求融合在一处的会计专业实践的教育系统。在大会计的这个特殊时代，必须把会计专业中的财务预算与财务审计、企业财务运营等内容和"互联网+"思想融合在一处，变成一个网络会计实训系统，从而提高财务管理专

业学生专业实践的水平。

2. 把信息技术和会计专业实践教学融合在一起

将信息技术和会计专业实践教学融合起来，运用多媒体技术与网络教室，依靠互联网等网络硬软件设施，就可以经过多种模拟实践软件的操作，给学生带来栩栩如生的会计专业实习实景和环境。融合"互联网+"的思维，在原有的专业课基础上增添电子商务与计算机网络技术等有着很强实践技能的课程，让学生可以利用"互联网+"的方式解决会计实践中存在的问题。把企业和公司中对会计工作的重点转移到互联网中，使学生可以运用网络模拟掌握企业会计实践的具体操作过程，把培育学生的实践应用能力作为主要目标，从而提高学生适应社会的能力水平。

3. 把"互联网+"企业工厂的真账实务与实践教学相结合

作为一个很需要实践能力的专业，会计专业中，学生必须经过真实的实践才可以掌握会计所需要的基本知识，在"互联网+"的形势中，职业院校必须联合企业、工厂，提供给学生做真账的条件，如学校可以联合当地的大型会计事务所、财务咨询公司等企业或者公司，利用"互联网+"的思维，创建网络真账处理系统，使学生可以在学校内的实践基地和企业内的实践基地在线做真账。如此就可以在前期经过利用"互联网+"思维给企业做真账课程，然后在实习与在岗研习期间，学生就能运用网络和会计软件和审计软件等工具，为企业做代理记账、报税、财产登记和会计核算、企业财务审计以及个人所得税的计算与清缴等任务，这样对提高学生的专业知识和实践能力很有益处。

(二) 如何创建实施职业院校"互联网+会计工厂"实训教学系统

1. 创建职业院校会计专业实践课

职业院校必须大量运用创建的专业实践平台，解除会计专业实践课程在时间和空间上的枷锁，运用多种多样的实践教学方式，积极利用翻转课堂、MOOC、云班课等教学方式对学生进行教学，充分运用信息化的实践教学平台。学生可以选修自己喜欢和适合的课程，教师必须给学生提供实训案例教学，让学生可以经由案例分析、讲解、应用等对会计专业的方法和技巧进行学习，并且通过网络平台增加会计实训操作，如银行账目的流水，就可以利用网络平台来创建实训系统，把企业财务管理工作转移到学校实训基地中，变成"网络财务操作"实训模式。这不仅可以增加实践教学的方式，还可以加强师生之间的联系，起到增强会计专业实训效果的作用。

2. 把"互联网+会计工厂"实训教学系统与学生实习相结合

运用"互联网+会计工厂"实训教学系统必须把职业院校的学生专业课程实践教学与在企业实习等实践过程融合起来，创建一个"互联网+"的信息化教学基地，利用信息科技和会计企业联合合作，创立一个完整的学生会计实践管理系统。教师可以对会计专业学生的实习实训岗位与内容等基本信息进行采集，以方便对在读大学生的实训状况进行专业性的讨论，同时对职业院校会计专业的实训效果有很大的益处。

二、产教融合背景下职业会计专业实践教学体系的构建

会计专业是一个实践性较强的专业，同时是一个工作保密性极高的专业，实践教学体系改革一直以来都是制约职业会计专业发展的"瓶颈"之一。在"互联网+"、人工智能的背景下，在企业财务工作不断转型升级的今天，我们应该深入贯彻《国务院关于加快发展现代职业教育的决定》等文件的精神，深化产教融合，进行实践教学改革，探索构建职业会计专业实践教学体系，以进一步加强专业内涵建设，提高专业核心竞争力。

（一）精准定位职业会计专业学生应具备的素质、知识与能力目标

坚持每年进行一次全面的专业调研，调研对象包括行业企业、兄弟院校、会计行业专家、"1+X"证书牵头单位、职教专家等，结合"互联网+""大数据""云计算"等行业发展背景与本校办学定位，精准定位职业会计专业人才培养目标，明确人才培养的规格与岗位能力要求，确保人才培养目标的先进性与科学性。

（二） 明确职业会计专业实践教学体系的构建思路

深化产教融合与校企合作，以立德树人为根本任务，以学生职业能力培养为目的，将实践教学内容与岗位工作要求、职业资格证书考试内容以及技能大赛知识点有机融合，将校内模拟实训与校外岗位实践有机融入人才培养的全过程，提高学生的核心职业能力、创新创业能力与综合职业素养。

（三） 构建"能力递进，双创贯穿"的实践教学体系

1. 按照学生岗位认知规律与职业成长规律，合理划分实践教学的阶段，进行学生的能力递进培养

根据学生职业成长规律，将实践教学划分为四个阶段，分别为第一学期、第二至四学期、第五学期、第六学期。明确不同阶段的实训环节，校内实训包括职业通用能力实训、专业核心能力实训与专业综合能力实训，校外实训包括专业认知实习、跟岗实习与顶岗实习。通过四个阶段的实践教学，培养学生的账务处理能力、成本核算能力、筹资融资能力以及报表审计能力，实现学生基础—核心—综合的能力递进培养。

2. 将创新创业教育融入实践教学的全过程，实现"双创"能力的全程贯穿

将创新创业教育与实践教学有机结合，通过开放校内实训室、校企共建校外实训基地、邀请行业企业专家进校园等方式，为学生提供职场体验、企业实训、科技创新、成果孵化等实践活动，培养学生的创新意识和创业精神，提高学生的创新创业能力。

（四） 加强实践教学的方式、方法改革

将理实一体化教学、校内模拟实训、校外见习、专业技能竞赛、企业顶岗实习等实践教学方式有机融合起来，注重学生知识学习与技能训练的结合，让学生在职业训练中学习，在学习中进行职业训练，以激发学生的学习动力，提高学生

的核心职业能力。

（五）推进实践教学平台建设

将课堂、校内外实训基地、社团、企业工作岗位四个平台有机结合，打造多样化实践教学平台，各平台之间做到分工合理，相互促进。加强教学平台质量建设，整合优质的实践教学资源，实现教学平台建设由规模管理向质量管理的转变。

（六）加强实践教学运行机制建设

实践教学的正常运行离不开健全的机制体制保障。应该大力加强会计专业实践教学运行机制建设，如加强实训室管理制度建设、推进校企合作制度建设、完善教师考核评价制度、完善实践教学考核评价体系等，以不断推进校企紧密合作，加强"双师型"教师队伍建设，为培养创新型、发展型、复合型会计专业人才提供保障。

三、职业院校会计专业教学与创新创业融合机制解析

职业院校要将创新创业教育融于会计专业教育中，必须全面规划。建立一支具有开拓意识的教学团队，搭建创新创业平台，系统改革人才培养方案、教学方法、教学内容，提高学生的职业能力和创新创业技能。

（一）在专业教育中融入创新创业教育的内容

职业会计专业学生创新创业能力的培养，仅靠几门创新创业课程，组织几次创新创业实践活动，是远远不够的。应该将创新创业教育融入并贯穿于专业教育的各个阶段。这不仅需要学校各部门的联合行动，还需要社会大环境的支持。

1. 专业课程体系中开设创新创业课程

单独开设的创新创业课程要列入专业课程体系，写入人才培养方案。比如，我院会计专业开设的创新创业课程主要有《职业形象塑造与创新意识培养》《职业生涯规划与就业创业指导》《创业项目策划》《创业案例讲座》《现代礼仪》

《创业实践》等。通过设立创新创业课程、举办创新创业讲座、创业学生代表回校访谈等系列活动，实现完整创业教学。教学中及时向学生传达国家的创业帮扶政策，让学生了解国家的创业环境，为创业实践奠定基础。

2. 专业课程中融入创新创业内容

单独开设几门创新创业课程远远不够，必须在课程设计中结合会计专业本身的特点，在专业课程教学中融入创新创业内容，穿插创新创业知识，从而有效地在日常教学中逐步培养、提升学生的创新创业能力。如在《经济法》中涉及创业企业注册的案例；在《税法》《纳税核算与申报》中讲解创业企业办理税务登记、进行纳税申报等流程和技能；在《企业财务管理》中讲授融资渠道与技巧、投资方向与策略等；在《成本核算与分析》中加入降低成本途径的探讨等内容；在《企业财务报告编制与分析》中融入通过报表分析企业的债务偿还能力、营运周转能力、盈利能力等实际训练，让学生会分析财务报告；通过《ERP沙盘模拟实训》这门课程来了解市场，懂得营销方式，学习企业物流管理和经营之道。通过专业课程的学习，不断融入和渗透创业所需能力，让学生增强创业的本领。

3. 改革课程教学方法与考核方式

积极推进以就业创业为导向、以学生为主体、以能力为目标的真正具有职业教育特色的课程改革。以真实工作任务为载体组织教学内容，在真实工作情境中采用多种教学方法和手段来实施。多进行课堂讨论、案例教学、情景式教学、体验式教学，对于体验项目，要合理引导，积极推进，培养学生的创新思维。探索实施课堂教学和网络教育有机结合的途径，实现线上、线下教学交叉的混合教学模式。专业教学要按照创业实践项目组织实践类课程。

比如，要求学生组成团队，成立一个财务公司，前期运用市场理论分析此公司成立的可行性，运用财务管理知识对此投资项目进行可行性分析和筹资渠道分析，运用成本分析的方法对企业降低成本费用的途径进行探讨。财务公司运营中会出现什么问题，如何解决？让学生对不同阶段的具体情况进行分析，提出解决策略，提高学生的创业实践能力。对学生评价与考核上，要根据内容不同，采用项目考核、口头测试、方案设计、课堂展示等多种形式，体现对学生的创新意识和自我学习能力的考核。在教学管理上，要积极探索学分制和弹性管理，尽量满足不同学生的个性化需求。

（二）建设一支具有开拓创新意识的教学团队

进行创新创业教育，必须建设一支具有开拓意识的教学团队。首先，要定期组织会计专业教师进行创新创业理论的学习，通过培训，转变会计专业教师传统观念，树立以创新创业为核心的新观念，根据相关创业知识，找准结合点，从而设计创新创业项目。专业教师和创新创业教师进行集体备课，将课程项目重新进行整合。可以根据教师们的优势分成财务管理、成本分析、税收筹划等方面的研究团队。其次，鼓励专业教师到创业一线实习、兼职，熟悉市场运作，促使专业教师将专业理论知识的学习与创新创业活动连接起来，这样教师们在一起就能够进行创业或进行创业方面的研究和交流，积累创新创业方面的实际经验，为学生提供优质的实践指导。最后，在实战方面，一定要聘请有创业和管理经验的人员来学校，为学生带入创业、市场分析运营、财务分析、投资理财、企业管理等方面的最鲜活的案例和经验。

（三）通过搭建平台，开展创业实践

1. 在校内搭建创业平台

学校要亲自为学生搭建创业平台，由教师带领学生们团队创业或者个人创业，如依托淘宝或学校搭建的创业平台，也可以实体店的方式，或者在大学生孵化园内进行创业。通过自己创业来了解创业的流程和相关知识。教师需要对学生的创业过程进行指导和帮扶，对创业效果进行评价，通过分享创业体验等方式深化学习效果。

2. 课内和课外实践相互融合

课外的专业社团活动、寒暑假社会实践作为课堂活动的延伸，也是专业教育的重要组成部分，也必须融入创新创业教育。比如，在社团中开展财务分析、纳税筹划、市场分析、运营管理等具体的活动，提高学生的组织和协调、创新和创业能力。所以我们要继续加大宣传组织全国大学生"互联网+"创新创业大赛的力度，以比赛为契机，鼓励同学们参与创新创业活动，加入创新创业的队伍。此外，学校还要给学生提供机会，让他们近距离接触企业家，切身感受先进的企业文化，推进课堂内外的融合渗透，使创新创业实践活动入脑、入心。

在会计专业建设中融入创新创业教育，是职业院校会计专业发展的契机和趋势。只有通过课程体系建设、创新创业师资队伍建设、创业平台的搭建和考核评价的改革，将创新创业教育真正渗透融合到会计专业教育中，才能有效促进职业会计专业的发展，促进学生的就业与创业。

四、财务机器人时代智能财会教学的创新与发展

（一）财务机器人与财务会计人员工作比较

财务机器人的出现是现代科技飞速发展的结果，财务会计人员要适应这样一个快速发展的智能时代。作为企业管理者，要有效地利用财务机器人和财务会计人员，准确把握二者在工作中的优势和劣势。根据二者的优势和劣势合理地向二者分配工作任务，使二者通过配合高效地完成工作任务。职业院校要时时关注社会对财务会计人才工作能力的需求，通过对财务机器人与财务会计人员工作优劣势比较，帮助财务会计专业学生做出合理的职业规划，突出职业要求重点培养人才。

1. 与财务会计人员相比，财务机器人工作优势

一是财务机器人大幅提升财务工作效率和财务信息质量。在企业账务处理和会计核算业务中，财务机器人处理一些重复率高、繁杂、自动生成的业务；极大地缩短了业务处理时间，降低了业务出错率，有效地节约了财务会计人力资源，明显提升财务信息质量，从而提高了会计核算效率及企业经济效益。二是应用财务机器人能够有效降低财务管理成本。由于机器人在工作过程中无须休息，不会因为持续工作而效率低下，与人的工作效率相比，可以降低人力资源成本，从而减少财务方面的成本支出。三是财务机器人较强的自我管控能力和程序审核能力，能够详细实时地追踪所有业务流程和处理步骤，提高业务处理全过程的有效监控和各环节执行精准度。四是财务机器人可以有效规避财务操作风险。财务机器人操作过程无须人工干预，能够自动校验和进行流程检查，有效规避了财务操作风险。

2. 与财务会计人员相比，财务机器人的工作缺陷

财务机器人较财务会计人员具有较大工作优势的同时，缺点也是显而易见的。由于缺乏职业判断能力和分析预测能力，财务机器人无法提供决策建议。财务机器人处理完大量的数据和报表时，只能进行平面运算，无法像人类一样进行多维度、多层面的思考、分析、解读数据，无法对企业经营管理者提供有益的决策和建议。此外，由于缺乏灵活变通能力和管理协调能力，财务机器人无法全面分析企业的财务运营情况，以实现资源的最合理配置。现代社会对财务会计人员的要求不是拘泥于表面的报表数据，而是站在可以纵观全局的角度，结合宏观经济和整个行业的情况，客观公正地看待企业的财务状况，用更长远的眼光去分析企业的财务运营。

毋庸置疑，财务机器人的出现给财务会计行业带来了很多的便利。一方面，企业应该做到合理地分配工作任务，分配财务机器人进行简单的、标准化的会计业务工作，与财务会计人员合作完成工作任务。另一方面，职业学校必须加强财务会计人员的职业判断能力、分析预测能力、灵活变通能力和管理协调能力培养，弥补财务机器人的工作缺陷，提高学生就业水平，保证学生就业。

（二）财务机器人智能发展背景下财会专业人才的培养

1. 创建"人工智能+教学"平台

在信息高速传播的时代，职业院校应有效整合教学资源，研究开发一个综合的多功能财务会计学习平台，将财务会计课程资源、会计准则和相关法规的变动、线上教学资源和学习交流工具等模块及信息技术归集于这一个平台上。师生可通过"人工智能+教学"平台快速获得需要的最新学习资源。例如，当国家政策引起会计准则发生更新变动时，财务会计师生可以从该学习平台的发布消息模块，更快地掌握其变动内容；应用此平台，教师能够布置线上作业和发起考试，平台可以利用专业技术知识库批改作业和考卷，并将成绩自动导入学生的学籍管理系统。

2. 进行校企联合

职业院校应寻找使用财务机器人的企业，并与其开展合作。了解财务机器人在企业中的运用，知道自身的不足。职业院校可以将合作企业当作学生的实训培养基地，培养学生与财务机器人作为"同事"时学生的工作能力；同时加强与合作企业沟通交流，提高校企双方的合作效率和信息共享水平。在职业学校创建的"人工智能+教学"平台上增设校企合作项目模块，实现将该合作企业的最新动态直接链接到学习平台上，这样师生都可以更快地获取企业、社会和经济环境变化所映射出的信息。

3. 实施"理论教学+实训实践+财务智能"团队授课机制

职业院校对财务会计专业学生的培养可以采用团队授课机制，针对人才培养方案中的基础会计、财务会计、财务管理、审计学、财务分析、金融企业会计等核心课程，根据教师的研究方向和专长确定授课团队，采用"理论教学+实训实践+财务智能"的团队授课方式。团队中的每位教师承担不同的教学任务和授课内容，可以依据自己的专长采用不同的授课方式，至少由三名教师分工合作，完成本门课程的财务及会计信息化的教学任务。在这种团队授课机制中，职业院校应该充分利用校友及周围信息化环境资源，聘请企事业单位中的财务会计专业人员对财务智能部分教学内容提出指导和建议。

综上所述，在财务机器人智能发展时代，职业院校培养财务会计专业人才不能一贯地将培养目标确定为操作型人才，针对财务会计专业人才培养的课程设置和讲授也不能停留在技术和操作层面，而是要更加注重向管理会计转型，增加经济学、管理学、哲学、人工智能等课程，完善财务会计专业人才培养课程体系。一方面，职业院校要注重提高财务会计专业大学生应对现代社会复杂环境经济业务的职业判断能力，使他们能够适时做出重要的经济决策，或者能为企业管理者提供正确的决策建议。另一方面，职业院校要注重培养财务会计专业大学生的简单编程能力和对财务指标的解读与运用能力，培养适应智能时代要求的复合型人才。

参考文献

[1] 马妙娟. 企业管理会计应用大数据分析 [M]. 长春：吉林大学出版社，2018.

[2] 王安. 大数据背景下的数据挖掘与管理会计应用研究 [M]. 长春：吉林大学出版社，2018.

[3] 余宣杰，姜欣荣. 银行大数据应用 [M]. 北京：机械工业出版社，2019.

[4] 郑爱民. 大数据时代会计人才培养模式的改革与创新 [M]. 长春：吉林人民出版社，2020.

[5] 蒙蒙，禹久泓. 基于管理会计大数据及工具视角的企业创新能力的研究 [M]. 北京：中国经济出版社，2020.

[6] 雷芳. 基于大数据背景下环境会计信息披露对地矿企业价值的影响及路径研究 [M]. 上海：立信会计出版社，2020.

[7] 张勇，张文惠. 会计大数据基础 [M]. 苏州：苏州大学出版社，2021.

[8] 孙玲. 大数据时代职业院校会计人才培养模式的改革与创新 [M]. 北京：中国纺织出版社，2021.

[9] 许本锋. 大数据与管理会计 [M]. 北京：经济日报出版社，2022.

[10] 秦选龙. 大数据下的管理会计变革 [M]. 北京：中国纺织出版社，2022.

[11] 万洁. 大数据时代财务会计的实践发展研究 [M]. 北京：中国原子能出版社，2022.

[12] 程平. 高等教育会计类专业创新与重构系列规划教材·大数据智能风控 [M]. 沈阳：东北财经大学出版社，2022.

[13] 李小花. 新时代背景下大数据与会计专业人才培养及教学改革 [M]. 长春：吉林出版集团股份有限公司，2022.

[14] 李靖. 大数据背景下应用型人才培养教学模式创新研究：以会计专业为例 [M]. 长春：吉林大学出版社，2022.

[15] 丁银高，李飞凤，杨哲. 大数据基础会计 [M]. 沈阳：东北大学出版社，

2022.

[16] 程玲, 陈芳, 刘晔. 基于大数据时代管理会计的发展研究 [M]. 北京: 中国出版集团; 中译出版社, 2022.

[17] 甄阜铭. 大数据与智能会计 [M]. 沈阳: 东北财经大学出版社, 2023.

[18] 徐晓鹏. 大数据与智能会计分析 [M]. 重庆: 重庆大学出版社, 2023.

[19] 乔庆敏, 张俊娟. 大数据时代财务会计理论与实践发展研究 [M]. 哈尔滨: 哈尔滨出版社, 2023.

[20] 韦姿百, 王硕. 大数据背景下会计信息化系统创新与发展 [M]. 北京: 中国书籍出版社, 2023.

[21] 张汇, 王晶, 施全艳. 大数据背景下会计行业的发展探索 [M]. 长春: 吉林人民出版社, 2023.

[22] 黄斌. 大数据驱动下管理会计创新实践研究 [M]. 北京: 中国商业出版社, 2023.

[23] 冷雪艳, 崔婧, 黄媛. 财务会计类活页式教材高等职业教育经典系列教材财务大数据分析 [M]. 北京: 北京理工大学出版社, 2023.

[24] 廖超如. 大数据成本会计 [M]. 太原: 山西人民出版社, 2023.

[25] 辜子芮, 王贵, 孙涛. 大数据与基础会计 [M]. 成都: 电子科学技术大学出版社, 2023. 07.

[26] 侯小坤, 季振凯. 大数据与会计专业人才培养调查研究 [M]. 上海: 上海交通大学出版社, 2023.

[27] 刘洋. 大数据时代企业管理会计发展探析 [M]. 长春: 时代文艺出版社, 2023.

[28] 刘义龙, 庄震. 大数据时代企业会计创新策略研究 [M]. 北京: 中国原子能出版社, 2023.

[29] 郭皓. 大数据背景下的会计人才培养策略与创新研究 [M]. 延吉: 延边大学出版社, 2023.

[30] 李文英. 大数据背景下高职会计教学改革与创新研究 [M]. 长春: 吉林出版集团股份有限公司, 2023.